정지우
사회비평
에세이

인스타그램에는 절망이 없다

ⓒ 정지우

초판 1쇄 발행 2020년 1월 20일
초판 7쇄 발행 2024년 6월 14일

지은이 정지우
펴낸이 이상훈
편집1팀 김진주 이연재
마케팅 김한성 조재성 박신영 김효진 김애린 오민정

펴낸곳 (주)한겨레엔 www.hanibook.co.kr
등록 2006년 1월 4일 제313-2006-00003호
주소 서울시 마포구 창천로 70(신수동) 화수목빌딩 5층
전화 02)6383-1602~3 **팩스** 02)6383-1610
대표메일 book@hanien.co.kr

ISBN 979-11-6040-340-4 03330

인스타그램에는 절망이 없다

정지우

한겨레출판

매시절 나는 가장 쓰고 싶은 글을 썼다. 그때가 아니면 다시 쓸
수 없는 글들을 쓰는 것이 일종의 내 삶에 대한 사명이라 믿었던
것 같다. 내가 삶을 사랑하고 이 삶에 가장 정성을 다하며 충실하
는 방법이란, 그때만 쓸 수 있는 글을, 오직 그 시절에만 쓰고 싶
은 글을 꼭 써서 남기는 거라 생각했다. 그렇게 쓰인 어떤 글들은
차마 세상에 내어놓지 못할 만큼 거칠거나 엉성하기도 했고, 때
로는 세상이 받아주지 않기도 했다. 반면 때로는 칼럼이든 책이
든 에세이나 그 밖의 문학의 형태로 세상에 내어놓기도 했다. 그
결과가 어떠했든 나는 늘 내 삶에서 느끼는 그 시절의 핵심을 글
속에 담으려 애써왔다.

　내가 썼던 글들은 그렇게 내 마음으로부터 우러나온 것들이 많
았는데, 이 책에 실린 글들 중에는 그와는 묘하게 다른 종류의 것
들이 있다. 아마 그렇게 내가 원래 써왔던 것과는 다소 다른 종류

의 글들이 더 많을 것이다. 이 책에 실린 여러 글들은 내 마음에서 우러나와 쓰고 싶은 즐거움으로 쓴 것들이라기보다는, 반드시 써야만 한다는 요구를 느끼며 쓴 것들이다. 내가 원하건 원치 않건 이 이야기는 반드시 해야만 한다, 이 이야기를 하지 않고 그냥 지나가서는 안 된다, 이런 글을 쓰는 게 나에게 무엇을 주거나 앗아갈지는 몰라도, 내가 증언해야만 하고 말해야만 하는 어떤 진실들이 있다는 의무감 같은 것들이 어디선가 날아들었다. 고백건대, 10년 넘게 글을 쓰고 열 권이 넘는 책을 쓰면서도 그런 절실한 요구를 느끼며 쓴 글은 그리 많지 않았다. 대부분은 쓰고 싶은 것에 집중했을 뿐, 스스로 좋든 아니든 내게 이롭든 아니든 무슨 일이 있어도 꼭 써야만 한다고 믿었던 글들은 아니었다. 그러나 이 책에는 그런 의무감으로 견뎌낸 글들이 있다.

어떻게 보면 이 책에 실린 글들은 내가 삶의 끝자락에서, 아슬아슬한 경계에 서서 써낸 글들이기도 하다. 세상에 대해 가장 절실하게 느꼈던 측면들, 그리고 그런 세상과 내 삶이 충돌하고 만나는 지점들, 그 가운데에서 내가 어디까지 이야기할 수 있을지 실험하듯이 써냈다. 나는 진실을 이야기하고 싶었고, 그러면서도 그런 진실들이 내 삶을 해하지는 않길 바랐고, 또한 이 세상에 어떤 울림을 남겨 누군가의 삶에 작은 파문이나마 일으키고, 내 삶도 이 세상도 또 다른 누군가의 삶도 더 온전해지길 바랐다. 아마도 내가 쓴 모든 글들 가운데 가장 그런 절실함으로 점철된 글들만이 이 한 권에 모였으리라는 생각이 든다. 이 책을 세상에 내어 놓는 순간에도 어떤 위태로운 기분을 느낀다.

이 책은 내가 처음으로 이 세상을 거닐고, 이 사회에 대하여 느끼며, 한 명의 시대인으로 증언을 남기고자 쓴 에세이집이다. 그 전에는 주로 인문학 책들을 썼는데, 초기에 내가 몰두했던 건 이 세상에 대한 이론적인 작업에 가까웠다. 청춘이나 사회, 시대를 어떻게 정의할지, 어떤 식으로 분석하여 개념화할지를 고민하며 글을 쓰곤 했다. 그러나 이 책에서는 그보다도 나 자신의 마음과 느낌에 충실하고자 했다. 왜냐하면 나는 이 세상이나 사회와 동떨어진 곳에서 이론을 고민하는 철학자라기보다는, 이 사회 한가운데서 온몸으로 부딪치며 이 사회 자체를 살아내고 있는 한 명의 증언자이기도 하기 때문이다. 내가 느끼고 살아낸 것들을 온전히 담아내고 이야기할 수만 있다면, 어떤 복잡한 이론을 동원하는 것보다도 더 진실에 가까운 것을 말할 수 있다고 믿었다. 그렇게 한 명의 청년으로서, 또 남성으로서, 또 사회의 구성원이자 개인으로서 살아냈던 이야기들을 가능한 한 진실하게 담으려 애썼다.

나는 흔히 밀레니얼 세대라 불리는 80년대생이다. 우리는 청년 시절, 88만원 세대라 불리기도 했다. 그 시절은 이제 서서히 과거 운동권의 영향력이랄 것은 거의 사라지고, 기성세대와 청년세대의 새로운 갈등, 일종의 계층적 갈등이 부각되던 때였다. 그리고 내가 막 청년 시절을 끝낼 무렵, 세상에는 온통 젠더적인 문제가 부각되면서 그와 관련된 담론들이 본격화되었다. 최근의 공정성과 관련된 문제들 역시 우리 세대의 주요한 담론들과 무관하지 않은 연장선에 있다. 그래서일까, 내가 내 삶과, 내 삶을 둘러싼 세상과, 내 삶과 엮여 있는 사회를 이야기하다보면 그 이야기들은 크게 청춘, 젠더, 공동체라는 세 가지 화두로 수렴된다. 20대 이후부터 30대인 지금까지 내가 살아낸 시대는 바로 그 세 가지가 그 무엇보다도 화두인 시대이기 때문이다. 그에 비한다면 자본주의와 사회주의니, 민주화나 민족주의니 하는 유의 문제들은 확실히 내가 살아낸 시대와는 다소 동떨어진 단어들처럼 보인다. 내가 지금 살고 있는 시대에 가장 밀착감 있게 느껴지는 단어는 역시 청년, 젠더, 그리고 개인주의와 공동체의 문제 같은 것들이다. 나는 그런 문제들에 관한 한 명의 산 증인으로서 글들을 남기고자 했다.

시대도, 세대도, 사람도 달라졌는데 어쩐지 세상에서 이 새로운 인간들은 여전히 이방인인 것만 같다. 밀레니얼 세대와 관련된 이야기들이 유행하고 있지만, 여전히 담론가들은 관찰자 입장에서 밀레니얼을 낯설고 특이한 이방인의 출현처럼 다루고 있다. 젠더 문제 또한 아직도 유별난 사람들이 만들어내는 한정된 담론으로 취급되며 사회의 한구석을 차지하고 있고, 개인주의적인 것도 주로 이기적인 현대인이라는 단순한 발상과 연동되며 손쉽게 말해지고 있다. 그러나 내가 느끼는 한 이러한 변화들은 이미 불가역적으로 세상 전체를 바꾸어놓았고, 그로 인해 새로운 시대와 인간과 삶이 탄생했다. 이는 그저 세상을 관찰해서 얻은 결과라기보다는 다름 아닌 나라는 인간 자체, 이 시대의 한가운데 있는 내 안의 온갖 마음들, 욕망들, 사고들, 꿈들로부터 얻게 된 확신들이다. 나는 내가 배운 말들, 개념들, 학문들, 내가 읽어왔던 글들과 분열되는 다른 시대의 다른 세대의 인간이다. 내가 하려는 것은 바로 나의 언어로 그러한 '달라짐' 자체를 증언하는 일이다.

여기 쓰인 글들이 세상을 바꾼다든지 대단한 파문을 일으킬 거라 생각하진 않는다. 그저 내가 가장 바라는 것이 있다면, 동시대를 살아가는 누군가의 마음에 닿는 글들이 몇 편쯤은 있길 바란다. 이전까지 늘 다른 식으로 설명되어왔던 우리네 삶과 사회가 보다 우리에게 적절한 언어들로 증언되고 있다고 믿어주는 누군가가 먼 저편 어딘가에 몇 명쯤 있어준다면 좋겠다. 그리고 또 누군가에게는 여기에 담긴 이야기들이 그저 낯설기만 할지도 모를 텐데, 그들에게는 가능하면 불친절한 말 걸기가 되지 않기를 바란다. 나와 동시대를 같은 감각으로 살아간다고 믿는 이들에게는 위안을, 혹은 다른 감각으로 살아가는 사람들에게는 낯선 것에의 환대 어린 초대를 할 수 있는 글들이 되기를 바란다.

　이 책은 무엇보다도 내가 쓴 글들을 눈여겨 읽고, 절실히 공감해주고, 세상에 던져줄 가치가 있노라고 믿어주었던 고우리 편집자의 손길이 없었다면 존재할 수 없었을 것이다. 그런 의미에서 그렇게 손을 내밀어준 편집자에게 가장 감사하는 마음을 품고 있다. 더불어 이 책에 쌓인 글들 한 편 한 편의 영감이 되어주었던, 내가 거쳐왔던 모든 동시대인들에게 깊은 빚을 졌다고 느낀다. 또한 무엇보다도 내가 증언할 수 있는 진실 속으로 걸어 들어갈 수 있는 용기를 주었던 아내에게 고맙다. 우리가 보다 나은 세상으로 가길 간절히 바란다. 모든 삶들이 보다 진실에 가깝게 말해지고 살아질 수 있기를 간절히 기원한다.

새로운 10년을 맞이하며
정지우

2.
젠더에 대하여 :
여성에 관해 덜 말해질 때란 결코 오지 않았다

3.
개인과 공동체:
우리는 서로 뒤섞이는 바다

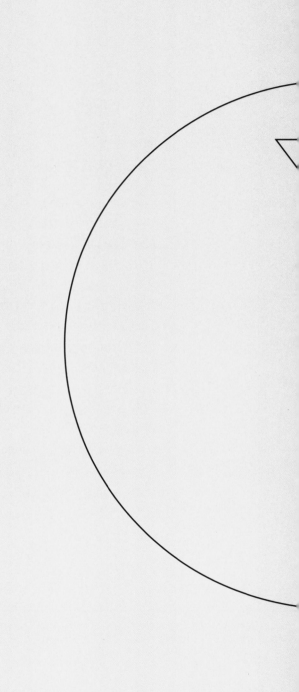

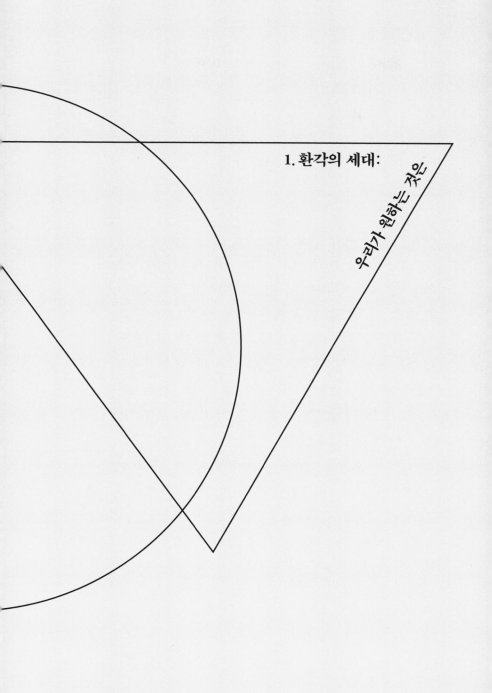

1. 환각의 세대:

우리가 원하는 것은

나의 시대,
나의 세대,
나의 삶

　　우리는 자기만의 꿈을 좇으라는 얘기를 귀가 아프
도록 듣고 자란 세대였다. 만화에서도, 영화에서도, 노래에서
도, 책에서도 자기만의 꿈을 좇아 열정을 바치는 것이야말로
가장 아름답고 멋진 삶이라는 이야기를 시도 때도 없이 접했
다. 비록 몇 번의 경제위기를 거치면서 시대적인 불안이 폭발
하듯 터져 나와 주변을 맴돌았지만, 그럼에도 우리 삶을 지켜
줄 최후의 단어가 '꿈'이라는 걸 믿어 의심치 않았다. 심지어
는 그저 안정적인 생존을 위한 직업을 얻고자 몰두하는 일도
'꿈을 좇는다'는 말로 포장해야 견딜 수 있었다. 어른들은, 선
배들은 언제나 "네가 하고 싶은 일이 뭐니? 그걸 알아야지! 그
것부터 잘 고민해봐! 알았으면 이제 그걸 하면 되겠네! 그게
진정한 삶이야" 하는 질문과 조언을 복제인간들처럼 반복했
다. 우리 모두는 자신의 꿈에 복무하지 않으면 안 되는 인간,

무엇을 지향하든(대기업 사원이든, 공무원이든, 예술가든, 전문직이든) 자기의 꿈을 좇는 세대로 존재했다.

　　하지만 그러한 꿈을 좇아야 할 삶, 꿈을 좇아 마땅한 삶은 우리가 처한 현실과 심한 불협화음을 일으켰다. 무엇이 되었든 저마다 꿈은 있었을 것이다. 학창 시절, 장래희망을 얘기하던 시간의 참으로 다채로웠던 꿈들이 생각난다. 그럼에도 우리가 속했던 현실은 모두가 참가하는 단 하나의 레이스, 획일화된 수험생활, 입시로 줄 세워 다양성을 증발시켜버리는 집단주의적이고 무차별적인 현실이었다. 역대 최고의 대학입학률, 대부분의 또래가 뛰어든 단 하나의 무대. 그 속에서 꿈이라는 것은 일찌감치 저 먼 이상으로 떠나갔고, 뒤이어 최악의 청년실업률, 스펙 경쟁, '사오정'(45세가 정년)이니 88만원 세대니 하는 말들 속에서, 현실은 거대한 괴물처럼 엄습했다. 안정적인 직장을 얻지 못하면, 미래를 어떤 식으로든 보장받지 못하면 우리 모두 거리로 쫓겨났다가 이내 파산해버리는 자영업자들처럼 될 것이라는 공포, 그 공포는 멀리 있지 않았다. 바로 우리의 아버지, 친구의 아버지, 이웃집 아저씨, 삼촌, 이모부가 겪은 바로 그 현실이었다.

　　그 가운데 우리는 명확히 분열증적인 증세를 겪을 수밖에 없었다. 그 어느 세대보다 어릴 적부터 꿈을 좇기를 요구받았던 세대, 민주화는 태어날 때부터 이미 주어진 조건이었고, 우리의 유년기는 서태지였으며, 그렇게 꿈을 외치던 1세대 아이돌은 우리의 초등학교 시절이었다. X세대가 이룩하고 문화개방으로 도래한 화려한 문화의 향연이 우리 어린 시절을 뒤덮고 있었다. 하지만 그 모든 꿈들이 완전히 거짓에 불과하다는 듯이, 우리가 제대로 세상 속에 발 딛고 서서 걷기도 전에 연이어 도래한 외환위기와 금융위기는 이제 삶을 시작하려는 우리에게 지각변동과 같은 불안감, 위기의식, 공포를 심어주었다. 그렇게 대한민국 역사상 최대의 몽상가이자 현실주의자인 세대, 이상과 현실의 가장 극적인 분열을 겪는 우리 '환각의 세대'가 탄생했다.

환각 이미지와 우리 세대의 삶

고백해보자면, 나의 청춘 역시 그러한 범주에서 벗어나지 않았다. 10대의 어느 날, 나는 사람이란 마땅히 '꿈을 좇아야' 한다는 것을 뒤통수 맞은 듯이 깨달았다. 그 꿈은 흔히 어른들이 말하는 '출세'와는 달랐다. 꿈꾸는 삶이란, 사회적으로 높은 지위를 얻고 남부럽지 않은 부와 권력을 획득해 떵떵거리며 사는 것이 아니었다. 오히려 그 꿈은 지극히 낭만적인 무엇이어야 했다. 내 안의 재능과 소질을 최대한 발휘하여, 내가 이 세상에서 마음껏 뛰어 놀며 자신을 펼칠 수 있는 어떤 '상태'에 도달하는 것. 나는 당시 글 쓰는 친구와 함께 그 꿈은 바로 작가가 되는 것이라고 생각했다.

　　대학과 학과를 선택해야 하는 시점이 왔을 때, 선생님을 비롯한 어른들은 대체로 법학과나 경영학과 같은 '출세'에 가까운 학과를 선택해야 한다고 말했다. 달리 말하면 단지 내신이나 수능 점수의 커트라인이 높은 학과였다. 하지만 동시에 그들은 내게 그토록 '꿈을 좇아야 한다'고 말하던 사람들이었고, 나는 내 꿈을 실현하려면 문학과 관련된 학과에 가야 한다고 믿었다. 그랬기에 오히려 그러한 제안에는 반발심이 들었다. 그래서 내가 꾸는 꿈을 향해, 그 멋지고 아름다운 삶을 위해 국어국문학과에 진입할 수 있는 인문학부를 선택했다.

　　하지만 그 선택 이후 나의 20대를 내내 지배했던 것은 '꿈'에 대한 강박과 '현실'에 대한 불안이었다. 꿈을 향해 나아가는 길에는 온갖 위로와 응원의 말들이 즐비했다. 자기만의 신화를 믿어라, 꿈을 좇는 자는 온 우주가 도와준다, 청춘이란 원래 아픈 것이니 참고 견뎌라, 생생히 꿈꾸면 이루어진다… 그런 말들은 꿈만 믿으면 모든 것이 해결되는 낭만적 우주에 관해 속삭였지만, 둘러싼 현실을 보고 있으면 우주가 도와주는 사람은 제한된 극소수에 불과해 보였다. 더군다나 그 '우주가 도와주는 극소수의 사람들'이란 흔히 말하는 금수저 집안에 태어나 물질적 정신적으로 풍요를 누리며 이미 그 삶의 여정이 닦여 있는 '엄친아'들인 경우가 대부분임을 우리는 알고 있었다. 그 외의 사람들은 역대 최악의 청년실업률, 단군 이래 최대의 스펙 경쟁, 거듭되는 경제위기 속에서 꿈과 현실을 혼동하는 분열증에 걸려 있었다. 나 역시 그러한 분열증 속을 오랫동안 헤매었다.

분열증의 특성을 꼽자면 환각을 마주한다는 것이다. 우리 세대는 어느 순간부터 묘한 환각에 시달려왔다. 나는 그 환각의 이름을 '상향평준화된 이미지'라 불러왔다. 우리 세대는 최악의 양극화에 시달리는 시대의 청년들이지만, 어떤 측면에서는 지극히 평준화된 이미지를 누리고 있다. 이를테면 한편에는 학자금이라든지, 장래 얻게 될 아파트라든지, 이미 공고해져버린 상류층에서의 삶이 보장된 누군가가 있을 것이고, 반대편에는 학자금 대출을 짊어지고, 서울 진입은 인생의 시작부터 난관이고, 결혼과 출산은 아득한 현실로만 느껴지는 누군가가 있겠지만, 두 사람이 누리는 삶에 묘한 평등이 존재한다는 것이다. 이 세대라면, 이 시대의 청춘이라면 마땅히 누리는 것들, 이른바 '핫한' 것들을 향유한다는 점에서 그렇다.

아무리 하루살이가 팍팍한 청년이라 하더라도 가끔은 해외여행을 떠나거나 도심에서 '호캉스'를 즐긴다. 평소에는 삼각김밥과 편의점 도시락으로 끼니를 때우더라도 아이스 아메리카노를 일주일에 몇 번쯤은 손에 들고, 한 달에 한 번쯤은 '뜨는 동네'의 '핫플레이스'를 찾아가 아늑한 공간에서 화려한 저녁을 즐긴다. 사람에 따라서는 악착같이 돈을 모아서라도 명품 시계나 가방 하나는 갖고자 하고, 아름답고 쾌적한 공간에서 누리는 하루, 날씨 좋은 날의 여행만큼은 포기하지 않는다. 실제로 매년 증가하는 해외여행객의 절반 정도는 20대와 30대이고, 가격대가 만만치 않은 브런치 카페나 이탈리안 레스토랑을 채우고 있는 것도 대부분 우리 세대의 청년들이다.

　　우리를 가장 깊은 우울로 떨어뜨리는 때는 언제일까. 그것은 내 삶에 어떠한 화려한 이미지도 없는데, 가까운 친구들의 SNS나 프로필 사진 등이 온갖 화려한 이미지들로 치장되어 있는 걸 볼 때일 것이다. 제주도, 일본, 동남아, 유럽의 풍경 그리고 이태원, 연남동, 청담동 따위의 핫한 카페, 그리고 문어다리나 딱새우를 얹은 한 끼 몇만 원쯤 하는 음식 사진 같은 것을 볼 때 급속도로 우울한 마음이 들고, 스스로도 어서 그러한 '이미지'에 속하길 바라게 되는 것이다.

　　그래서 우리 세대의 감각에서는 그러한 '환각적인' 이미지에 제때 도달해야만 안심이 된다. 그러한 이미지에서 너무 멀어지지 않아야만 박탈감을 방어할 수 있고, 제대로 살고 있다는 감정을 느낄 수 있다. 과거의 사람들이 '이 나이쯤

되면 이제 장가가야 하는데, 아이 낳아야 하는데' 하던 것과 동일한 맥락에서, 우리 세대는 '나도 저기 가봐야 하는데, 저걸 가져야 하는데' 같은 욕망을 느낀다. 타인이 속해 있는 화려한 현재의 이미지, 특히 소비 위에 눌러앉은 그 현란한 행복이야말로 우리에게 무엇보다 견딜 수 없는 소외감을 선사한다.

　　　　이러한 환각들은 청춘을 통과하는 내내, 그리고 지금까지도 여전히 내 주변을 서성거리고 있다. 문제라면, 그러한 이미지가 정말로 '도달 가능'하다는 점에 있다. 저가항공의 발달로 해외여행 비용은 과거보다 몇 분의 일로 줄었다. 굳이 특급호텔이 아니더라도 저렴한 비용으로 갈 수 있는 게스트하우스나 에어비앤비 등이 넘쳐난다. 또한 과거에는 부자들이나 누렸을 법한 경치에서의 커피 한잔, 루프톱 수영장 등에도 크게 부담 없는 선에서 접근이 가능하다. 심지어는 값비싼 외제차나 명품조차 장기할부로 구입이 가능한데, 한 달에 몇십만 원 정도를 지불해내기만 한다면 그러한 '아이템'들도 얻어낼 수 있다. 과거에는 아득히 멀리 있던 것들, 실제로 대단한 출세를 하지 않으면 접근할 수 없었던 것들이 모두 우리의 손 가까이 다가왔다. 그 가까움, 그 도달 가능성, 그 밀접함이야말로 우리를 더욱 그러한 이미지로 끌어들이고 있다. 마치 소용돌이나 개미지옥, 블랙홀처럼 말이다. 그 블랙홀은 빨려 들어가지 않으면, 그래서 그 이끌려 들어감에서 이탈하게 되면 세상에서 버려져 홀로 죽어갈 것만 같은 거대한 공포와 우울로 우리를 옭아매며 일상 전체를 지배하고 있다.

삶을 선택한다는 관점

환각 이미지는 매일같이 우리의 일상에 침범한다. 나 또한 다르지 않아서, 여자친구와 시간을 보내는 주말이면, 혹은 홀로 외로움이나 소외감을 느낄 때면 그러한 이미지를 찾아 떠나야 한다는 강박을 수시로 느끼곤 했다. 그렇게 선택할 수 있는 이미지는 끝이 없었다. 평생을 다 써도 모자랄 만큼 많은 여행지들이 전 세계에 있었다. 주말마다 찾아다녀도 부족할 만큼 많은 카페와 음식점과 특색 있는 풍경들이 도처에 널려 있었다. 내가 앞으로의 삶을 상상할 때도 그토록 많은 '선택 가능한' 이미지들이 빽빽이 들어차 있었다. 이러한 감각은 확실히 기성세대가 인생을, 미래를, 앞으로의 삶을 대하던 것과는 다른 감각이다. 우리를 향해 손짓하는 이미지들은 정확히 우리의 주변에, 어떤 공간들로 산재해 있다.

우리 윗세대에게 인생은 일직선상, 시간의 수직선 위에서 진행되어가던 무엇에 가까웠을 것이다. 대학에 입학하고 나면 졸업하고 취직을 하고, 그 후 돈을 모아 결혼을 하고 아이를 낳고 둘째를 낳고, 아파트 평수를 늘리고, 중년의 위기와 갱년기를 지나 효도관광과 퇴직 이후의 삶으로 진입해가는 '기나긴 서사적 여정'이 인생이었다. 반면 우리는 삶을 여러 선택 가능한 '공간들'로 바라보며 체험한다. 내년 혹은 내후년, 아니면 그보다 더 먼 미래를 생각할 때 우리의 마음속을 채우는 건 선택 가능한 저 여러 이미지들이다. 아마 나는 친구들과 해외여행을 떠나 있거나, 댄스동아리에서 남녀 어울려 춤을 추고 있거나, 배우자와 저녁에 영화를 보고 맥주 한잔을 하고 있을 것이다. 아니면 여의도의 오피스텔에서 출퇴근하며 한강공원을 산책할 것이고, 동남아의 어느 섬에서 한 달 살기를 하고 있거나, 태어난 아기와 웃음을 터뜨리며 안락한 가정에 속해 있을 것이다. 무엇이 되었든 그러한 이미지들은 평등하게 나열되어 앞에 서 있다. 각각의 미래가 이미지로 그려져 있는 문들 앞에서, 그중 어느 것에 입장할지는 그저 우리 선택에 달려 있다. 어느 이미지든 그것은 우리에게 '현재의 행복'을 주리라 예상된다. 그 강렬한 '행복 이미지'들 앞에서 기존의 서사적 인생관에 따른 의무들, 거쳐가지 않으면 안 되는 인생의 지점들, 통과의례 같은 건 그다지 의미도, 매혹도, 매력도 주지 않는다.

삶을 시간 속에 나아가며 의무들을 수행하는 것으로 보기보다는, 눈앞에 놓인 여러 문들 중 하나를 선택하는 공간적 관점으로 보는 것이 우리 세대의 인생관이다. 이런 인생관은 어쩌면 우리에게 존재하는 저 무수한 소비의 대상들이 안겨준 방식일지도 모른다. 우리는 소비자로 자랐고, 세상은 우리가 무엇이든 소비할 수 있음을 가르쳐주었다. 중요한 것은 제때 결혼을 하고, 아이를 낳고, 훌륭한 어머니와 아버지가 되어가는 것이 아니다. 오히려 인생의 어느 때건 즉각적으로 저 '행복의 이미지'를 소비할 수 있는 존재가 되는 것이다. 결혼이든 육아든 그러한 이미지를 누리는 데 방해가 된다면 차라리 거치지 않는 것이 훨씬 낫다. 가장 중요한 것은 소비의 '정점인 상태'를 유지하는 것이지, 그 밖의 전통적인 관습들에 따르는 것이 아니다. 그러한 소비의 정점인 상태에 도움이 된다면, 그것이 싱글의 삶이든 딩크DINK, Double Income No Kids의 삶이든 비혼의 삶이든 상관없다.

이런 방식의 인생관은 내게도 상당히 스며들어 있었다. 대학을 졸업하고 대학원을 선택했을 때, 나는 기존의 가치관에 부합하는 삶에서 이탈될 것임을 알고 있었다. 이를테면 20대 후반부터는 자금을 모으기 시작하여 30대 초중반쯤에는 결혼을 하고 아이를 낳으며 살아가는 삶의 여정이 나와는 다소 무관해지리라 생각했다. 하지만 그것 자체가 큰 문제로 느껴지진 않았다. 오히려 내가 원하는 하루하루를 연장할 수 있다고 느껴 좋았다. 다만 그런 나날들은 흔히 말하는 '소비적 삶'과는 다소 차이가 있었다. 내가 좋아했던 나날들이란 읽고 싶은 책을 쌓아놓고 누리며, 영화를 보고 글을 쓰며, 이따금 여행을 자유롭게 떠날 수 있는 날들이었다. 대학원은 그런 시간을 분명 허용해주는 면이 있었다. 여전히 원룸에 살며 학생식당이나 편의점 도시락을 이용하고, 매일 학교에 나가는 조교생활로 현실적으로는 그리 풍요로울 것 없는 나날들을 보냈다고도 할 수 있지만, 쓰고 싶은 글은 원 없이 쓸 수 있었고, 보고 싶고 읽고 싶은 것도 얼마든지 누릴 수 있었다. 주말과 방학이 있었으니 예쁜 곳을 찾아다니며 데이트를 하거나 여행을 떠나는 것도 어렵지 않았다.

여기까지만 본다면 나는 일종의 이상주의자이자 환각 이미지를 낭만적으로 끼고 사는 청년으로 지내다가 싱글족이든 비혼족이든 그 나름의 삶의 형태에 이르러 별 문제 없이 '현재의 이미지' 속에서 살아갔을 법도 하다. 그러나 나는 우리 세대가 그렇게 자유롭고 낭만적이며 자기만족 속에 머무는 삶을 분열 없이 온전히 누릴 수 있는 세대라 생각하지 않는다. 우리는 동시에 저 현실로부터 전해져오는 엄청난 불안, 강박, 박탈감, 동일해지고 획일화되고자 하는 욕망으로부터 자유로울 수 없다. 그것은 집단주의 사회문화에서 우리가 물려받는 핏속의 유산이자, 자본주의 속에서 완성된 소비자가 마주할 수밖에 없는 양면성 때문일지도 모른다.

다시, 분열로

　　상향평준화된 이미지 혹은 환각 이미지 속에서의 삶이란 분명 우리 세대가 지향하는 삶이지만, 동시에 그 자체로 완전한 삶이라고 보기는 어렵다. 그 삶은 누린 다음에는 증발해버리는 삶, 하나를 좇고 나면 금세 다른 것을 좇아야 하는 삶, 하나의 이미지를 얻고 나면 다시 다른 이미지를 얻기 위해 전전긍긍하지 않으면 안 되는 삶이다. 현재의 이미지에 의존한 삶은 다른 어떠한 형태의 삶보다 불안한 데가 있다. 불과 어제까지 우리는 핫플레이스에서 콜드브루 카페라테를 마시고 알리오올리오 파스타와 연어샐러드를 먹었고, 지난달에는 제주도로 여행 가서 오름을 구경하고 사진을 찍어 SNS에 올렸다. 그런데 오늘 우리가 놓여 있는 현실이란 그 화려했던 이미지들과는 완전히 무관함을 깨닫는다. 원룸에서 편의점 도시락을 먹던 어느 오후에 문득, 내 삶의 주된 시간이란 대부분 그런 '이미지'가 없는 삶이고, 그저 잠깐잠깐만 그런 이미지를 누리는 것에 지나지 않음을 깨닫는 것이다. 삶의 대부분은 무미건조한 회색 권태로 뒤덮여 있고, 술을 마시는 순간에만 웃을 수 있는 어느 노동자의 모습을 우리 자신에게서 발견하는 것이다.

　　대학원을 다니며 내가 목도한 것도 앞으로 나의 삶이 그러한 '환각 이미지'에 온전하게 속하는 삶이라기보다는,

이따금 매트릭스 속 세계에 접속하지만 대부분은 매트릭스 바깥에서 사는 삶이 아닐까 하는 사실이었다. 고백하건대, 그러한 가능성은 나에게 무엇보다도 두려운 것이었다. 우리는 삶의 화려한 이미지를 믿는 만큼이나, 그러한 이미지에서 쫓겨날 가능성, 그로부터 박탈되어 소외될 미래의 어느 모습을 두려워한다. 어느 시점에 이르러 나는 환각 이미지들을 이따금 흡입하는 걸 넘어서 더 온전한 삶을 바라게 되었다. 나를 더 안정적으로 지지해줄 수 있는 삶의 조건을 찾게 되고, 그리로 이동하고 싶어졌다. 특히 거기에는 주거 안정, 노후의 안락, 지속적인 인정과 다정한 사랑 같은 게 있어야 했다. 다시 말해 나 역시 어느 순간부터는 그토록 '좇을' 필요가 없다고 믿었던 기성세대적인 삶, 안락한 행복이 있는 가정, 안정적으로 진행되는 일상을 바라게 된 것이었다.

하지만 그렇게 나의 꿈이랄 것으로부터, 즉 직업적이고 낭만적인 목표와 나의 현재를 충족시켜줄 환각 이미지로부터 벗어나 현실적인 안정이라는 방향으로 시선을 옮겼을 때, 엄청난 분열을 맞이하지 않을 도리가 없었다. 당연하게도 그 둘은 근본적으로 다른 방향에 가까웠기 때문이다. 안정적인 환경에서 살기 위해서는 꿈보다 현실을 좇아야 했다. 오늘을 소비 속에서 누리기보다는 저축을 하고 재테크를 해야 했다. 꿈 자체의 이미지를 좇기보다는 그 꿈이 현실적으로 어떤 이익을 줄 수 있을지를 치밀히 계산해야 했다. 오늘 속한 이미지의 행복보다는 그 하루들이 어떤 현실적 이득으로 이를 수 있을지를 생각해야 했다. 그것은 낭만주의와 현실주의의 분열, 즉 현재를 위해 나머지 현실을 불태워버리는 욜로YOLO, You Only Live Once적 세계관과 나의 모든 경험은 취업을 위한 스펙이 되어야 한다고 믿는 자기계발적 세계관의 분열과 같았다. 그런 분열적인 번뇌, 당황스러운 고민은 몇 년에 걸쳐 내 머릿속을 휘저어놓았다. 그 결론은 대학원을 그만두는 것이었다. 취직을 하든가, 보다 현실적인 인생길을 생각해야 했다.

나는 너무 늦지 않은 순간에 영영 돌아가지 못할 길에서 빠져나가야 한다고 생각했다. 그 근본에는 우리 세대가 공유하는 '이미지에 대한 욕망'이 분명히 있었을 것이다. 골목의 고시원이나 원룸보다는 도시가 내려다보이는 복층 오피스텔, 매일 전전하던 학생식당이나 분식집보다는 다양하고 화려한 먹을거리들, 마트에서 사 입던 싸구려 셔츠보다는 질 좋은 원단의 근사한 브랜드 옷들, 사람들과 뒤섞여 자는 도미토리보다는 수영장이 딸린 호텔, 자전거나 버스보다는 교외로 드라이브를 떠날 수 있는 SUV 한 대, 그런 것들을 지속 가능한 것으로 누리면서, 오랫동안 서로를 지켜줄 수 있는 어느 사람과 이루어가는 사랑이 있는 가정. 그것은 환각 이상의 현실이어야 했고, 그것을 위해 나는 스스로를 극복해야만 했다.

특히 그러한 욕망은 사랑하는 사람을 만나면서 더 해갔다. 나도 상대도 흔히 말하는 결혼적령기에 있었고, 우리는 자기만의 꿈과 낭만, 희망으로 세상의 편견 따위는 무시해 버릴 만큼 강하진 못했다. 다시 말해 결혼적령기가 지나기 전에 결혼을 하거나 헤어지는 일을 택해야 했다. 만약 나 혼자의 삶이었다면 나는 더 오랫동안 나만의 삶을 꿈꾸면서, 그러한 낭만적인 여정을 지속해갈 수 있었을지도 모른다. 어린 시절부터 들어왔던 '꿈을 좇는 삶'이 실현되고, 온 우주가 도와주었다고 뒤돌아보며 되뇔 수 있는 그런 나날까지 제멋대로 도달할 수 있었을 수도 있다. 그러나 그러기 위해서는 나를 둘러싼 모든 현실적인 접점들과 싸워야 했다. 걱정 어린 눈빛으로 바라보는 부모님, 서서히 기성의 길로 편입해가는 동기동창들, 늘어만 가는 세상의 화려한 소비생활들, 그 모든 세상의 시선과 현실과 맞서 싸우며 꿈과 사랑을 지켜내야 했다. 하지만 동시에, 저 기성세대들의 어려운 삶, 쫓겨나 거리로 나앉은 퇴직한 우리의 부모들, 100세시대를 속삭이며 노후의 비참함을 대비해야 한다는 말들, 꿈과 낭만보다는 현실적 생존과 경쟁이 주어져 있는 미래 앞에서, 나는 물러섰다. 이제는 어느 부분에서 포기하고 철이 들어 어른이 되어야 함을 받아들였다.

다시, 삶

　　나는 대학원을 그만두었고 사랑하는 여자와 결혼했다. 그리고 둘 다 연고 없던 서울에서 떠나 고향인 부산으로 돌아와 신혼생활을 시작했다. 나는 어느 정도 가정을 책임질 수 있는 어른이 되기 위해 보다 현실적인 방향의 직업 준비를 시작했다. 그 와중에 아이도 태어났다. 그렇게 우리 셋은 하나의 가족으로 조심스레 새로운 여정을 시작했다. 다소 극적인 인생의 방향전환 속에서, 나는 종종 서울에서 보냈던 나의 20대를 생각하곤 했다. 작가를 꿈으로 시작한 스무 살, 열 권에 가까운 책을 썼고, 문학상을 두어 번 받았고, 팟캐스트를 만들어 진행했고, 대학원에 진학했었다. 나름대로는 치열하게 꿈을 좇으며 우리 시대의 청춘으로 한 시절을 살아냈다.

　　내게는 새로운 삶이 시작되었지만, 과거와 완전한 단절을 원하진 않았다. 내가 살았던 나날들을 이 새로운 시절에 더하리라는 희망을 놓지 않았다. 새로운 직업을 얻을 테지만, 글을 쓰는 일도 그만두고 싶지는 않았다. 내가 어린 날 생각했던 꿈, 우리 세대의 지상명령과도 같던 인생의 낭만적 목적이랄 것은 많이 달라졌다. 나는 글 쓰는 사람이 되었지만 내가 꿈꾸었던 '바로 그 사람'이 되지는 못했다. 사실 애초에는 소설 쓰는 사람이 되고 싶었으나 그 꿈도 나름대로 많은 변형을 거쳐온 터였다. 앞으로 그러한 변형, 삶의 조건에 따른 변주, 현실에 맞게 조정되어가는 일은 계속 있을 것이다. 하지만 나는 계속 글 쓰는 사람이라는 그 하나의 정체성은 잃지 않으려 한다.

　　　나의 삶이 온전히 '우리 세대'의 삶을 증언한다고 볼 수는 없을 것이다. 나도 그저 다양한 우리 세대의 사람들 중 한 명이다. 그럼에도 내가 거쳐왔고 거쳐갈 삶의 여정은 우리 세대의 삶이랄 것, 나아가 우리 시대의 삶이랄 것을 상징하는 면이 있으리라 생각한다. 어쩌면 모든 시대의 모든 사람은 비슷한 방황을 겪을 것이다. 이상과 현실 사이에서 방황하다가 천천히 현실을 깨달아가는 이야기란 이미 수십 년 전부터 온갖 문학에서 반복되는 '청춘의 서사'이기도 하다. 하지만 내게는 그 모든 동일성에서의 유혹을 이겨내고 말하고 싶은 증언이 있다. 그것은 우리가 유혹에 취약한 세대로 자라나, 모든 걸 선택할 수 있다고 믿는 환상을 주입받았고, 앞으로도 결코 그러한 유혹 혹은 환상에서 완전히 자유롭지 못한 채로, 그러나 실현 가능성은 점점 적어지는 치열하고도 열악한 현실 속에서 살아가리라는 점이다.

　　　우리는 소비자로 자랐다. 꿈은 선택할 수 있는 것이라 배웠다. 모든 선택 가능한 것들이 마치 손에 닿을 것처럼 가깝다고 믿었다. 그러나 동시에 너무나 거대한 성벽 같은 현실이 얼마나 극복할 수 없어 보이는 것으로 우리 앞에 놓여 있는지도 목도했다. 우리의 꿈은 드높다. 화려한 소비에 대한 열망, 멋진 삶에 대한 이미지는 결코 우리 안에서 떠나가지 않은 채 평생 따라다닐 것이다. 우리는 자기만의 삶을 찾기 위해 평생 고투할 것이다. 하지만 동시에 세계 최고 수준에 도달하고 있는 양극화, 자살률, 노인빈곤율, 저출생, 고령화 같은 현실들이 우리를 몰아세울 것이다. 그럼에도 우리는 해안절벽 끝에서 꿈꾸는 사람처럼 저 화려함을 꿈꿀 것이다. 그리고 절벽에서 하나둘 떨어져가는 동안, 누군가는 다시 조심스레 현실을 챙기며 엉금엉금 지상으로 기어나갈 것이다. 하지만 그동안에도 여전히 우리는 꿈을 꾸고 있을 것이다.

나는 현실이 두렵다. 나의 사람, 나의 아이, 나의 가족이 이 세상에서 잘 자리 잡고 현실을 헤쳐 나가길 바란다. 또한 내가 오랫동안 열망해온 글 쓰는 삶도 그 현실의 사이사이 별처럼 빛나는 틈을 만들어주면 좋겠다. 어느 쪽도 포기할 수 없다. 현실주의자이자 몽상주의자로서 살아가는 이 우리네 삶은 절벽 위를 걸어가는 것처럼 아슬아슬해 보인다. 어느 순간, 현실도 몽상도 박살나버리며 삶을 내려앉게 할까봐 겁이 난다.

어쩌면 이것은 우리 세대의 삶일 뿐만 아니라 우리 시대의 모든 사람들이 겪고 있는 삶일 것이다. 우리의 세상은 더 이상 우리를 올곧은 길로 안내하는 양지바른 땅이 되어주지 못한다. 우리에게는 더 이상 인생의 일관된 진실이랄 것이 주어져 있지 않다. 우리는 온갖 환각과 위험 속에서 겨우 몇 걸음 앞만을 내다보며 각자 다른 길을 걷고 있다. 우리는 각자의 삶을 위한 각개전투를 각기 다른 방식으로, 각기 다른 곳에서, 각기 다른 환각들을 마주하며 버텨내고 있다.

그 각개전투는 대개 절망스럽기 짝이 없는 것으로 묘사되고, 실제로도 우리 사회의 절망에 관해서는 더 부언할 필요도 없이 많은 사람들의 절규가 곳곳에서 들려온다. 그럼에도 나는 이제 삶을 시작하는 어느 사람들이, 우리 세대의 누군가들이 그려나갈 무수한 길들을 포기하지 않고 바라보고 싶다. 마치 우리의 길들이 그 하나하나는 한 치 앞이 보이지 않는 수풀을 헤쳐 나가는 일일지라도, 아주 높은 곳에서 내려다보면 어느 한곳을 향해 모여들고 있을 거라고, 그래서 어느 순간 그 길들이 이어지며 이 현실들과 환각들을 이겨내는 어떤 가능성에 이르는 날이 올 거라 끈기 있게 믿고 싶다.

나 또한 그중 하나의 길을 걷고 있다고 믿는다. 우리 세 식구가 걸어가게 될 길은 다를 것이다. 거기에는 때로는 화려한 환각이, 때로는 고된 현실이 침범하겠지만, 그 모든 것을 녹여낸 고유한, 대체 불가능한 우리 시대의 한 삶이 그려질 것이다. 그것은 모든 것이 이루어지는 낭만적 우주와도 다를 것이고, 고된 현실을 이겨내고 성취해낸 출세의 인생과도 다를 것이고, 이 현실이 유혹하는 바 그대로의 의무들을 충실히 이행한 어느 기성의 삶과도 다를 것이다. 내가 살아갈 그 길은 우리의 삶이 시작되었던 그 최초의 꿈, 낭만, 화려한 이미지들, 그리고 우리를 분열에 빠뜨렸던 이 거대한 현실, 집단적 문화, 크고 작은 편견들을 모두 끌어안고서 도착할 어느 세계를 향한다고 믿는다. 각지에서 출발한 그 남다른 꿈과 현실이 도착하여 만날 그날이 올 것이다.

밀레니얼과
시소의
세계관

밀레니얼 세대는 1980년대 초반부터 2000년대 초
반까지 출생한 세대를 아우른다. 흔히 세대론에서 세대 구별
이 10년 단위로 이루어지는 것에 비하면 이러한 세대 규정은
그 폭이 제법 넓은 편이다. 이에 대한 근거는 여러 가지가 있
겠지만, 일단은 과거보다 세대 간의 격차랄 게 다소 희미해졌
고, 보다 넓은 범주에서 공통성이 생겼다고도 볼 수 있다. 가
장 근본적인 이유는 아무래도 온라인이 삶에서 차지하는 위상
이 무척 커진 데 있을 것이다.

과거에 세대 간 구별이 더 촘촘했던 이유는 그만큼
세대가 활동하는 범주가 명확히 나누어졌기 때문이다. 한 세대
가 사회에 진출할 때쯤 다음 세대는 여전히 학생이거나 미성
년자였고, 이전 세대는 이미 가정을 이루고 육아를 했다. 그들
은 인생의 시간순에 따라 서로 분단되어서, 꽤나 다른 문화를

각기 만들고 공유하면서 또래의 특성이라는 걸 만들어갔다.

그에 비하면 온라인의 본격적인 확산은 세대 간의 유행이나 취향, 관계의 스타일, 세계관 등을 보다 넓은 범주에서 뒤섞어버렸다. 그래서 1980년대 초반 출생이라고 하면 그러한 온라인 세계가 삶에 직접적으로 영향을 미치고, 온라인을 적극적으로 삶의 일부로 활용하기 시작한 세대라는 점에서 2000년대 초반 출생자와 함께 '밀레니얼'로 묶일 수 있는 것이다. 그들은 같은 공간에서 댓글을 쓰며, 같은 유행어를 사용하고, 같은 게임을 하며, 같은 웹툰을 보고, 유사한 문제의식과 세계관을 지닌 채 세상을 대한다. 미국에서 시작된 규정이지만, 이러한 폭넓은 '밀레니얼' 개념은 우리나라에도 확실히 타당성이 있다.

그리하여 최근 이 세대를 둘러싼 여러 담론이 등장하고 있다. 대개는 기성세대가 밀레니얼 세대의 이야기를 듣고 보고 관찰하여 그에 따라 성격을 부여하는 형식을 띤다. 그런데 밀레니얼 세대에 속한 나는 그런 담론들이 '담론을 위한 담론'처럼 보일 때가 자주 있다. 특히 밀레니얼 세대의 특성을 '개인주의'나 '나 중심', '효율성' 같은 것으로 단순화하는 경우가 많은데, 나는 이런 식의 규정을 볼 때마다 불편함을 느끼곤한다. 기성세대와 비교해 그러한 측면이 상대적으로 부각된다는 점은 물론 인정할 수 있으나, 그것이 과연 이 세대의 '핵심

특성'이라 지칭될 만큼 절대적인지는 더 생각해볼 일이다.

　　밀레니얼의 가장 핵심적인 특성이 있다면 '이중성'이라고 생각한다. 이들은 개개인의 삶의 경계를 엄격히 지키고 추구하려고 하지만, 동시에 개인의 삶이 바탕이 되는 사회의 공정성을 중시하고 끊임없이 서로 연결되어 있으려는 특성이 강하다. 이들은 삶을 자기중심으로 만들어 효율적으로 관리하려고 하지만, 동시에 타인들과의 조화로운 관계도 무척 중시하며, 나아가 자기를 넘어서 타인에게 베푸는 선의나 세상에 기여하는 삶에 큰 가치를 부여한다.

　　이런 이중성은 밀레니얼 삶의 전반에서 나타난다. 어느 한쪽의 가치에 절대적으로 기울지 않고, 어느 하나를 추구하는가 싶으면 다른 한 측면으로 이동하는 식의 '시소적인 세계관'이 이들에게 자리 잡고 있는 것이다. 이는 좋게 말한다면 균형감각이고, 부정적으로 평가한다면 '결정장애'적인 특성이라고도 말할 수 있다. 결코 한쪽으로 온전히 넘어갈 수 없이, 그러한 넘어감이나 치우침 자체에 불안함을 느끼고 다시 곧장 스스로의 위치를 재점검하면서 다른 쪽으로 몸을 기울이는 것이다. 그 근본 바탕은 '불안'이다.

　　기성세대가 정치적으로, 종교적으로, 혹은 사회문화적으로 비교적 공고한 가치관 속에서 집단적 정체성을 형성하고, 인생에서 어떤 확신 어린 상태를 부여받곤 했다면, 밀레니얼 세대는 처음부터 '확고한 정체성'을 가져본 적이 없다. 모든 가치관은 온라인에서 하나의 '관점'으로 전락하고, 상대적인 것이 되며, 존중해야 할 취향이자 하나의 의견이 될 뿐이다. 절대적으로 의지할 단일한 신념 대신, 이러한 가치관 저러한 가치관을 그때그때 시소 타듯이 무게중심을 옮기며 살아가는 '유동성'이 그 바탕에 깔려 있는 것이다.

　　내가 배운 사회적인 담론들, 역사와 세상을 바라보는 관점들은 대개 한 시대를 지배하는 단일한 '지배이념'과 관련되어 있었다. 그러나 그런 식의 근본적인 프레임 자체가 점차 무용해지는 시대가, 세대가 오고 있지 않나 하는 생각이 종종 든다. 한편으로는 이러한 세대들이 만들어낼 미래란 어떨지 궁금하기도 하다. 그것은 어쩌면 무수한 다양성들이 춤추듯 매일같이 전복되는 세상일지도 모르고, 어디에 의지해 자기 삶의 중심을 잡아야 할지 모른 채 표류하는 개인들이 공포와 불안에 휩싸인 채 견뎌나가는 세상일지도 모른다.

　　바라는 것이 있다면, 어느 하나의 가치관이 폭력적으로 다른 것들을 짓누르거나, 지배적이고 이분법적인 이념들이 나뉘어 대립하는 시대보다는, 다양한 사람들이 다양한 색깔의 마을을 이루어나가는 그런 다채로운 세계들이 공존하는 시대가 오는 것이다. 밀레니얼들이 만들 세계는 그런 것이었으면 싶다.

우리는
신념을
소비한다

요즘은 뜸해졌지만 여전히 세월호 리본을 가방에 달고 다니는 사람을 만난다. 그러면 어째서인지 그 노란 리본에서 눈을 뗄 수 없다. 그 사람의 정치적 성향 같은 것을 평가하기 때문은 아니다. 그보다는 그 사람이 그 사건에 대해 여전히 가지고 있는 마음, 그에 대한 의미 부여, 또한 자신의 신념을 드러내는 그 방식과 당당함에 어떤 매혹을 느끼기 때문이다.

세월호 리본만이 아니다. 근래에는 일부러 환경보호나 동물보호를 상징하는 문구가 적힌 에코백을 들고 다니거나, 여성의 권리를 주장하는 문구가 적힌 티셔츠를 입거나, 제3세계 커피 노동자들에게 합리적인 이윤을 돌려주는 공정무역커피를 구매하고 SNS에 해시태그를 다는 사람들을 자주 본다. #eco bag #girls can do anything #fair trade coffee… 이들에게는 공통점이 있다. 자신의 '소비'로 자기만의 신념이나 인생의 지향을 드러낸다는 점이다.

프랑스의 사회학자 장 보드리야르Jean Baudrillard는 1970년작 《소비의 사회La Societe de Consommation》에서 현대사회를 '소비사회'라고 규정했다. 이는 급격한 산업 발전으로 인해 다양한 상품의 대량 생산이 가능해진 것을 배경으로 한다. 소비할 수 있는 물품의 종류나 스타일 등이 무척 다양해진 시대, 사람들이 소비로 자신의 '정체성'을 찾기 시작한 사회가 소비사회인 것이다. 이를테면 어떤 사람은 자신의 '세대적 정체성'을 표현하기 위해 나팔바지를 입거나 미니스커트를 입고, 어떤 사람은 자신의 '경제적 계층'을 드러내고자 명품 가방을 매는 식이다. 그렇게 자기가 소비하는 물품을 자기와 동일시하며 자신의 개성을 표출한다.

우리 역시 소비사회에 살고 있는 현대인이다. 그래서 이러한 이야기가 어렵지 않게 이해된다. 특히 최근에는 패션뿐만 아니라 유행하는 거리나 카페 등 '핫플레이스'를 찾아다니며 자신의 트렌디함을 SNS 등에 드러내는 일이 일상화되었다. 이 역시 소비를 통해 자신이 무엇에 행복을 느끼는 사람인지를 표현하는 방식으로, 소비사회의 전형적인 모습이라 할 법하다. 그 외에도 삶의 모든 영역에서 소비는 단순한 실용성이나 필요를 넘어서 우리의 개성을 드러내고 우리 자신을 증명하는 가장 중요한 수단이 되고 있다.

생산과 소비는 현대사회의 근간이다. 단 하루라도 생산과 소비가 멈춘다면 지구가 정지하는 것과 다름없는 사태가 벌어질 것이다. 이는 달리 말해 소비를 하는 개별인들, 즉 각각의 '소비주체들'이야말로 이 사회에서 가장 중요한 역할을 하고 있음을 의미한다. 사람들이 어떻게 소비하느냐에 따라 세상도 달라진다. 없었던 거리가 생겨나기도 하고, 전혀 주목받지 못했던 디자인이 세계를 휩쓸기도 하며, 무명의 밴드가 슈퍼스타가 될 수도 있다.

'미닝아웃meaning out'은 이러한 시대에 '소비'를 통해 자기 신념을 실현하고자 하는 움직임을 대변한다. 단순히 취향으로 소비를 하는 게 아니라 자기의 정치적 이념이나 윤리적 신념에 맞추어 소비를 하는 것이다. 미닝아웃은 '신념'을 뜻하는 '미닝meaning'과 자기 안에 숨겨둔 주장이나 취향 등을 표출하는 '커밍아웃coming out'의 결합어다. 최근 SNS의 발달과 더불어 사람들은 더 적극적으로 '신념에 따른 소비'를 드러내고 있다.

앞서 언급했듯 옷이나 가방 등에 슬로건, 즉 특정 문구를 삽입하는 '슬로건 패션'이나 친환경 제품, 동물보호인증 제품의 사용을 SNS 등으로 알리는 일이 대표적이다. 이는 소비야말로 시민 개개인이 가진 가장 강력한 힘이라는 인식에서 출발한 일이라 볼 수 있다. 소비를 통해 자신을 드러내고,

타인들을 이끌며, 세상을 바꾸는 것이다. 그렇기에 이 시대의 진정한 시민은 단순히 '가성비 중심'의 소비를 넘어 진실로 '현명한' 혹은 '신념 어린' 소비를 하는 이들일 것이다. 삶을 보다 의미 있게 만들고 세상을 낫게 만드는 소비가 '미닝아웃'에 담겨 있다.

이 일련의 현상은 새로운 시대의 하나의 특징을 일관되게 지시하고 있다. 새로운 세대는 자신을 알리고자 하며, 이를 통해 세상에 영향력을 미치려 하고, 자기에 맞게 세상을 바꾸길 원한다. 그렇게 적극적인 자기표현의 세상이 점차 다가오고 있다는 것은 분명해 보인다.

저출생은
거대한 가치관 변화의
문제다

저출생 문제는 비혼 혹은 딩크에 대한 가치관과 밀접히 관련되어 있다. 2018년 통계청 자료에서 가임여성 1명당 출산율은 0.977명인 데 비해 기혼여성의 출산율은 2명에 가까운 수준이니, 무엇보다도 이 문제는 비혼에 대한 가치관과 가장 큰 관련이 있다고 볼 수 있다. 비혼에 대한 관점은 완전히 양분되어 있는데, 젊은이들이 열악한 사회환경의 문제로 비혼을 선택할 수밖에 없다는 시선과, 시대의 변화로 비혼 자체를 하나의 가치관으로 더 선호한다는 시선이다.

언론이든 학자든 '대책 마련' 혹은 '대안 제시'에 관여하는 이들은 대부분 전자의 관점에 서 있다. 환경이 좋아지면 결혼을 하고 출산을 할 것이다. 이때의 환경이란 절대적인 물리적 조건으로, 정부의 다각도의 물질적 지원이 필요하다. 흔히 저출생 관련 대책이라는 것은 이러한 논리를 좀처럼 벗어나지 못한다.

　　그러나 실제로는 결혼할 여건이 어느 정도 되고, 아이를 낳아 '키울 수 있는' 다수의 젊은이들이 결혼이나 출산에 적극적이지 않다. 굳이 결혼과 출산이라는 방식이 아니더라도 충분히 삶을 의미화하고, 라이프스타일을 합리화하며, 실제로 그리 절망적이지 않은 방식으로 살아낼 방법이 얼마든지 존재하기 때문이다. 미디어 역시 〈효리네 민박〉이라든지 〈나 혼자 산다〉라든지, 그 외 여행이나 예능 프로그램 등을 통해 비혼이나 딩크, 싱글의 삶이 결코 나쁜 것이 아님을 온갖 화려한 방식으로 충분히 보여줘왔다.

　　말하자면 기존의 결혼을 추구하게 하는 핵심적 감정이 분리감, 소외감, 박탈감 등이었다면, 더 이상 '결혼을 하지 않는 일'이 그러한 감정을 과거처럼 강력하게 촉발하지 않는다는 것이다. 결혼하지 않는 이들끼리의 소속감, 그들끼리의 취향, 그들끼리의 라이프스타일은 갈수록 확고해지고 있으며 소외될 가능성도 거의 없어지고 있다.

　　이는 전반적으로 젊은이들의 가치관이 '결혼하고 출산하고 싶다'는 지향 자체를 벗어나고 있음을 의미한다. 우리 세대 혹은 우리 세대를 전후한 세대들이 바라는 것은 총체적 의미에서 '잘 살며well-being' 각자의 개별적인 행복을 누리는 것이지, 어떤 집단적 가치관에 따라 공통된 지향에 투신하는 것이 아니다. 국가, 가정, 결혼, 출산, 출세… 그 무엇이 되었든 과거 기성세대의 핵심적 가치관이라 할 만한 것들이 갖는 절대성은 완전히 상실됐다고 볼 만하다. 오히려 그것들은 다른 가치들과 동등하게, 때로는 더 열등하게 취급되며 비교되고 선택되는 대상이지 결코 인생에서 근본적으로 추구해야 할 가치는 아닌 것이다.

이를 이해하지 못하는 결혼 정책, 저출생 정책은 효용을 발휘할 가능성이 거의 없다. 기존의 정책들은 이미 '과거의 가치관'을 바탕으로 살아가는 다소 보수적인 시민들에게만 어느 정도 의미 있는 것인데, 그런 시민들이 전체 청년 인구 중 얼마나 될지는 의문이다.

●

비혼 문제에서 또 다른 핵심은 이른바 이상의 상향평준화 혹은 가치관이나 욕망의 상향평준화와 관련이 있다. 이는 단순히 백마 탄 왕자를 만나고 싶다든지 부자인 처가를 등에 업고 셔터맨이 되고 싶다든지 하는 물질적 욕망 이상으로, 자기 삶의 전반적인 질 자체가 끌어올려지기를 지향하는 차원이 과거와 달라졌음을 의미한다.

과거 사람들은 주변에서 보던 삶을 반복했다. 미디어 속 삶이라 해도 그렇게까지 화려하지 않았고, 이상은 말 그대로 먼 이상이었다. 그러나 최근에는 모든 것에 직접적으로 닿을 수 있는 소비 체계와 가치관이 마련되었고, 실제로 많은 사람들이 즉각적으로 그러한 '이상'을 누리고 있다. 대표적인 것이 욜로 현상일 텐데, 굳이 부자가 아니더라도 특급호텔에서의 하룻밤, 해외여행, 명품 아이템 하나 정도는 누리려는 성향이 생겨났다는 것이다.

이에 더해 삶의 질이라는 것이 단순히 집단적인 욕망 아래 뒤섞이는 데서 오는 게 아니라는 인식이 퍼졌다. 이를테면 서울 중산층 청년의 꿈은 제주도에 가서 카페나 게스트하우스를 차리는 게 아닐까? 또한 단순히 출세를 해서 강남의 좋은 아파트에 살며 아이 둘 낳는 가정을 꾸리기보다는, 더 구체적인 행복이 항존하는 어떤 상태, 예컨대 미디어에서 골라 보여주는 파티 같은 삶, 혹은 사람에 따라서는 벽난로를 연상케 하는 평화로운 이미지의 삶을 지향하지 않을까?

이는 욕망의 문제가 모종의 '상향평준화된 이미지'를 확고히 품게 되었으며, 그러한 이미지가 온갖 미디어를 통해 반복적으로 주입되며, 우리 역시 그에 '도달 가능하다'고 속삭이는 사회적 분위기와 연동되어 있음을 의미한다. 그렇다면 이때의 결혼이란 무엇일까? 결혼의 상대는 많은 경우 미래를 예측 가능하게 한다. 그의 사회적 지위, 계층, 성향 같은 것들이 지시하는 미래를 떠올리게 하는 것이다. 그런데 그 미래가 흔히 우리가 품고 있는 '상향 이미지'에 도달 가능하리라 믿어지는 경우는 드물다. 그런 사람을 운 좋게 만나면 결혼을 하지만, 그렇지 않으면 욕망은 지연된다. 도달 가능하다 믿어질 때까지 현 상태의 '소확행'(소소하고 확실한 행복)을 누리며 기다리는 것이다.

●

마지막으로, 이러한 가치관과 욕망의 문제에 더해 현실적인 상황이 문제시된다. 그런데 이 현실적인 상황이라는 것 역시 단순히 아파트를 살 수 없고 양육비를 감당하기 어렵다는 따위의 물질적인 문제로만 바라볼 게 아니다. 청년세대가 처한 물질적 조건, 현실적 조건의 문제는 보다 다양한 경험적 가치관과 얽혀 있다.

우리의 부모 세대는 거의 행복하지 않았다. 부모 세대의 부부들에게 진정으로 서로를 사랑하며 가정을 행복하게 유지하고 있느냐고 묻는다면 쌍방 모두 그렇게 대답할 가능성은 무척 낮을 것이다. 우리가 경험한 가정이란 주로 '버티는' 것이었는데, 그처럼 가정을 꾸려 버티는 것이 혼자서 현재 삶을 버티는 것보다 나을지가 문제된다.

삶이 본질적으로 버텨냄이라고 할 때, 핵심은 그러한 버텨냄에 얼마나 의미를 부여할 수 있을지, 또한 그로부터 어떠한 성취감이나 보람 따위를 얻어낼지가 된다. 현재의 청년들에게 취직을 하고 삶을 버텨낸다고 했을 때, 월급으로 상징되는 보상은 꽤나 구체적인 것이다. 세상에는 소비할 것이 거의 무한정 널려 있고, 그러한 소비로부터 얻는 구체적이고 확실하며 소소한 만족감이 삶의 버팀에 대한 정확한 보상이 되는 것이다.

그러나 저 가정을 이루는 삶을 버텨냈을 때 얻는 것이 무엇인지 알지 못한다면(그저 부모의 신세한탄밖에 아는 것이 없다면), 아파트값이든 양육비든 사교육비든 그 모든 것을 감당하며 가정을 꾸릴 마음 자체가 생기질 않을 것이다. 다시 말해 현실적인 조건의 문제는 그것을 극복하고자 하는 강렬한 마음이 동반된다면, 정부의 여러 지원 정책들을 기반으로 어느 정도는 감당 가능한 것이다. 하지만 핵심은 그러한 '마음'이 생기기까지가 더 먼 길이라는 것이다.

따라서 단순히 무얼 하면 얼마를 준다는 식의 대안은 의미가 없다. 그것은 이미 '무얼 하기로' 마음먹은 존재에게만 의미가 있는 방식이다. 결혼이든 출산이든 말이다. 그렇다면 대책이라는 것은 그러한 마음을 어떻게 먹게 할 것인가에 가장 초점을 맞추어야 한다. 다시 말해, 청년세대의 마음과 싸워 설득하여 이겨야 하는 것이다.

결국 저출생 문제란 근본적으로 청년세대를 아우

르는 근본적인 가치관 혹은 마음의 문제로부터 출발하여 그리로 귀결된다. 물질적인 조건의 문제는 그에 비하면 차라리 부수적이다. 따라서 이에 대한 대안은 청년들의 실제 마음이 어떻게 흐르고 있는지, 그래서 그러한 지향을 어떻게 충족시킬 것인지에 따라 섬세하고 구체적으로 마련되어야 한다. 단순히 얼마를 더 준다고 해서 결혼이나 출산을 딱히 지향하지 않는 사람이 결혼하거나 출산할 가능성은 거의 없다.

우리는 왜
연애를
갈망하는가

세상은 바야흐로 연애의 시대가 되었다. 당장 도심의 거리를 걷다보면 세상의 모든 것이 연애하는 자들을 위한 공간처럼 보인다. 거리를 가득 메운 사랑 노래들, 어느 골목에 들어서든 늘어서 있는 아늑한 카페들, 사랑스러운 분위기의 레스토랑, 연인이 가기 좋은 온갖 방들, 영화관, 최근 유행하는 라이프스타일숍 등에 이르기까지, 세상 모든 곳은 '데이트 공간'이 되었다. 물론 이러한 공간을 친구들이나 가족들과 방문할 때도 있겠지만, 아름답고 분위기 좋은 공간일수록 언젠가 꼭 애인과 함께 오겠다는 다짐이 뇌리를 스쳐간다.

실제로 연애에 관한 빅데이터 조사에 따르면 사람들이 연애를 원하는 가장 큰 이유는 '데이트'에 있었다. SNS의 성행과 더불어 삶은 전시해야만 충족되는 무엇이 되었다. 이전에는 그렇게까지 강렬하진 않았던 '전시 욕망'이 우리 안에서 급격히 깨어나고 있는 셈이다. 그렇게 자기 삶을 전시할 때, 예쁘고 아름다운 공간은 가장 중요한 요소이다. 더불어 그러한 전시 요소에 '사랑'이 더해진다면 더욱 분위기 있고 매력적인 전시가 된다. 그래서 젊은 세대는 애인이 생기면 부지런히 핫플레이스를 찾아다니면서 사진을 찍고 SNS를 하는 데 몰두하며 기쁨과 충족감을 얻는다. 애인은 삶을 더 아름답게 가꾸게 하며, 우리에게 분위기 있는 '전시 이미지'를 갖추게 해준다. 조사 결과에서 '타인 의식'이 연애의 중요한 이유로 상위랭크를 차지하고 있는 점 역시 이를 뒷받침한다.

결국 연애에 대한 갈망에서 '이미지에 대한 욕망'이 상당히 큰 부분을 차지하는 셈이다. 그리고 그 욕망은 상당 부분 우리가 소비하고자 하는 대상들을 향해 있다. 이 사회가 소비를 통해 우리를 유토피아로 초대하는 소비사회라면, 우리 소비자들은 '연애'를 통해 그러한 소비의 세계로 온전히 들어갈 수 있다. 사랑하는 이와 함께 '뜨는' 거리의 핫한 카페를 찾고, 독특한 음식을 나눠 먹으며 유행하는 영화를 보고, 루프톱에서 맥주 한잔을 마시고 돌아오는 지하철에서 SNS에 하루의 이야기를 공유할 때, 우리의 마음은 가장 안정적으로 충족된다.

●

빅데이터 조사에서 연애를 하고자 하는 이유의 두 번째, 세 번째를 '결혼'과 '정서적 만족'이 각각 차지하고 있는 것도 눈여겨볼 만하다. 특히 연애의 이유를 '결혼'이라 여기는 사람들이 많다는 것은 사람들의 관심이 얼마나 결혼으로 쏠려 있는지를 보여준다. 연애의 이유가 일차적으로는 어떤 소비 이미지에 대한 열망이라면, 그다음 이유는 곧바로 결혼이라는 인생의 가장 중요한 결정 중 하나로 수렴되는 것이다.

이는 흔히 '휘발적인 연애'가 유행하며 사랑조차 가벼워진 시대라고 혀를 차는 평론가들의 진단에 착각이 있음을 의미한다. 물론 그러한 종류의 사랑도 한편에서는 이루어지고 있지만, 그보다 더 근본적인 지향에서, 많은 사람들이 궁극적으로 의지할 수 있는 관계를 바라고 있기 때문이다. 전통적인 연애관 혹은 결혼관과 별반 다르지 않게, '현대인'도 정서적 안정감을 지속적으로 제공하며 사회적인 약속을 통해서 오랫동안 서로의 곁을 지켜줄 관계를 바라는 것이다.

이는 겉보기에는 개인주의 문화 아래 무척이나 자유로운 삶을 영유하는 듯 보이는 현대인들이 실질적으로는 그렇지 않을 수 있음을 보여준다. 즉 우리 현대인은 집단주의 문화와 전통적인 공동체에서 벗어나 자기 삶을 스스로 결정하며, 주변 세계에 얽매이지 않고 독립적이고도 자유로운 개별적 삶을 살게 된 것처럼 보인다. 그러나 한편으로 자유의 다른 이름인 불안 역시 우리 안에 팽배해간다.

공고했던 집단주의가 해체되면서 사람들은 제각기 살아나갈 방법을 꾀하는 '각자도생'의 라이프스타일에 속하게 되었다. 이제 각자의 삶은 이웃공동체나 가족집단 등에 의해 비호받기보다는 스스로 책임져야 하는 것이 되었다. 더군다나 극심한 경쟁사회 속에서, 오늘의 친구가 내일의 적이 되고 곁에 있는 이들이 열등감과 박탈감, 시기질투를 조장하는 삶 속에서, 사람들은 그 모든 걸 넘어서 자신을 지켜줄 누군가를 간절히 원하게 되었다. 결혼은 관습과 통념에 의해 나이가 차면 당연히 해야 하는 것이라기보다는, 이와 같은 삶의 조건 안에서 절실히 갈망하는 그 무엇이 된 것이다.

고독과 박탈감, 소외의 시대에 연애는 우리를 이 세계에 안착시켜줄 통로로 상징된다. 우리는 그 통로를 통해 보다 안정적이고 영속하는 어떤 관계 속으로 진입하길 바란다. 나와 당신이 서로를 지켜주기를, 그러한 보호막이 이 불안한 삶을 견디게 해주기를 희망한다. 그렇게 연애는 우리 시대, 우리 삶의 가장 중요한 화두가 되어가고 있다.

●

온 세상이 연애를 해야 한다고 소리치는 듯하지만,

그렇다고 모두가 연애사업에 적극적으로 뛰어들고 있는 건 아니다. 빅데이터 조사 결과에서는 연애를 하지 않는 이유로 단순한 '연애 대상의 부재' 외에 연애에 대한 '부정적 경험'과 '두려움', '부담감' 등이 큰 비중을 차지하고 있다. 이는 연애가 각자도생의 삶의 해결책이 되어주고, 우리가 갈망하는 '이미지'로 데려다주리라는 기대가 자주 배반된다는 것을 의미한다.

특히 요즘 이별과 관련된 주요한 담론들이 대부분 데이트폭력, 스토킹, 보복, 위협과 관련되어 있다는 것은 연애가 기대와 달리 '위험'할 수 있음을 보여준다. 새로운 사람을 알게 되어 서로의 삶에서 가장 중요한 존재가 되어가고, 이 시대가 제시하는 최고의 쾌락에까지 도달하는 일이 그 자체로 하나의 도박과 다르지 않은 셈이다.

더군다나 손쉽게 '좋은 기분'을 유지할 수 있는 수단은 날이 갈수록 다채로워지고 있다. 자극적인 콘텐츠들이 인터넷에 넘쳐나고, 홀로 누릴 수 있는 여행, 혼자 즐기는 식사나 카페에서 여유롭게 보내는 시간도 늘어나고 있다. 이러한 '혼자만의 즐거움'을 찾는 방식들이 계발되면서 연애라는 관계에서 오는 부담, 두려움 등을 회피하고자 하는 경향도 심화된다.

하지만 이러한 현상들을 인정하더라도, 연애 자체

에 대해 적극적으로 거부하는 사람들이 다수라고 보긴 어렵다. 조사 결과에서 연애를 하지 않는 가장 큰 이유가 '연애 대상의 부재'이고, 단순히 연애가 '불필요'하다고 여기는 응답이 소수인 것을 보면 많은 이들이 여전히 연애에 '도달'하기를 꿈꾸고 있다. 그 꿈은 우리의 시대가 부추기는 이미지를 지시하면서, 동시에 우리가 처한 불안에서 벗어나 도착하길 바라는 어느 곳을 가리키고 있다.

하나 기억해야 할 것은 갈망이 언제나 도착을 보장하지는 않는다는 점이다. 저 화려한 이미지들은 어느새 우리에게 왔다가 흔적 없이 날아가버리곤 한다. 해소되리라 믿었던 불안은 누가 곁에 있든 평생을 따라다닐지도 모른다. 연애가 온 세상을 뒤덮은 듯 우리를 유혹하지만, 진정한 관계는 우리가 손쉽게 바라보는 것과는 많이 다를 수 있다. 그렇기에 성급한 갈망을 따라나서는 길에서야말로 우리는 가장 주의를 기울여야 할 것이다. 어쩌면 그렇게 관계를 쌓아내는 일의 끝에는 정말로 우리가 바라던 '그곳'이 있을지 모를 일이다.

블루보틀에서

한때 블루보틀 커피 매장의 국내 첫 오픈이 대단한 화제가 되었다. 수많은 사람들이 평균 서너 시간씩 줄을 서면서까지 이 특별한 커피를 경험하고자 했다. 블루보틀이 세계적인 인지도를 가지고 있음에도 매장 수를 가급적 제한하고 있고 우리나라에는 처음 들어왔다는 점을 생각하면 이런 열광이 이해될 법도 했다. 더군다나 커피업계에서는 블루보틀을 필두로 한 '스페셜티 커피 문화'를 '제3의 물결'이라고까지 부르고 있으니, 이 힙하고 핫한 문화를 향한 열망도 마냥 이상한 것만은 아니다.

하나 흥미로운 점은 블루보틀이 표방하는 '느림의 미학'을 실제로 이 커피매장을 찾는 사람들이 체화하고 있는 듯 보이기도 했다는 사실이다. 주로 20~30대로 구성된 방문객들은 커피 한잔을 마시기 위해 입장을 기다리는 서너 시간을 별 어려움 없이 견뎌냈다. 면면을 살펴보면, 책을 읽는다든지 음악을 듣는다든지, SNS를 하거나 일행과 대화하며 그 시간을 제법 즐겼다. 나아가 기다리는 상황을 온라인에 생중계하며 그 기다림을 함께 나누는 경우도 있었다. 일일이 핸드드립으로 커피를 내리며, 한 잔 한 잔에 정성을 기울이느라 시간이나 효율성 같은 건 아무래도 좋다는 '신념'을 가진 블루보틀 커피와 그 방문객들이 묘하게 어울리는 지점이었다.

그런데 또 한편으로 이 새로운 커피 문화에 대한 열광이 다소 기이하거나 과잉된 것처럼 보이는 측면도 있다. 일단 핸드드립 커피 문화 자체가 그렇게까지 새로운 건 아니라는 점이다. 동네 카페들 중에서 핸드드립을 고수하는 카페를 어렵지 않게 찾아볼 수 있고, 국내 유명 매장이 그런 문화를 이미 도입하기도 했다. 또한 방문객들이 정말 그런 커피 문화에 대단한 가치를 부여하고 있느냐고 한다면 꼭 그렇지도 않을 것이다. 아마 대부분은 서둘러, 남들보다 앞서 블루보틀을 경험하려 했을 뿐, 다시 또 그 몇 시간의 기다림을 감내하러 가지는 않았을 것이다. 그렇게 보면 이 현상에는 블루보틀의 문화 자체와는 별개의 요소도 작용했으리라 생각된다.

아는 사람은 다 알고 있지만, 사실 블루보틀 커피는 국내에 들어오기 전부터 이미 온라인상에서 화제가 되고 있었다. 무엇보다 인스타그램의 여러 인플루언서들이 해외 블루보틀 매장을 적극적으로 인증하며 알렸고, 그에 따라 블루보틀 지점이 있는 해외 도시에 방문한 사람들은 그곳을 꼭 들르는 게 하나의 '유행'이 되어 있었다. 다시 말해 청년세대 사이에서 블루보틀은 해외의 이색적인 명소이자 따라 누려보고 싶은 경험으로 은연중에 자리 잡고 있었다. 그래서 블루보틀의 국내 상륙은 '유행하는 이미지'의 상륙과 다르지 않았고, 그 이미지에 서둘러 닿고자 하는 욕망을 폭발시켰다. 즉 이 현상은 문화적 경험 자체 못지않게 이미지의 소유 혹은 이미지에 대한 접촉과 밀접하게 관련되어 있다.

청년세대는 이미지에 닿길 원한다. 이미지를 소유하길 원하고, 그 이미지 속에 있길 바란다. 최신의 혹은 가장 핫한 이미지를 누구보다 빨리 누리길 원하고, 그 이미지에 닿지 못함에 안달한다. 그래서 블루보틀 현상에도 그 밖의 핫한 이미지, 즉 핫플레이스, 호캉스, 유명 관광지, 명품 소비에 따라붙기 마련인 '인증샷 문화'가 필연적으로 동반된다. 아마 블루보틀 매장에 들어가서 사진을 찍지 않은 사람은 한 명도 없었을 것이다. 그리고 그제야 안달하는 마음이 사라지고, 안심하고, 만족감을 느끼게 되었을 것이다.

이미지의 확산과 성행은 확실히 이 시대가 소비사회의 한가운데로 접어들었음을 보여주는 동시에, 우리 사회의 오랜 특성인 중앙 및 상향 집중화 현상도 보여준다. 외교관으로 한국에 머문 적이 있는 그레고리 헨더슨Gregory Henderson은 저서 《소용돌이의 한국 정치Korea: The Politics od The Vortex》에서 한국 사회의 정치적 특성을 설명하면서 '소용돌이vortex 현상'이라는 은유를 쓴다. 이는 한국사회가 고도로 동질화되어 있고 중앙집중화되어 있으며, 사회의 모든 구성원과 분야들이 오직 권력의 중심을 향해 상승하고자 하는 현상을 일컫는다. 과거에 '소용돌이의 중심'이 '출세'나 '자수성가', '부자 되기' 같은 것이었다면, 이제 그 소용돌이의 중심은 가장 화려한 최신의 '이미지'들이 되었다.

흥미로운 것은 이런 '상향평준화된 이미지'를 소비하는 일이 다른 무엇보다도 실제로 중시되고, 경험되며, 누려진다는 점이다. 한 달 내내 아르바이트를 해서 저축을 하고 장래를 대비하는 경우보다는, '탕진잼'(소소하게 낭비하는 재미)이나 '욜로'를 앞세워 호캉스나 해외여행에 돈을 쓰는 일이 확실히 늘어났다. 실용적인 경차로 운전을 시작하기보다 무리해서라도 외제차를 구입하거나 통장 잔고를 털어 명품을 사는 일도 어렵지 않게 목격할 수 있다. 이런 일들은 확실히 우리 삶의 다른 여러 요소들보다도 그런 이미지 자체에 즉각적으로 접근하고, 지금 당장 그에 속하는 일이 무엇보다 중시되고 있음을 뜻한다.

삶에서 이런 이미지가 그 무엇보다 핵심적인 것이

되었다는 것, 더군다나 그 이미지에 대한 '즉각적인 접촉의 욕망'이 삶의 중심에 놓이게 되었다는 것을 '블루보틀 현상'은 다시 한 번 보여준다. 어쩌면 이런 현상은 앞으로 더 빈번하게 우리 문화 내에서 핵심적으로 일어날 것이다. 우리 삶이란 손을 뻗으면 닿는 그런 이미지의 연쇄 속에 자리 잡게 되었다. 이런 삶이 그 자체로 좋다거나 나쁘다고 말하기는 곤란할지도 모른다. 그러나 이런 형태의 삶이, 이런 방식의 문화가, 이런 스타일의 존재방식이 우리에게 무엇을 잃게 하거나 간과하게 하는지, 혹은 우리로부터 무언가를 앗아가는지에 관해서는 고민할 필요가 있을 것이다. 새로운 삶의 방식은 늘 무언가를 주는 만큼, 무언가를 빼앗아가기 때문이다.

인스타그램에는
절망이
없다

인스타그램에는 절망이 없다. 그래서 어딘지 괴기스러워 보인다. 흔히 청년세대에 대한 이야기들은 대개 절망과 포기로 수렴된다. 청년들의 삶이 얼마나 어려운지, 그로 인해 우울, 좌절, 증오, 혐오 같은 현상이 얼마나 일상화되었는지가 늘 문제시된다. 그런데 정작 청년세대가 보편적으로 이용하는 SNS에는 그런 흔적이 없다. 그곳은 언제나 밝고 희망차고 화려하다. 청년세대에 대한 담론과 인스타그램의 간극은 마치 매트릭스의 밖과 안처럼 극명하다.

수많은 청년들이 끊임없이 여행을 떠난다. 인스타그램에서는 동남아, 유럽, 미주, 남미 그 어느 대륙의 어느 구석에 있는 마을이나 도시를 해시태그로 검색해도 그곳에서 웃고 있는 청년을 만날 수 있다. 그런 청년들의 모습은 실시간으로 계속 업데이트된다. 마찬가지로 핫플레이스라 불리는 각종 카페나 식당들은 대부분 청년들로 인산인해를 이루어 몇 시간씩 줄을 서야 들어갈 수 있다. 그들은 커피 한 잔과 밥값으로 몇만 원씩을 아무렇지 않게 쓰는 것처럼만 보인다. 마찬가지로 하루 숙박이 수십만 원에 달하는 호캉스의 주인공도 대개 청년들이다.

사실 이 간극을 제대로 해소하지 못하는 한 청년담론, 청년세대에 대한 이야기는 거의 아무것도 설명하지 못한다. 왜냐하면 이 간극이야말로 청년세대가 지닌 딜레마의 핵심이자 청년들의 가장 절실한 실존적 문제라고 할 수 있기 때문이다. 확실한 건 그들이 언제나 밝고 화려한 이미지들로 둘러싸여 있다는 점이다. 그들은 스스로를 그런 방식으로 끊임없이 전시하고, 또 그렇게 전시된 이들 속에 있는 동안에만 온당한 곳에 있다는 느낌을 얻는다. 나는 예전부터 이를 '상향평준화된 이미지'라 불러왔다. 이 이미지에서 벗어나는 것은 죽음보다 두려운 일이다.

인스타그램에는 몇만에서 몇십만 정도의 팔로워를 거느린 수많은 인플루언서들이 있다. 그런데 그들이 대단한 무엇을 하는 건 아니다. 대단한 콘텐츠를 생산하는 크리에이터들도 아니고, 팔로워들에게 아주 의미 있는 무언가를 선물하는 것도 아니다. 자기 삶을 전시하는 스토리텔링에 뛰어나지도 않다. 그들이 제공하는 건 단지 어떤 '이미지에 속해 있다'는 느낌뿐이다. 이 사람을 팔로우하면 나도 뒤처지지 않고 소외되지 않고 흐름에서 쫓겨나지 않은 채 '최신의 이미지 유행'에 속할 수 있다는 위안을 느낀다.

실제로 인스타그램에 올라오는 사진들을 계속 보고 있으면 현실감각을 묘하게 잃어버린다. 내가 속해 있는 현실에 대한 인지부조화가 생기고, 삶 혹은 세계가 오직 저 밝고 화려하며 채색된 이미지들로 치환되는 듯한 경험이 일어난다. 삶이란 잘 정돈되고 단정하게 꾸며진 홈인테리어 속 순간, 잘 차려입고 멋진 공간을 거니는 순간, 아름다운 야경을 배경으로 커피를 마시는 순간, 수영장에 몸을 담그고 칵테일을 마시는 순간, 따끈따끈한 브런치가 나온 햇빛 드는 오전의 순간으로만 구성되는 듯한 착각을 느끼는 것이다. 그런데 인스타그램의 이미지들은 대체로 연출된 단 한순간의 이미지일 뿐이지 현실도, 삶도 아니다. 인스타그램에 올라오는 순간들은 삶의 극히 일부, 아주 잠깐의 시간들일 뿐이다.

문제는 우리의 삶이 실제로 그러하며, 그러해야만 한다는 강박이 점점 심화된다는 것이다. 특히 인스타그램 인플루언서들의 삶을 보면, 그들은 언제나 그런 이미지 속에 살아가고 있는 것처럼만 보인다. 그런데 그 '이미지의 세계'란 사실 누구도 그 안에 살 수 없는 천국과 환영의 이미지 같은 것이다. 예쁜 카페에 가서 브런치를 먹고 커피를 마시더라도,

사실 사진을 찍는 몇몇 순간을 제외하면 그냥 평범하게 대화를 나누고 각자 휴대전화를 들여다보는 시간이 있을 뿐이다. 유행하는 여행지에 가더라도 아름다운 풍경 앞에 황홀하게 머무는 시간은 그리 길지 않다. 호텔의 수영장에서도 그냥 사진만 찍고 숙소로 돌아가 텔레비전이나 보는 경우가 태반이다.

이러한 이미지와 실제 삶의 간극이 일상화되면서 어쩌면 절망과 우울, 분노가 더 극적이게 되어가고 있는지도 모른다. 사실 우리 삶이 실제로 놓여 있는 대부분의 시간들은 사진으로 찍었을 때 그렇게 화려하지 않다. 예쁜 이미지에 속해 있는 나를 보며 느끼는 쾌감이나 행복이 우리 삶에서 결정적일 수도 없다. 어떤 이미지로 전시된 자신에 대한 흡족함은 결코 지속 가능한 행복이나 기쁨을 주지 않는다. 오히려 그것은 초콜릿이 주는 찰나의 단맛이나 도파민으로 인한 일시적 쾌감에 불과할 뿐, 우리가 실제로 살아가야 하는 삶의 온전한 영역일 수는 없다. 그럼에도 이 시대는 전방위적으로 우리에게 어떤 이미지들을 주입하고, 그 이미지를 좇으라고 하며, 그 이미지에 도달할 수 있다고 속삭인다. 결국 그 이미지 속에 살아야만 한다는 강박을 심어놓는다.

삶이 온전해질 수 있는 가능성은 적어도 '타인들의 이미지' 속에 있지는 않다. 모든 시대는 저마다의 방식으로 삶을 빼앗는데, 이 시대는 확실히 사람들의 삶을 잊게 만드는 방법으로 이미지를 활용하고 있다. 이미지를 보고 이미지를 좇으며 삶을 잊어버릴 것. 삶과 현실이 놓여 있는 실제적인 맥락으로부터 이탈될 것. 그리고 계속하여 어떤 위안의 이미지를 제공하는 것들에 돈과 시간을 바칠 것. 그것이 이 시대의 지상명령이고, 우리가 삶을 박탈당하는 방식이다.

청년세대 이야기로 시작했지만, 사실 이것은 이 시대를 살아가는 모든 사람들의 문제가 아닐까 싶다. 다만 청년세대가 그런 흐름을 가장 예민하고 적극적으로 받아들이고 있을 뿐이다. 또한 자본과 권력을 거의 할당받지 못한, 가장 적은 파이를 손에 쥔 청년세대가 그런 삶과 이미지의 간극을 가장 거대하게 느낄 뿐이다. 문제는 이 간극이 계속 벌어질 것이라는 점이다. 이 간극을 좁히려는 여러 시도가 이루어지겠지만, 그런 시도가 무색할 정도로 간극은 벌어질 것이다. 나는 우리 시대의 각자가 가장 절실하게 마주해야 할 진정한 전선은 그 간극에 있다고 생각한다. 그것은 삶을 되찾기 위한 전쟁일 것이다.

밀레니얼
세대를 위한
옹호

밀레니얼 세대에 대한 비판과 낯섦에 대한 이야기들은 많이 이루어지고 있지만, 밀레니얼들이 가지게 된 가치를 옹호하고 앞으로 나아가야 할 방향이라고 보는 담론은 접하기 힘들다. 대부분은 그들이 어떻게 타락했는지, 혹은 그저 어떻게 달라서 신기한지 정도를 이야기하는 데서 그친다. 달리 말해 가치평가의 영역에서 밀레니얼의 가치관이 보다 긍정적이라 말하는 담론은 찾아보기 어렵다.

사실 밀레니얼의 가치관이 정확히 어떠한지 특정하는 것부터 논란이 있겠지만, 큰 틀에서 보면 '거대 담론에서 자기 삶으로 이동'이라는 측면만큼은 밀레니얼의 비교적 명확하고 세대적인 가치관이 아닌가 한다. 세상 자체를 거대한 대립이나 거대한 신념체계, 혹은 역사적 발전과정이나 민족적 승리의 관점에서 바라보는 기존의 가치관을 벗어나, 무엇보다도 자기 삶에 가장 근원적인 가치를 부여하고, 그로부터 세상의 모든 것을 대하려는 태도가 이 전환의 핵심에 있는 것이다.

이런 태도는 우리 사회에 공고히 자리 잡은 각종 집단주의적 문제들과 대척점에 있다. 집단을 위해 개인이 희생해도 좋고, 거대한 가치를 위해 각자의 삶은 후퇴해도 좋고, 대의를 위해서는 개인이 한발 물러나도 좋다는 가치관이 전방위적으로 공격받는 것이다. 무엇보다도 중요한 것은 각자의 삶이 가져야만 하는 풍요이고, 그것은 다른 무엇과도 바꿀 수 없다는 인식이야말로 밀레니얼의 출발점과 같은 것이다.

그런 확고한 '출발점'은 때로는 경쟁 그 자체를 긍정하고, 타인들을 짓밟고 자기만 성공하면 그만이라는 식의 각자도생과 이기주의로 이어지기도 한다. 그러나 그와 다른 측면에서는 오히려 내 삶에 어울리는 가치가 무엇인지를 모색하고 그에 집중하며, 따라서 그에 반하는 집단주의적 가치나 편견들을 거부하는 방향으로도 작동하고 있다. 기존의 획일적인 출세, 성공의 기준, 전형적인 라이프스타일, 생애주기 등이 그 자체로 '절대적으로 옳은 것'이 아니라는 사실, 그래서 개개인은 저마다의 소소한 행복이든, 각자의 라이프스타일이든, 각자 삶의 시간에 맞는 생애주기에 따라 살 가능성을 긍정하기 시작하는 것이다.

모두가 집단적 옳음을 공유하고, 그것이 편견이 되

고, 나아가 그에 부합하지 않은 이들을 '잘못된 이'로 낙인찍고, 억압하며, 집단의 이익이나 목적을 위해 개인의 삶의 영역들이 폄하당하고, 다양한 가치들은 낙오자나 정신승리로 취급받는 '집단주의 문화'는 여러모로 밀레니얼들에 의해 거부당하고 있다. 기존의 선후배 문화라든지 서열 문화, 군대 문화, 정답사회 같은 것들이 점차로 개개인의 삶, 각자의 취향, 개별적인 라이프스타일의 긍정으로 옮겨가고 있는 셈이다.

　　분명한 것은 이런 '자기 삶으로의' 근본적인 전환이 삶 자체를 다시 생각하고 보다 진실한 삶으로 나아갈 수 있는 가능성을 우리 사회와 문화에 부여한다는 점이다. 이러한 측면에 귀를 기울인다는 것은 단순히 밀레니얼을 신기하게 관찰하거나 다르다고 인정하고 그칠 만한 점을 넘어서서, 우리 사회가 나아가야 할 방향의 상당히 중요한 부분에 주목하는 일이기도 하다. 실제로 이런 '삶'에 대한 인식은 우리 사회와 문화를 이미 상당 부분 바꾸어놓고 있다. 새로이 도래한 가치에는 추구해야 할 진실이라 부를 만한 부분 역시 존재하는 것이다.

아재들의 전성시대,
청년들의 절망시대

한동안 화제가 되었던 '영포티Young Forty'는 젊게 사는 중년을 지칭한다. 예전 같았으면 40대는 이미 인생의 절반을 지난 시점에서 저물어가는 나이처럼 느껴졌지만, 요즘에는 여전히 젊은 감각으로 청춘처럼 살아가는 40대의 모습이 여러모로 주목받은 것이다. 특히 이러한 현상은 소비의 주도권을 쥐게 된 X세대와 관련이 깊다. 이미 드라마 '응답하라' 시리즈에서 보였던 X세대의 문화적 소비권력은 점점 미디어 전반으로 확장되고 있다. 종종 중년 남자와 20대 여성의 로맨스를 주제로 한 드라마가 제작되기도 한다. 그런데 이런 드라마에 20대 여성들이 불만을 표출하고 나섰다. 이 20대 여성은 10년도 더 전에 규정되었던 88만원세대 혹은 N포세대의 꼬리표를 여전히 이어받고 있는 세대다. 현재의 30대를 포함하여 20대에 이르기까지, 이 세대의 가장 큰 특징은 '가진 게 없다'는 점이다.

　　　크게 볼 때 대한민국의 권력 지형도는 586세대와 X세대로 나뉜다. 과거 386세대라 불리며 화려하게 사회의 중심에서 담론을 펼치던 이들은 이제 50대가 되었다. 이들은 자신들의 정권을 창출하기도 하면서 명실상부 우리나라에서 정치적으로 가장 강한 권력을 지닌 세대가 되었다. 한편 40대인 X세대는 문화적으로 가장 큰 권력을 지니고 있다. 586세대가 정치를 선점했다면, X세대는 문화를 선점한 셈이다. 이들은 나란히 정치적·문화적·사회적 권력을 나눠가지면서 '아재들의 전성시대'를 누리고 있다.

　　　예전에 오디션 프로그램 〈케이팝스타〉를 보다가 한 청년이 울면서 감사하다며 머리를 조아리는 것을 본 적이 있다. 그 앞에는 이미 문화 권력을 선점한 아재들이 의기양양하게 청년들을 간택하거나 내치고 있었다. 드라마 〈나의 아저씨〉나 영화 〈레슬러〉 등은 나이 차이가 많이 나는 남자 주연배우와 여자 주연배우로 인해 논란이 되기도 했다. 그 외에도 교양과 예능이 결합된 '쇼양' 〈알쓸신잡〉이나 〈차이나는 클라스〉 등에서도 주인공은 아재들이었다. 이들은 청년들에게 지식이나 지혜를 베풀어주는 위치에 있다. 그 외에도 예능의 주역들은 대부분 40대에서 50대이고, 그 이하 세대가 문화 영역에서 중심이 되는 경우는 보기 힘들어졌다.

나이가 많은 이들이 여러 가지 권력을 포함하여 지식과 지혜까지도 풍요롭게 가지는 건 자연스러운 일일지도 모른다. 그러나 우리나라의 역사만 보더라도 이는 그리 당연한 일은 아니었다. 처음 386세대가 주목받았을 때 이미 그들은 청년으로서 민주화를 이루었고, 이후에는 대통령을 탄생시키며 시대의 '주역'이었다. X세대 역시 기성세대가 베풀어주는 문화를 누리기보다는 20~30대에 자신들만의 문화를 창출하며 시대를 이끌어갔다. 지금처럼 모든 힘을 쥔 기성세대가 정치에서든 문화에서든 청년들을 간택하거나 내치면서 휘두르는 구조가 그리 공고했다고 보기는 어려운 측면이 있었다.

그러나 윗세대가 이미 정치와 문화를 선점하고 자본과 권력을 토대로 이를 공고히 하면서, 그 아래 세대가 가지게 된 것은 절망이나 굴종이다. 이미 '아프니까 청춘이다'로 유명해진 세대, 그에 '아프면 환자지'라고 대답하는 세대, 다시 N포세대로 여전히 불리고 있는 세대와 거기에 '포기도 선택이다'고 항변하는 욜로 세대는 모두 같은 세대다. 이 세대는 윗세대가 결정하는 사회에 살면서 윗세대가 만든 문화를 소비해야 하는 처지에 놓여 있다. 그저 정치적으로는 '절망과 포기'를 이따금 토로할 수밖에 없고, 문화적으로는 유튜브와 같은 1인 미디어에서 자신들의 영역을 만들어가고 있는 정도다.

청년들이 새로운 문화를 창출하는 데서 차단되고

사회와 정치에 새로운 피를 수혈시키지 못하는 사회의 미래는 결코 긍정적일 수 없다. 새로운 시대를 이끌어가야 할 청년들은 그러기도 전에 생활고, 학자금 대출, 결혼과 출산 포기, 각자도생에 내몰리고 있다. 살아남아야 한다는 절박함 속에서 이들이 할 수 있는 일이란 기성세대의 비위를 맞추고 그들의 기준에 들어 겨우 기성의 제도와 자본에 소속되는 것밖에 없다. 청년들이 주역이 되는 세상이란 더 이상 상상하기 힘들게 되었다. 아재들의 전성시대는 곧 청년들의 절망시대가 되었다. 청년들이 만들어갈 세상이란 사실상 존재하지 않는 것이다.

우리는
노력을
조롱하는가

흔히 근래 청년세대는 노력을 '노오력'이라고 조롱
하고 세상이 온통 '수저'로 이미 결정되어 있다는 회의주의에
빠져 있다고 진단하는 경우가 많다. 더군다나 청년들이 소비
하는 것이라고는 유튜브의 먹방이나 자극적인 콘텐츠들에 불
과하고, 소비생활은 욜로나 탕진잼으로 사치스러워졌고, 미래
에 대해서는 포기했다고 말하기도 한다. 이런 묘사에 따르면,
청년세대는 더 이상 노력의 가치를 모르며 노력하지 않고 하
루하루 생각 없이 소비생활만 누리는 한량들, 회의주의자들,
냉소주의자들인 것만 같다.

그런데 이런 식의 단면적인 묘사는 청년세대에 대
한 통찰을 주기보다는 오히려 오해하게 하고, 거의 아무것도
설명하지 못하게 한다. 당장 토익이나 한국사시험, 공무원시
험과 관련된 학원계는 청년들로 북새통을 이루고 있다. 청년

들에게 방학 때 주로 무얼 하느냐 묻는다면 대부분 학원을 다니고 있을 것이다. 대학교에서의 학점 관리도 이전 세대와는 비교도 할 수 없게 되었다. 1학년 1학기 때부터 학점에 신경쓰며 시험기간에 밤새워 공부하는 풍경은 너무 당연한 것이 되었다. 그런데 10여 년 전만 해도 대학 신입생이 도서관 근처에 얼쩡거리면 조롱거리가 되기 십상이었다. "아니 새내기가 왜 도서관에 있어?"

대학가 주변의 술집들은 상당수가 사라지고 스터디카페로 대체되었다. 청년들이 유튜브에 빠져 지내거나 인스타그램에 열중하느라 정작 필요한 노력을 도외시한다는 식의 이야기는 대단히 잘못된 것이다. 과거 세대가 당구장 가고, 낮부터 술 마시고, PC방 다니거나 미팅하던 시간에 요즘 세대는 집에서 콘텐츠를 일정 시간 즐기는 것뿐이다. 그리고 그렇게 대체된 여가시간 혹은 놀이시간은 모르긴 몰라도 과거에 비해 현저히 줄어들었을 것이다. 청년세대는 경쟁에 지쳐 인생과 미래를 포기하지 않았다. 대부분의 청년은 계속 미친 듯이 노력하고 경쟁 중이다.

그 와중에 나오는 소확행이라든지 노멀크러시normal crush(출세나 화려한 삶에 집착하지 않고 평범한 삶을 추구하는 현상), '노오력'에 대한 회의 같은 말들은 일종의 투정에 가깝다. 오히려 그들은 너무 노력하며 살고 있기 때문에 그렇게 말할 수 있는 것이다. 매일 독박육아하는 주부가 육아의 어려움과 그에 대한 회의를 말하지, 매일 출퇴근하느라 아이를 돌볼 시간이 없는 회사원은 육아에 대해 회의하지 않는다. 반대로 매일 출퇴근하며 상사에 시달리는 회사원들이 회사생활에 대해 회의하며 조롱하고 비판하지, 취직조차 못한 이들이 그럴 일은 없다. 청년층의 노력에 대한 냉소와 회의는 오히려 청년들이 항상 너무 노력에 내몰려 있기 때문에 나온다.

그렇기에 묘한 결론이 나오게 된다. 노력에 대한 회의와 냉소의 말들이 세상을 뒤덮고 있지만, 정작 그렇게 말하는 이들이 가장 노력하는 이들이라는 결론이다. 다시 말하면 이 시대는 노력의 가치에 대해서는 대단히 회의하지만 가장 노력하는 시대인 것이다. 노력이 결코 무언가를 보장하지 않는다는 걸 알면서도 노력밖에는 할 게 없는 시대인 것이다. 그래서 한편으로는 노력해서 성공한 사람들이 엄청나게 칭송받는 시대이기도 하다. 노력과 재능으로 성공한 일련의 스타들, 오디션 우승자들, 스포츠 선수들, 고시 합격자들 등이 '위너'이자 점점 더 확고한 선망의 대상이 된다.

청년들의 이른바 '멘토'에 대한 환멸이 나오는 건 이런 모순된 지점에서일 것이다. 청년들도 할 건 노력밖에 없는 걸 알고, 이미 노력은 하고 있다. 방학이면 학원에 몰려가고, 학점 관리하고, 자기소개서에 쓸 내용을 채우기 위해 인턴이나 대외활동도 한다. 취업을 위해 수백 군데 자기소개서를 쓰고 온갖 자기계발의 말들을 찾아다닌다. 그런데 멘토들이 할 수 있는 이야기도 결국 다를 게 없다. 자신을 믿으라, 꿈을 가지라, 노력을 하라. 그것이 정답이 아니어서가 아니라 그것 밖에 정답이 없기 때문에 화가 나는 것이다. 글과 말로 돈을 번다는 사람들이 하는 말이라는 게 이미 모두가 다 알고 있는 정답밖에 없다는 데서 냉소를 느끼는 것이다.

　　　　결국 이 시대는 정답을 찾기 위해 헤매야 하는 세상은 더 이상 아닐지 모른다. 대부분의 사람은 정답에 가깝게 살고 있다. 또한 정답이 무엇인지 모르지도 않는다. 문제는 정답이 실현될 가능성이 너무 적어졌다는 점이다. 더 이상 앎과 모름은 큰 문제가 아니다. 알아도 별반 소용이 없다는 데 진정한 문제가 있다. 지혜 같은 건 별로 필요 없는 시대가 되었다. 전쟁 중에는 지혜의 말씀보다는 총알과 물과 식량이 필요하다. 그러니 조언이나 충고를 할 바에야 통장에 돈이나 입금해달라는 말이 나오는 것도 당연한 셈이다. 이 시대는 점점 더 지혜와 앎, 정답이 무용해지고 있다. 그조차도 이미 어느 정도 승리한 자들에게나 의미 있는 디저트 같은 것일 뿐, 우리가 기댈 수 있는 앎 같은 건 오래전에 실종되어버렸다. 멘토가 무의미해진 시대란, 앎이 더 이상 우리를 구원할 수 없는 시대인 것이다.

청년의
통찰로
말해져야 한다

어느 순간부터 반복되는 이른바 청년 담론, 혹은 청년에 대한 이야기들이 갑갑하게 느껴진다. 그 이유는 그러한 말들이 항상 '청년의 호소'로 귀결되기 때문이다. 청년들은 늘 열등한 위치에 있으며 그 입장이 얼마나 열악한지 증언하고 호소한다. 그러한 제한 안에서만 청년 담론은 유일한 위치 및 고유한 의미를 획득하는 것처럼 보인다.

이는 청년들의 일종의 세대적 소수성, 사회적 약자로서의 정체성만을 끊임없이 강조하는 일이다. 이는 이른바 사회의 파이를 나누어달라는 요구로서 의미를 지니긴 하겠지만, 한편으로는 청년의 시야나 역할을 철저히 그러한 한계 안에 제한시키는 역할을 하는 것처럼도 보인다. 청년은 약자로서 보호받고 지원받고 머물러 있어야 하며, 늘 사회 전체에 관한 시야와 통찰에서는 차단되어 있으며, 기껏해야 그들의 영역 보장만을 겨우 주장할 수 있다는 전제를 벗어날 수 없는 것이다.

하지만 내가 아는 한 이 시대에 관해 어떤 통찰을 얻고자 한다면 노교수보다는 젊은 교수에게, 그보다는 30대 시간강사에게, 또 그보다는 20대 취업준비생에게 묻는 것이 훨씬 더 현명하다. 어찌 보면 이 시대 전체, 이 사회 전체에 대한 통찰이나 시야는 이미 기성에 진입한 존재들보다는 기성에 진입하기 이전의 존재들에게 주어진 특권이다. 청년들은 기성의 존재들보다 훨씬 예리한 감각과 렌즈로 사회 전체를 바라보며, 세상 전체 혹은 미래 전체와 통째로 맞서면서 그것을 응시할 수 있는 거의 유일한 입장에 서 있다.

사회 전체, 시대 전체, 이 세상 자체에 대해 '발언 권력'을 가진 기성세대는 사실 이미 이해관계에 얽혀들어 있으며, 그들의 하루하루를 지배하는 세상의 논리에서 벗어날 수 없고, 결국 이미 속하게 된 자신의 삶 안쪽을 향하는 시야밖에 가질 수 없다. 그러나 아직 삶 앞에 선 청년, 자신들이 시작하게 될 삶의 조건을 그 누구보다 예민하게 응시할 수밖에 없는 존재, 그래서 그 누구보다 절박하게 시대 전체와 미래 전체를 마주하고 있는 청년들의 시야는 항해에 앞서 망망대해를 바라보는 항해사의 눈빛처럼 예리하고 투명하다.

시대의 핵심이 그 시대의 절망과 희망이라면, 그것

을 가장 절박하게 경험하며, 그것을 통해 자기 삶 자체를 바꾸고 삶의 여정을 조정하며, 결국 시대의 파도를 타듯이 나아갈 수 있는 존재란 기실 청년들밖에 없다. 그렇다면 결국 청년들의 담론이든 청년들에 관한 담론이든, 단순히 청년들의 생활 조건을 개선해주는 식으로만 이루어질 것이 아니라, 어떻게 하면 청년의 목소리로, 청년의 시야로, 청년의 통찰로 사회를 이끌어나갈 수 있는지가 말해져야 한다. 기성의 시각, 기성의 통찰, 기성의 지성은 이미 낡았고, 갇혀 있으며, 불투명하고 탁하다. 그로부터 규정되어 오는 미래란 사실 그만큼이나 탁하고 뻔한 것이다.

　　　사실 나만 하더라도 이제 20대의 청년들을 만나면 어떤 감각이 뒤떨어졌음을 느낀다. 20대의 나는 단지 나의 감각만을 신뢰하면 되었다. 그러나 이제는 어떻게 해서든 그들로부터 듣지 않으면 내 감각만으로는 이 시대에 대해 알지 못하는 것이 있음을, 내 감각이 이미 낡아버렸음을 느낀다. 나중에는 그러한 사실조차 느끼지 못할까봐 두렵다. 청년들이 살 길을 보장하는 것보다, 사실 그들의 시야와 통찰, 능력을 얼마나 이 사회 전체로 확장시켜 신뢰할 것인지가 훨씬 중요한 시점이다. 그러나 청년에 대한 이야기들이 많아지면 많아질수록 어쩐지 그들의 입지는 더욱더 한계지어지는 것만 같다.

청년들은
독서를
하지 않는가

청년세대의 독서율이 현저히 떨어지고, 출판시장은 대부분 중년 독자 중심이 되었다고 한다. 이에 대해 책을 멀리하는 청년세대를 비판하고 개탄하는 사람들이 적지 않다. 그러나 청년들이 책을 많이 읽지 않는다는 것 자체는 오해에 가깝다. 사실 청년들은 충분히 많은 책을 보고 있다. 하루 중 절반 이상은 책을 본다고 해도 과언이 아닐 것이다.

다만 그 책들은 흔히 출판계에서 관심을 가지는 대중 교양서가 아닐 뿐이다. 청년들은 주로 취업에 필요한 토익 단어, 리스닝, 리딩 따위의 영문법 책과 공무원 준비나 자격증 취득을 위한 수험서, 대학 교재, 학교에서 과제로 내주는 책들, 논문들을 읽는다. 토익을 대략 반년에서 1년 정도 준비한다고 하면, 그에 들어가는 책만 최소 열 권이 넘는다. 파트별 기본서, 실전 모의고사, 단어장이나 그 밖의 프린트 따위를 모두

합친다면 말이다.

　　　누구도 하루 종일 텍스트만 읽을 수는 없고, 그러지도 않는다. 나도 매일 30분 정도씩 웹툰을 본다. 여가시간에 독서를 하지 않고 유튜브나 TV를 보거나 게임만 한다는 비판이 있지만, 상황이 이러니 여가시간에는 책을 피하고 싶은 게 당연하지 않겠는가? 전공서적들, 취업준비에 필요한 책들, 수험서들, 학교 교재들 따위를 읽다보면 읽지 않는 시간도 바라게 된다. 학교를 오가는 지하철에서, 하루 일과가 끝난 밤에, 여유가 있는 주말만큼은 더 이상 읽고 싶지 않다.

　　　새로운 매체가 과거의 매체인 텍스트와 책, 독서 따위를 몰아냈다는 이야기에는 과장된 면이 있다. 그보다 우리 사회의 독서율 하락은 공부와 책을 둘러싼 구조적인 문제와 더 관련이 깊다. 청소년기부터 모든 학생들이 하루 종일 읽기를 강요당한다. 교과서, 전과, 문제집, 학생부종합전형을 위한 권장도서, 논술을 위한 억지스러운 고전 읽기의 무덤에 파묻혀 있다. 갈수록 치열해지는 학점 경쟁과 취업 경쟁은 대학생 또한 같은 처지로 내몰았다. 그들은 덜 읽고 싶다.

　　　독서를 권장한다면서 온갖 캠페인을 벌이고 국가적으로 각종 지원사업을 한다지만 그런 일들이 청년세대의 독서에 미칠 영향이란 거의 없다고 봐도 무방하다. 공부와 대학과 생존이 비효율적으로 착종된 구조를 바꾸지 않는다면 독서는 결코 여가나 취미의 영역으로 들어설 수 없다. 지금의 독서는 생존하기 위한, 살아남기 위한, 취업하기 위한 수단에 위치해 있고, 누구도 그런 일을 즐기고 싶어 하지 않을 것이다. 놀이도 일이 되고 의무가 되면 싫어지는 법이다. 청년들에게 이미 독서는 의무이고, 강요이고, 일에 가깝다.

과연 현 시대가 청년들에게 요구하는 그 공부가 회사에, 사회에, 이 국가에 그렇게까지 필요한지 근본적으로 고민해볼 일이다. 공무원들이 유물들의 출토 연도 따위를 암기하는 게 전 사회적으로 과연 가치가 있는 일인지, 회사원들이 토익 파트2 만점을 받는 게 경영에 진실로 도움이 되는 일인지, 교수가 강의하는 내용을 토씨 하나 틀리지 않고 받아적어 외우는 것이 훌륭한 인재가 되는 일인지, 평생 다시 볼 일 없는 논문이나 전공서적들을 학점을 따기 위해 강제로 읽어야만 하는지, 그 모든 의무들이 '미래'와 '생존'을 볼모로 잡고 이루어지고 있는 현실이 과연 의미가 있는지 고민해봐야 한다.

결국 독서율 하락이라는 문제 또한 이 사회의 가장 근본적인 구조, 문제적이면서도 비효율적이고 타당성 없는 현실과 관련되어 있다. 우리 사회의 악질적인 구조는 점차 모든 영역을 엉망으로 만들어가고 있다.

세상이
좋아질 것
같은가

만약 청년들에게 '세상이 좋아질 것 같은가'라고 물어본다면, 아마 대부분은 그다지 좋아질 거라고 믿지 않는다고 대답할 것이다. 그렇다고 세상이 더 나빠지겠냐고 한다면, 꼭 그런 건 아닐 수 있겠으나 대단히 좋아질 가능성도 없다고 생각하지 않을까 싶다. 실제로 내 주변의 청년들만 보더라도 이 세상의 미래에 대한 장밋빛 기대 같은 걸 가진 경우는 거의 없다.

미래의 세상이 오면 누구나 아파트 한 채쯤은 가지고 어느 정도 생활이 보장되는 안정적인 직장이 모두에게 주어질까? 육아는 보다 수월해져서 경력단절 없이도 모두가 가정과 직장의 조화를 누릴 수 있을까? 미래의 나의 아이들은 입시지옥과 약육강식의 줄 세우기 경쟁에서 벗어나 보다 평화로운 세상 속에서 행복을 누리며 살아갈까? 그렇게 믿는 청년이란 아마 거의 없을 것이다.

그저 아파트값이 더 오르지만 않으면 다행이다. 직장에서 잘리지 않고 30년 만기 대출로라도 아파트 한 채 자가로 가질 수 있으면 다행일 것이다. 그러나 이미 집을 보유한 기성세대는 끝없이 아파트값이 상승하길 바란다. 그들에게 불행한 세상은 더 이상 아파트값이 오르지 않는 세상일 텐데, 아마 서울 아파트 불패신화는 영원할 테고, 그렇기에 그들은 세상이 더 나아지리라 믿을 수 있을지도 모른다. 그러나 대개 청년들은 세상에 그다지 기대를 갖고 있지 않다.

어쩌면 앞선 세대들은 '미래가 나아지는' 세상이라는 걸 경험해왔을지도 모른다. 독재가 끝나고 민주화가 왔고, 누구나 좋은 직장을 얻거나 자기 집 한 채쯤은 어렵지 않게 소유할 수 있는 시절이 왔고, 해외여행도 자유롭게 다닐 수 있게 되었다. 또한 자식들이 사교육이나 여러 혜택을 입어 성공가도에 올랐다면 역시 그들에게 세상이란 점차로 좋아졌다고 믿을 만한 구석이 있을 테고, 앞으로도 그와 유사한 일들이 있으리라 믿을지도 모른다. 그러나 청년세대는 이 세상이 좋아졌다고 믿을 만한 어떠한 경험도 하지 못했다. 오히려 주변의 모든 지표들은 세상이 지옥이 되어가고 있음을 느끼게 해줄 뿐이다.

내 주변에는 참으로 많은 세대의 다양한 사람들이

있다. 그들 모두와 아주 가까운 사이라고 할 수는 없겠지만, 적어도 그들로부터 느끼는 전반적인 분위기라는 건 있다. 기성세대는 이 세상, 이 사회, 이 현실 전체의 변혁이나 변화가 자기 삶을 이끌어줄 것이라 믿고, 그렇기에 세상일에 대한 관심도 많다. 그러나 청년세대는 그런 믿음을 지녀본 적이 없고, 자기의 협소한 삶이나마 사라지지 않고 존재할 수만 있어도, 살아남을 수만 있어도 다행이라 믿으며 매일 매시간 매분 매초를 견뎌내고 있다.

어쩌면 나는 청년들이 세상을 제대로 이해하고 있다고 생각한다. 이 세상이 좋아질 가능성은 별로 없다. 어쩌면 갈수록 모든 영역에서 경쟁이 더 치열해지고, 더 악착같이 살아남아야 하고, 몇 번의 실수는 우리를 나락으로 떨어뜨릴지도 모른다. 애초에 세상에 기대를 건다는 것은 해본 적도 없고, 가능한 일도 아니며, 단지 내 삶이나마 구해질 수 있기를 바랄 뿐이다. 내 삶에만 온 신경을 기울여도, 제대로 살아남을 수 있을지나 의심스럽다. 당장, 이다음, 어떻게 해야 할 것인가?

대학 도서관을
둘러싼
상처들

2019년 가을, 서울대학교의 청소노동자들이 파업을 했고, 이에 대해 학생회는 학생들이 이용하는 도서관 등을 제외해달라고 요구했다. 그러자 사회 일반의 여론은 학생회가 노동자들과 연대는 못할망정 투쟁을 방해한다며 근시안적인 태도를 비판했다. 청소노동자들이 생존을 걸고 투쟁하는데, 학생회가 문제의 본질인 대학본부에 함께 항의하기는커녕 오히려 파업에 찬물을 끼얹는다는 것이었다. 결국 학생회는 비판 여론에 못 이긴 듯 혹은 반성한 듯 기존 입장을 철회하고 노동자들과 뜻을 함께하겠다고 밝혔다.

학생회의 대처를 지적하는 비판에 어느 정도 동의할 수 있었지만, 한편으로는 묘하게 20대 때의 기억, 대학생 때의 기억이 기어올라왔다. 나는 아직 대학을 졸업한 지 10년이 채 되지 않았고, 대학원까지 머물렀던 걸 생각하면 더 얼마

안 되었다. 그런데 대학생 때를 생각해보면 사실 노동자의 입장이라든지 노동 문제에 관심을 갖고 있던 학생은 극소수에 불과했다. 설령 그게 교내 문제라 하더라도 대부분 학생들은 학생회 활동이라든지 정치적인 문제에는 아예 관심이 없었다. 나 자신도 다소간 의무적인 관심 정도만 가지고 있던 터였다.

어떻게 보면 당연한 일이었다. 대학생이라고 해봐야 이제 고등학교를 졸업한 지 얼마 안 된 학생들이다. 그런데 우리가 고등학교 때까지 배운 것이라고는 오직 자신에게만 집중하는 일이었다. 가까운 친구조차 짓밟고 이겨야 했고, 자기 공부, 자기 성적에만 신경 쓰도록 전방위적으로 강요받았다. 교육이란 나의 인식 범위를 확장시켜 타자에 닿게 하는 것이 아니라, 철저히 내 안으로 모든 시간과 노력을 수렴시키는 것이었다. 오직 나 자신만을 생각할 것, 나의 공부, 나의 스케줄, 나의 미래만을 생각할 것을 요구받았다. 그래서 경쟁에서 이기면 모두에게 칭찬을 받았다. 그것만을 배운 채 대학교에 입학했을 따름이다.

그나마 학생회라고 하면 어느 정도 사회 문제 등에 관심 있는 학생들이 모인다. 하지만 서울대학교라고 해서 일반 학생들이 크게 다르진 않을 것이다. 오히려 더 철저히 자기에게 집중하여 경쟁에 이기는 데만 몰두해왔을 가능성이 높다. 딱히 청소노동자가 '무슨 일을 하는 데' 반대하지는 않을

지라도, 자기에게 집중해야 하는 그 시간과 노력을 방해하는 일에 관해 자기 입장 이상을 생각할 가능성이란 별로 없을 것이다. 그리고 학생회는 아마 그런 학생들의 여론이나 분위기를 반영해 그런 결정을 내렸을 것이다. 내가 대학생이던 때의 분위기를 돌이켜보면 번뜩 그런 생각이 들고, 몇 년이나 지난 지금은 그런 분위기가 더 심해지면 심해졌지 덜하지는 않을 거라고 짐작된다.

지금의 나는 사회 문제에 여러모로 관심도 많아졌고, 칼럼이나 책도 쓰고, 대학교 바깥에서 학교를 바라보는 입장이다. 그리고 주변의 대다수 사람들도 그런 입장에서 청년들, 대학생들을 바라보고 있다. 그런데 불과 얼마 전 내가 학교 안에 있었을 적에, 한 명의 청년으로서 청년들 사이에서 가장 화가 났던 건 '20대 개새끼론'이었다. 그러니까 이기적인 청년들에 대한 규탄, 대의에 관심 없고 정의롭지 않으며 자기 앞가림에만 집중하는 20대에 대한 기성 지식인들의 각종 공격에 이를 갈았다. 우리에겐 그게 당연했기 때문이다. 다른 곳으로 시야를 돌릴 여지가 없었기 때문이다.

대학교에만 가면 모든 게 해결될 거라던 부모님이나 선생님의 말은 거짓말이었다. 오히려 그때부터가 진짜 시작이었다. 그래도 우리 때는 나름 신입생의 낭만이 있었다. 그런데 몇 년 지나지도 않아 현실이 들이닥쳤다. 해야 할 게 너무 많았다. 1학년 때 놀았던 애들은 모두 후회하며 재수강을 하고 학점을 챙겼다. 술 마시지 말걸, 게임하지 말걸, 당구 치지 말걸, 선배들 따라다니지 말걸, 하면서 스터디에 참석하고 학원 다니기에 바빴다. 학교 앞의 술집들은 거의 다 카페로 바뀌었고, 언제 어디를 가나 수험서에 얼굴 처박고 있는 학생들을 볼 수 있었다. 사회 문제? 인권? 노동 문제? 그런 건 아마 언론사 취업을 준비하는 '언시생'들이나 몰두한 주제였을 것이다.

대학교 도서관을 둘러싼 논란에서 아무래도 학생회의 입장이 아쉬운 건 사실이다. 그들이 보다 현명하게 문제를 직시하고 대처했으면 좋았을 거라는 생각이 든다. 하지만 또 한편으로는 현재 대학생들에게 '도서관'이라는 공간이 무슨 의미인지를 생각하니 씁쓸한 마음도 들었다. 얼마 전 처가 주변의 도서관에 갔는데, 연휴에 방학인데도 열람실 수백 자리가 모두 가득 차 있었다. 대부분이 대학생 혹은 청년들이었다. 나는 그냥 발걸음을 돌려 카페로 갔다. 그런데 카페에도 청년들이 잔뜩 앉아서 인터넷강의를 듣고 있었다. 방학을 맞아 지방 고향으로 돌아온 학생들이 모두 집 앞 도서관과 카페에서 취업준비를 하고 있는 듯했다. 학교 도서관도 마찬가지일 것이다.

청년들을 규탄하는 것도 내키지 않고, 그렇다고 청소노동자들에게 학생들을 배려하라는 것도 과도한 요구다. 그저 노동자들이나 청년들을 그 정도로 내모는 사회나 대학이 잔인하게 느껴질 뿐이다. 왜 그들이 서로 상처받게 하는가? 왜 아주 잠시나마 타자에 관해 공감하고 상상해볼 여력까지 빼앗아버렸는가? 왜 인간을 점점 더 왜소하고 초라한 짐승 비슷하게 만들어가는가? 내가 이에 관해 무슨 말을 할 자격이 있을까? 그저 그런 생각이 들 뿐이다. 분명한 건 이 모습들이 온당함이나 온전함과는 한참 거리가 멀다는 것뿐이다.

불안에는
비용이
든다

불안에는 비용이 든다. 특히 갈수록 청년세대는 이 불안에 어마어마한 비용을 들이고 있다. 예를 들어 한 과목에서 A학점을 받지 못하면 이후의 취업에 어떤 불이익이 있을까봐, 그 때문에 인생을 망칠까봐 필사적으로 시간을 쓴다. 그런데 가령 A학점을 받기 위해 필요한 공부 시간이 10시간이라고 해보면 가장 효율적인 방법은 당연히 딱 10시간 공부하는 것이다. 9시간을 공부해서 B학점을 받았다면 무척 억울할 것이다. 반면 30시간을 공부한다면 20시간은 불안에 지불한 비용이 된다. 혹시라도 억울하지 않기 위해, 정확히 얼마를 투자해야 할지 확실하지 않으므로 쓰게 되는 이런 비용이 갈수록 늘어나고 있는 듯하다.

어떤 기업에 취업하기 위해 필요한 토익 점수가 850점이라고 하자. 그러나 청년들은 그 점수를 알 리가 없으므로 가능한 한 안전하게 '확률'을 높이려고 토익 점수를 끝도 없이 올린다. 850점이면 아마 충분했을 텐데도 불안하여 950점을 만들어놓는다. 그렇게 만드는 데 6개월이 걸렸다고 하면, 역시 이 또한 불안에 지불한 비용이 된다. 그렇게 불안은 누군가의 시간과 돈을 좀먹고, 산업이 된다. 사회의 거의 모든 구성원들이 이런 불안을 조장하기 위해 혈안이 되어 있다고 봐도 무방하다. 불안이 커질수록 거대해지는 산업들이 있기 때문이다.

언론은 사회 전체의 불안을 가중시키고자 하는데, 그럴수록 사람들은 뉴스를 찾기 때문이다. 무언가 놓치는 것은 없는지, 그래서 나락으로 떨어지지는 않을지, 내가 몰라서는 안 되는 기회나 정보들이 없는지를 찾으며 두리번거린다. 학원 강사나 컨설팅 업체들이 불안을 조장해야 하는 건 두말할 것도 없다. 이런저런 자격증이 없으면, 평가 점수가 미달되면 더 나은 기회들을 놓칠 거라고 끊임없이 속삭여야 사람들은 돈과 시간을 갖다 바치기 때문이다. 그 외 각종 콘텐츠도 '이 콘텐츠를 놓치면 당신에게는 엄청난 손해다'라는 인식을 심어주려고 애쓴다. 최신 트렌드, 투자 비법, 자기계발 같은 콘텐츠 산업은 그에 불안을 지불하는 이들 덕분에 규모가 점점 확대된다.

그런데 그렇게 불안에 많은 비용을 지불할수록 결

국 손해 보는 건 불안에 지배당한 사람밖에 없다. 그는 보다 풍요롭게 누릴 수 있었던 시간을 모두 빼앗긴 셈이 된다. 아마 우리가 불안에 버린 시간들 중 상당수는 보다 나은 마음으로 세상을 거닐고, 사랑하는 사람과 이야기를 나누고, 내가 무엇에 보다 마음이 이끌리는지를 섬세하게 알아볼 수 있는 몇 없는 기회였을 것이다. 불안은 늘 우리에게 더 나은 미래를 속삭이며 그곳을 향해 절박하게 매달릴 것을 요청하지만, 사실 그만큼 시달리지 않아도 미래는 도착할 만한 곳일 것이다.

실제로 이런 불안은 아직 온전한 삶에 대한 가치관이나 태도를 수립하기 전부터 전방위적으로 아이들의 인식구조 자체를 지배하는 듯하다. 어릴 때부터 지금 영어를 잘하지 않으면, 수학 선행학습을 제대로 해놓지 못하면, 봉사활동을 이번 방학에 하지 않으면, 이번 시험을 잘 치지 못하면 '인생 전체가 망가질 수도 있다'는 기묘한 압박이 끝없이 주어지는 것이다. 요즘 대학생들이 신입생 때부터 학점 경쟁에 치열하게 몰두하고, 원하는 학점을 받지 못했을 때 얼마나 거대한 절망감을 느끼며 불안에 떠는지는 곁에서 보고 들은 사람이면 알 것이다. 모두 다 그런 건 아니겠지만 확실히 하나하나의 선택이나 평가, 결과가 인생 전체를 망가뜨릴 수 있다는 위협감자체가 무척 심화되었다는 생각이 든다.

그런 세태를 보고 있자면 아무래도 쓸쓸해지는 기

분을 달래기가 어렵다. 불안하고 시간이 없어서, 해야 할 일이 너무 많아서 연인을 만날 마음의 여유도 없는 어떤 시절들, 삶을 흔들어놓는 영화나 문학 작품에 깊이 빠져드는 일이 사치가 되어버린 시대의 풍경, 삶을 신뢰하기보다는 삶 자체가 끝없는 위협으로만 느껴질 수밖에 없는 인생과의 관계 같은 것들이 아무래도 한 명의 인간이 견디기엔 너무 가혹해 보이기만 한다. 사람은 그런 것들을 견디게끔 태어나지 않았을지도 모르는데 말이다. 그보다는 마음의 여유가 불안을 이겨내고, 삶에 대한 믿음이 불신을 눌러 앉히고, 무엇보다도 지금 여기에 손에 잡힐 듯한 시간을 사랑하도록 태어난 존재인지도 모르는데 말이다. 그런데도 이 시대의 삶은 그런 태어남 자체를 불가능하게 만들고 있는지도 모르겠다.

기성세대의 '정의'와
청년세대의 '공정'

한동안 검찰개혁을 둘러싼 광화문집회와 서초동집회가 매주 일어나며 화두가 되었다. 당시 이에 대한 통신 데이터와 지하철 사용 내역을 통한 참여인원 통계가 나온 기사를 본 적이 있었다. 광화문집회의 경우, 60대 이상이 75퍼센트 정도였고 50대가 15퍼센트 정도이니 합쳐서 전체 인원의 90퍼센트 정도가 된다. 서초동집회는 40대가 30퍼센트 정도고 50대는 27퍼센트, 60대는 20퍼센트라고 하니 합쳐서 80퍼센트 정도가 된다. 30대 이하 세대, 특히 10대와 20대는 거의 참여하지 않았다고 봐도 무방하다. 이전의 대통령 탄핵집회 때와 비교하면 사뭇 다른 모습이다.

탄핵집회 때는 서울 시내 수많은 대학교 학생들이 행렬을 이루어 광화문까지 행진을 했다. 10대들은 지방에서 단체로 올라와 시위의 핵심을 이루었다. 그러나 그들의 모습은 이 두 집회 어디에서도 거의 보이지 않는다. 그들이라고 해서 세상일에 아무런 관심이 없거나 행동력이 없는 것은 아닐 것이다. 사실 탄핵집회의 포문을 연 것은 이화여자대학교 학생들이었고, 실제로도 광화문에 가면 청년들이 절반 정도는 되지 않나 싶을 정도로 많았고 새벽까지 남아 있었다. 그러나 온 나라가 반으로 갈라졌다고 하는 시기에, 그들의 모습은 보이지 않는다.

탄핵집회나 혜화동집회 등만 생각하더라도 청년들이 사회 정의나 현실 문제에 관심 없는 건 아니다. 그런데 이번 일은 청년들이 '자신의 일'이 아니라고 느끼는 것이다. 오히려 '그들의 일'이라고 느낀다고 봐야 할 것이다. 그에 반해 40대 이상은 이 일을 그 어느 때보다 더 '자신의 일'이라고 느끼는 듯하다. 이 간극이 어디에서 오는지는 충분히 더 이야기 될 필요가 있을 것이다.

청년들에게 사회 문제란 아마도 계급 문제에 가까울 것이다. 청년들은 세대 간의 격차 속에서 앞으로 사회 속 자기 지분을 쟁취해내야만 하는 위치에 있다. 이미 자본과 권력은 모두 기성세대에 의해 점유되었고, 어떻게든 그 속을 비집고 들어가서 자기 몫을 얻어야만 한다. 이런 입장에서 공정성은 청년들이 유일하게 계급적 상승을 도모할 수 있는 길로 여겨지고 있다. 공정함이 없는 사회에 청년들의 미래는 없다.

정유라의 부정입학에 대한 고발도 그런 '공정함'과 직결되어 있었다. 탄핵 사태 당시 청년들은 기성세대의 부패한 카르텔이 나라를 어떻게 말아먹는지를 알게 되었고, 그들이 지배하는 세상에는 당연히 정의도, 공정성도, 자신들의 미래도 없다고 절절하게 느꼈다. 청년들을 움직이게 하는 건 확실히 그러한 계급적 문제와 공정성 문제가 결합되어 사회의 문제가 곧 자신의 문제가 될 때다. 계급과 공정성이 결합된 곳에서만 진지한 문제의식을 느끼는 것이다.

그에 반해 광화문과 서초동으로 갈라진 정치적 이슈는 계급 자체와 뚜렷한 관련이 있다고 보기 어렵다. 광화문에 모인 장노년층과 서초동에 모인 중장년층 중 누가 더 계급적으로, 경제적으로 우위에 있는 집단인지 구별하기는 힘들다. 그들은 아마도 각자가 믿는 '정의' 아래 거대한 신념을 추구하기 위해 거리에 나섰을 것이다. 빨갱이 퇴치나 좌파독재 저지든, 검찰개혁이나 사법개혁을 통한 정의 수호든 그런 신념들은 청년들의 이해관계와 직접적으로 연관되어 있지 않다.

그런데 이런 사안을 둘러싼 청년세대와 기성세대 간의 온도차는 너무 극심해서 서로를 이해하지 못하게 되어가는 게 아닌가 싶다. 기성세대는 정의에 투신하지 않는 청년세대가 이기적이라 매도하기 바쁘고, 청년세대는 기성세대가 자기들끼리의 진영적 이익에 빠져서 싸우기 바쁘다고 환멸을 느낀다. 그런데 사실 양쪽에게 사회 문제란 아예 차원이 다른 문제인 것이다. 기성세대에게 그것은 자기가 믿는 사회의 정의이자 자기 정체성, 신념과 존재의 문제라면, 청년세대에게는 자기의 생존이자 사다리의 문제이고, 게임의 룰이 공정한지의 문제인 것이다.

광화문과 서초동이 들썩일 때, 서울에서는 16개 학생단체와 대학 총학생회 등이 '자취생 총궐기'를 열었다. 그들은 자취하는 대학생들이 생활비 절반이 넘는 주거비를 내거나 최저 주거기준에 미달한 환경에 살고 있다면서 OECD가 권고한 월소득 대비 주거비 비율 20퍼센트를 보장해달라고 정부에 요구했다. 그 시점, 학자금 대출을 미납한 청년 신용불량자는 1만 명에 육박하고 빚에 부담을 느낀 30대의 연금 가입률도 대폭 떨어졌다. 대학가의 풍경은 그러하다. 청년들 또한 사회 문제에 누구보다 절실히 관심을 기울이고 있다. 다만 그 방식도, 시야도, 풍경도 저 거대한 대립에서 비껴나간 곳에 비스듬히 존재하고 있을 뿐이다.

공정성,
그 작은 세계의
룰?

　　　　　청년세대를 중심으로 계속해서 공정성이 논란이
되는 것은 그들이 의지할 것이 공정성밖에 없기 때문이다. 대
부분의 청년들은 이미 수저와 재능의 차이에 따른 출발점의
차이를 인정하고 있다. 기성세대가 볼 때 금수저라는 것은 어
딘지 부끄럽고, 떳떳하지 못하고, 감추어야 할 사실처럼 느껴
질 수도 있지만, 청년세대 사이에서 금수저는 당당하고, 부럽
기 그지없고, 오히려 얼마든지 내세울 만한 것이다. 각자가 가
진 재능이라는 것도 시기나 질투의 대상이라기보다는 부러움
과 선망, 존경의 대상에 가깝다. 그들은 그에 따른 삶의 질적
차이를 인정한다.

　　　　　그러나 그런 인정은 어딘지 절망적인 데가 있다.
기성세대의 상당수가 세상을 평등하게 바꿀 수 있고 출발점을
똑같이 맞출 수 있다고 믿고 꿈꾸고 혁명을 공부했다면, 청년

세대는 더 이상 그런 꿈을 믿지 않는다. 청년들은 각자 출발선이 다름을 이미 인정하고 있다. 그것을 기성세대가 포기라고 부르더라도 말이다. 대신 그들이 절박할 정도로 원하는 것은 출발점도 다르고, 재능도 다르고, 따라서 능력도 다르더라도, 적어도 심판이나 경기 시작 이후의 룰은 동일하게 적용되는 것이다. 그 룰의 공평함에 절망적일 정도로 의지하고 있다.

이런 삶을 대하는 태도, 세계관은 아무래도 그 속에 속해보지 않은 사람으로서는 좀처럼 정확히 알기 어려운 이질적인 것이다. 그들은 왜 이 세계의 거대한 불평등에 분노하지 않는가? 왜 이 세계 전체를 바꾸는 정치적 가능성에 기대를 걸지 않는가? 그 대신 왜 그토록 자기가 속한 영역의 공정성만을 강박적일 정도로 요구하는가? 그 작은 세계의 룰이 무엇 때문에 그리도 중요한가? 왜 그들은 대의도 모르고, 넓은 세계관도 없고, 장기적인 인생 전망도 없이, 그 코앞의 공정성에 눈에 불을 켜고 집착하는가?

그 이유는 청년세대가 겪은 삶이 그러했기 때문이다. 그들의 정체성, 존재, 심리적 안정감, 기쁨과 인정의 메커니즘, 절망과 좌절이 작동하는 인생의 사이클 자체가 그랬기 때문이다. 아직 스스로가 누구인지 제대로 알기 전부터 강요받았던 끝도 없는 평가, 그 평가에 따른 상벌, 줄 세우기, 그로 인해 계속 재구성되는 미래의 전망, 자기 존재의 가치, 서열

지어진 정체성 따위가 평생을 따라다니며 그들을 구속했기 때문이다. 그들은 학점이 B+이냐 B냐에 따라 절망과 기쁨의 강을 오가고, 토익 점수가 910점이냐 890점이냐에 따라 시간과 자유를 결정당한다. 자기가 다니는 학교가 서연고서성한이중경외시건동홍국숭세단광명상가 중 어딘지에 따라 존재의 가치가 달라진다고 느낀다.

인생의 모든 요소들에 관해 서열을 부여하고 가장 섬세한 측면에까지 우열을 만들어 그들에게 던져준 건 이 세상이다. 같은 학교라도 어느 학부나 어느 학과인지, 정시나 수시 중 어떤 전형으로 입학했는지, 같은 회사라도 어느 지점, 어느 부서인지, 본사인지 계열사인지 서열을 매겨놓고 인간의 가치에 값을 매기게 된 건 그들이 그런 일들을 즐기도록 태어났기 때문이 아니다. 어떤 브랜드 아파트에 사는지, 자가인지 임대인지에 따라, 아파트 평수에 따라, 지역에 따라 더 나은 삶을 사는지 아닌지를 느끼게 된 건 그들이 원했기 때문이 아니다. 항상 그런 식으로 삶의 모든 요소를 파악하고 인식하며 비교해서 스스로의 위치를 확인하도록 평생 강요받았기 때문이다.

청년세대를 중심으로 터져 나오는 공정성 문제 제기가 모두 옳은 건 아닐 것이다. 때때로 그런 공정성 논란은 자신들이 서 있는 지반이 유리하다는 점을 무시한 채 상대적 약자들을 향한 폭력이 되기도 한다. 이를테면 실질적인 공정성을 위해 마련된 방편들이 기계적인 공정성이라는 탈을 쓴 차별에 의해 공격당하기도 한다. 그러나 적어도 그들이 공정함에 대해 느끼는 절박함만은 진실일 것이다.

　　　　청년들은 더 이상 기적을 바라지 않는다. 대개 그들이 바라는 것은 그들의 부모처럼 혹은 그들의 부모보다 좀 더 낫게, 그저 안정적인 직장을 얻고 작은 집 하나 마련하고 이따금 호캉스나 다니면서 사는 소소한 삶일 뿐이다. 그러나 그런 삶으로 가는 일조차 태생적으로 대부분 정해져 있고, 삶의 어느 시점에 이미 결정당했다는 걸 알고 있다. 그나마 그런 소박한 삶에 이르기 위한 마지막 길이 공정성이라고 믿고 있을 뿐이다. 그들은 세상의 평등 대신 공정성을 택했고, 그것이 그들이 딛고 설 수 있는 마지막 대지라는 것을 알고 있다. 궁지에 몰린 쥐는 고양이라도 물어뜯으려 한다. 그것이 마지막 수단이라는 걸 알기 때문이다.

공부는
신분을
바꾼다

원래 공부를 열심히 하고 진리 탐구에 몰두하며 지식을 많이 쌓은 사람은 존경의 대상에 가까웠을 것이다. 어쨌든 그들은 다른 사람들이 잘 알지 못하는 인간의 내면, 세상의 원리 등을 알며 더 정확하거나 중요한 판단과 사고를 할 수 있다고 믿어졌기 때문이다. 그러나 우리나라에서 '공부'를 열심히 많이 했다는 것이 그런 존경의 대상이 되는 일은 별로 없는 것 같다. 대체로 한국에서의 공부란 단지 성공의 수단이며, 경쟁에서 이기고자 하는 노력이며, 그로써 출세하고 부귀영화를 누리고자 하는 개인적 욕심 이상의 것은 아니기 때문이다.

공부는 신분을 바꾼다. 사회적 위치를 바꾸고, 그로써 삶을 바꾸며, 집안마저 바꾸어놓는다. 그것이 우리나라에서의 공부였으며, 여전히 공부는 그와 같은 식으로 작동하고 있다. 그래서 공부란 목표 달성에 효율적으로 하면 그만인 무엇이 되었다. 시험에 합격하기 위한 공부는 결국 정답을 잘 찾아내는 것, 정답에 가깝게 써내는 것이 그 목표가 되었을 뿐, 공부가 그 이상이 되는 건 낭비이고 쓸모없는 짓으로 여겨진다. 공부는 딱 성적을 잘 받을 수 있을 정도에서 멈추어야 하며, 그 이상의 공부는 어리석은 일일 뿐이다.

대학원에서의 학문이라는 것도 때로는 크게 다르지 않다. 공부를 통해 정말로 어떤 진실을 탐구하는 일보다는 단지 학계에서 인정받는 논문을 써내는 것만이 중요하다. 내가 이 공부를 통해 내 삶, 나의 관계들, 나의 사랑, 내가 속한 사회를 정말로 더 나은 것으로 바꾸어가는 통합적인 과정보다는 학계에서 요구하는 논점의 빈틈을 파고들어 내 자리를 찾아내는 것이 논문적 글쓰기인 경우가 대단히 많다. 그것을 통해 연구교수가 되고 부교수가 되고 학회장이 된다면 그로써 그는 훌륭한 학자가 되는 것이며, 공부란 그에 이르는 수단일 뿐인 것이다.

결국 이렇게 '공부만' 한 사람들은 다른 모든 분야에서 오직 성공만을 위해 '노력'한 사람들과 마찬가지로 인격적으로 성숙한다든지, 존경할 만한 사람이 된다든지 하는 것과는 아무 관련이 없어진다. 다른 모든 영역들이 지닌 부패의 카르텔과 수직적 구조에서 일어나는 온갖 폭력, 권력의 횡포는 공부한 사람들의 세계에도 똑같이 있다. 그들은 결코 운동을 열심히 한 사람, 그림을 열심히 그린 사람, 장사를 열심히 한 사람, 의료행위를 열심히 한 사람보다 더 존경할 만하지 않다. 올바른 인간이 된다는 것이 공부와는 아무런 관련이 없는 시대가 된 것이다. 그저 이 영역이든 저 영역이든 인격자나 존경할 만한 사람이 있기도 하고 없기도 할 뿐, 공부는 사실상 일반적인 기술과 차이가 없어졌다고 보아도 무방하다.

공부를 많이 한 사람들이 결국 사회의 지도층이 되고, 그들이 어떻게 이 사회를 더 '똑똑하게' 이용해 자기 욕심을 채우는지가 매일같이 언론에 나오는 세상이다. 이제는 어린 학생들마저 공부란 오직 성적을 얻기 위한 것이며, 교사나 강사도 자기에게 성적을 얻을 기술을 알려주는 대상으로만 여긴다. 어쩌면 우리 사회에서 가장 시급하게 복권되어야 할 것이 공부일지도 모른다. 어떻게 공부를 공부 자체로 되살릴 것인가, 공부를 진정한 공부로 다시 살릴 것인가가 가장 근본적인 문제일지도 모른다.

절망과
욕망 사이 :
교육과 공정성

교육과 공정성에 대한 문제는 우리 사회에서 계속해서 논란이 되고 있는데, 이는 거듭 말해질 필요가 있다는 생각이 든다. 사실 공정성은 사용하기에 따라서 모든 사람의 무기가 될 수 있다. 한편으로 무엇을 공정이라고 생각하는지가 그 사람이 속해 있는 사회적 위치에 대해 꽤나 적나라하게 보여주는 경우도 많다. 대개 불공정성의 문제를 주장할 때는 자기가 서 있는 위치가 공정함의 기준이 되기 때문이다.

예를 들어 서울에 사는 누군가에게는 지역이나 지방에 주어지는 모든 혜택이 불공정하게 느껴질 수 있다. 공기업에 취업하거나 서울권 대학에 진학하고 싶은 사람은 전국 어디에나 있을 것이다. 그러나 서울에 사는 이들이 볼 때 유달리 지역인재에 고정된 비중을 할당하는 일은 실력에 따라 공정하게 사람을 뽑는 게 아니라 실력 없는 이들에게 불공정한 혜택을 주는 일처럼 느껴지기도 할 것이다.

누군가는 수능제도야말로 가장 공정한 실력 위주의 입시제도였다고 한다. 그러나 사실 수능으로 인한 불공정의 문제가 얼마나 심각한지는 오랫동안 이야기되어왔다. 대체로 수능 시험을 잘 칠 수 있는 능력은 공교육에서 길러지기 어려웠고, 결과적으로는 사교육에 대한 접근 가능성에 따라 수능 점수와 입시가 결정되는 현상이 뚜렷했기 때문이다.

그래서 EBS에 유명 강사들을 초청한다든지 EBS 교재 내에서 수능을 출제하는 식으로 문제를 해결하려 했지만 효과가 그리 크지는 않았다. 사교육에 접근이 용이한 학생들에게는 수능이야말로 가장 공정한 제도였겠지만, 공교육에 의지할 수밖에 없었던 상당수의 학생들에게 수능은 결코 공정한 제도만은 아니었다. 더군다나 재수, 삼수로 가면 입시는 명백히 돈 문제가 되었기 때문에 거기에서 공정성이란 쉽게 말할 수 있는 것이 아니었다.

그렇기에 어떤 제도가 나에게 불공정하다고 여겨질 때, 내가 누려온 것들이 타인에게 불공정한 일이 아닌지가 언제나 고려되어야 한다. 그런 측면에 대한 고민 없이 말하는 공정성이란 사실 공허하고 모순적이기 때문이다. 우리가 원하는 공정성이란 무엇인가? 어디까지 공정해야 하는가? 어디부터는 공정하지 않아도 되는가? 예를 들어 부모와 가정의 영향이란 어디까지 제한되어야 하는가? 중학생 때부터 아르바이트를 할 수밖에 없는 학생에게 이 사회의 모든 시스템은 불공정할 텐데, 그런 불공정함은 용인되어도 되는가? 중산층 이상의 사람들이 느끼는 불공정만 문제가 되는가?

공정성이 문제시될 때는 과연 우리가 진실로 합의해야만 하는 공정성이 무엇인가에 대한 논의가 선행될 필요가 있다. 나아가 그것이 단순히 출세, 성공, 입신양명과 관련된 문제가 아니라 교육과 관련된 문제라면, 진정한 교육이란 어떠해야 하는가에 대해 가장 진지한 논의가 이루어지는 차원까지 나아가야 한다.

교육과 관련된 공정성이 이토록 문제되는 이유는 아무래도 우리나라에서 교육이란 다른 무엇보다도 신분상승이나 출세와 결정적인 관련을 맺는 수단이기 때문일 것이다. 사실 이와 관련된 문제가 국민적인 관심사가 되고 수많은 사람들의 분노나 절망이 뒤엉킨 전쟁터가 되는 이유는 교육이 이미 인생에서 가장 중요한 욕망의 각축장이 되어버렸기 때문일 것이다. 그 안에서 온갖 중상모략, 편법, 수단과 방법을 가리지 않는 전투와 생존의 욕망이 꿈틀대고 있는 것이다. 그렇기에 중요한 것은 교육 자체가 공정해지는 것이 아닐까 싶다.

이제는 이 교육과 공정성이라는 문제가 우리 사회 전체에서, 이 사회 구성원이 살아가는 인생 전체에서 적당히 내버려둘 수 없는 심각한 문제가 되었다. 부동산이니 저출생이니 하는 문제마저 교육과 떼려야 뗄 수 없다. 이 모든 논란은 결국 우리 사회가 가장 시급하게 직시해야 하는 문제가 무엇인지를 알려주고 있는 셈이다. 가장 절실하게 느끼는 것은 교육이 이래서는 안 된다는 것이다. 어떤 식으로든 교육의 위상도, 역할도, 교육을 둘러싼 공정함이라는 것도 달라져야만 한다. 이 사회에 그보다 긴급한 문제는 별로 없을 것이다.

청년 문제의
착시

청년 문제라는 것에는 일종의 착시가 있다. 이 문제가 한 세대 혹은 한 시절의 문제에 불과한 것처럼 보인다는 점이다. 대개 청년 문제란 취업 문제로 수렴되는데, 그렇기에 이 문제는 청년들이 취업을 하고 사회인이 되면서 해소되는 듯 보인다. 실제로 20대까지는 다들 취업을 미루면서 양질의 직장에 들어가기 위한 사투를 벌이지만, 어느 시점을 넘어가면 많은 청년들이 각자의 자리를 찾아간다. 그 자리라는 게 처음 꿈꾸었던 것만큼 윤택하고 좋은 자리는 아닐지라도 몇몇 부분을 절충해 그들 나름대로 삶을 찾아가는 것처럼 보인다.

당장 청년 문제에 가장 중요한 지표로 거론되는 것이 '청년실업률'이다. 그런데 청년실업률이 높은 이유에는 청년들이 자신의 가능성을 믿고 양질의 직장을 위해 취업을 유예하는 현상이 큰 영향을 미친다. 사회에는 아직 취업을 하지 않아도 괜찮은 나이, 무경력이어도 괜찮은 시절이라는 게 있다. 그런데 이 암묵적으로 용인되는 '나이대'를 넘어서면 누구라도 서둘러 취직을 하기 시작한다. 어떤 식으로든 경력을 쌓고, 기반을 마련하고, 독립을 준비한다. 문제는 그 시점이 되면 청년 문제라는 게 해소되는 듯 보이지만, 실상은 전혀 그렇지 않다는 것이다.

청년 문제는 그 이름만 바꿀 뿐 고스란히 노동 문제, 저출생 문제, 주거 문제, 여성 문제 등으로 이동한다. 청년 문제가 해소된 것처럼 보이는 자리에는 소수의 승리자와 다수의 생존자가 남는다. 어쩌면 진짜 문제의 시작은 여기부터다. 취업을 했지만 대다수의 직장이 출산휴가나 육아휴직 등을 제대로 보장하지 않고, 여성들은 경력단절이라는 더 거대한 벽 앞에 서게 된다. 월급은 받지만 주거는 몇십 년간 해결될 방법이 보이지 않는다. 직장은 장기적으로 안정된 삶을 일구어나갈 기반이 되어주기는커녕 언제 쫓겨나 거리에 나앉을지 알 수 없는 불안의 땅이 된다. 터무니없는 노동강도와 노동시간은 생존을 주는 대신 삶을 빼앗아버린다. 청년 문제가 지나간 자리에는 삶 전체의 총체적인 문제가 피어오른다.

이러한 삶 전체에 대한 관점 없이 오직 청년이라는 한정된 시간 안에 갇힌 이야기만으로는 온전한 해결책이 수립되기 어렵다. 청년 남성과 여성 간 갈등이 심화된다고 하는데,

이것은 일차적으로는 양질의 직장을 얻기 위한 투쟁처럼 보이지만 결국에는 삶 전체에 대한 절망에 그 뿌리를 두고 있다. 앞으로 펼쳐질 사회에서 자신의 자리를 지킨다는 것이 결코 쉽지 않다는 것, 삶을 희생시키길 요구하는 세상 안에서 온전한 행복을 얻기가 거의 불가능하다는 것, 소수의 승리자가 되지 않는 한 꿈꾸던 많은 것들이 길바닥에 내다버려지리라는 것을 누구나 예감하기 때문이다. 이는 당장 눈앞에서 누가 욕을 한다든지, 그래서 기분이 나쁘다든지, 모멸감을 느낀다든지 하는 차원에 한정되는 게 아니다. 그보다 훨씬 뿌리 깊게 삶 전체에 스며든 암세포에 가깝다.

이런 문제에 대한 해결은 대개 개인에게 맡겨져 있다. 알아서 포기할 건 포기하고 절충할 건 절충해서 소소하고 확실한 행복을 찾을 것. 혹은 다정한 남자나 착한 여자를 만나서 서로 이해하고 보듬으며 일과 가정의 양립 문제를 해결할 것. 아니면 고시에 합격하든 전문직이 되든 유튜브로 성공하든 소수의 승리자가 되어 어떻게든 살아남을 것. 물론 그런 식으로 개개인의 차원에서 해결될 가능성이 없는 건 아니다. 그래서 한편에서는 일상에 대한 만족을 높이려 '소확행'을 추구하는 산업과 '비폭력대화' 같은 관계 코칭이 성행하고, 다른 한편에서는 더 나은 삶을 위해 자기계발을 강요하는 각종 학원이 문전성시를 이룬다. 하지만 이조차도 사회 전체에서 볼 때는 소수적인 해결책에 불과하고, 대다수는 문제를 해결하지 못한 채 삶이 붕괴되어가는 대로 손을 놓고 있다.

결국 우리 모두가 한 배를 타고 있다는 인식을 끊임없이 재확인하는 일이 필요하다. 물론 이 사회에는 여러 지엽적인 문제들이 있다. 구분하고 집중해서 해결해야 할 문제들 역시 적지 않다. 그러나 한편으로는 분리되어 보이는 문제들 또한 넓은 차원에서는 이어져 있고 뿌리 깊게 연관되어 있으며 결국 우리 모두의 문제로 이어진다는 인식에 계속해서 도달해야 한다. 그것이 이 무너지고 있는 세상을 붙잡을 수 있는 시작이다.

실패로부터
성장한다는
막연한 믿음에 대하여

실패가 사람을 성장시킨다곤 하지만 사실 실패는 그보다 더 자주 씻어낼 수 없는 상처를 남긴다. 특히 삶에서 큰 실패를 겪은 사람들에게는 스스로 숨길 수도 없고 지워낼 수도 없는 상흔이 어딘가 남아버린다. 실패를 다른 성공으로 이겨냈다고 하면서도 결국 그 상처를 감추지 못해서 자기가 이루어낸 것들을 과장하는 일은 무척 흔하다. 그런 사람들을 보면 얄밉다기보다는 어딘지 안쓰러운 마음이 든다.

결핍이나 상처가 우리에게 그것을 이겨낼 힘을 주고 결국에는 그 모든 걸 딛고 일어서게 해줄 것 같지만, 사실 한 사람의 인격, 그가 자신을 과장하는 방식, 감정을 드러내거나 타인을 대하는 태도 등에는 이미 씻어낼 수 없는 흔적들이 모두 남아 있다. 사실 각자의 성격이란 그렇게 상처로 얼룩진 지표면 같은 느낌이 있어서 언젠가부터는 누군가에게서 그런 모습이 보이더라도 그다지 이상하게 생각하지는 않게 되었다.

　　아마 모르긴 몰라도 나 또한 이런저런 상처들로 얼룩져 있을 테고, 나의 여러 이상한 부분은 그런 상처들이 만들어낸 내 존재의 일부가 되어 있을 것이다. 감추려고 해도 감출 수 없는 부분들, 이상하게 예민한 측면들, 쓸데없이 나를 방어하거나 높이려는 순간들이 있을 테고, 그런 부분들은 누군가에게 내가 가진 문제들을 짐작하게 할 것이다. 사실 그렇지 않은 사람은 없고, 그래서 나 자신의 실수를 대할 때나 타인의 이상징후를 대할 때 관대해져야겠다는 생각을 자주 한다.

　　만약 실패가 사람을 성숙시킨다면 그것은 바로 이런 측면 때문일지도 모르겠다. 실패 그 자체는 우리를 병들게 하고, 이상하게 만들며, 모가 나거나 흉터가 패이게 하고, 스스로도 어찌할 수 없는 성격의 측면들을 만들어놓는다. 그것 자체를 성숙이라 할 수는 없는 노릇이다. 다만 그런 측면들이 나를 둘러싼 모든 사람들에게 보일지라도, 그래서 때론 그 때문에 누군가를 멸시하고 싶은 마음이 들지라도, 나 또한 다르지 않음을 알고 모든 사람에게 상처가 있다는 걸 이해할 수 있다는 측면에서의 성장이라는 건 있을지도 모르겠다.

　　그러나 역시, 나는 사람이란 많이 다치지 않는 것이 좋다고 생각한다. 자기를 보호하고 소중히 하며, 상처 입을 수 있는 일들을 너무 쉽게 만들지 않고, 실패들이 나를 성장시켜줄 거라 막연히 믿지 않으며, 삶을 조심히 대하는 것이 좋다고 믿는다. 그렇게 누군가를 지켜줄 수 있다면 지켜주는 것도 나쁘지 않을 것이다. 종종 너무 가혹한 상처들로 괴물이 되어버린 건 아닐까, 혹은 정말 병자가 되어버린 건 아닐까 싶은 사람들을 보게 되는 반면, 너무 많은 상처로 성인이 된 사람은 그다지 보지 못했던 것 같다.

상처와 실패가 너무나 흔한 세상일수록 그런 상처들이 나를 어떻게 할퀴어왔는지를 더 섬세히 알고, 치유하고, 다독이며 살아갈 필요가 있다. 그런 실패쯤이야, 그 정도의 상처쯤이야 다들 겪는 거지 뭐, 원래 다 그런 거 아니야, 하는 마음이 도움이 될 때도 있다. 하지만 그렇게 상처와 실패가 흔한 사회가 결코 정상은 아니라고, 가혹한 일들을 버티며 상처입기보다는 그런 일을 당하지 않게 자신을 지켜내는 것이 더 낫다고 생각한다. 어떤 실패나 상처는 당연히 이겨낼 수 있는 세균 같은 것이 아니다. 우리를 이루는 많은 것들은 결코 씻어낼 수 없는 흉터 같은 상처들일 것이다.

'포기'라는
트렌드

최근 트렌드 중 하나는 무엇이든 '내려놓기'인 듯하다. 너무 열심히 살지 말 것, 노력에 목숨 걸지 말 것, 관계에 집착하지 말 것, 사랑이나 이성에 너무 몰입하지 말 것… 이런 말들이 에세이 시장이라든지 예능 프로그램이나 연예인의 어록, 공감의 말 등에서 대세를 이루고 있다. 내려놓기가 하나의 거대한 트렌드이자 위로산업, 힐링의 문화를 이루는 셈이다. 그런데 이런 말들이 성행할수록 과연 우리 삶이 더 나아지고 있는지, 무언가 현실적으로 내려놓아지고 있는지는 의심스럽기도 하다.

한 사회에 고통이 넘쳐날수록 심리상담 건수나 우울증 약 판매량이 느는 등 고통을 치료하는 산업이 발달하고 힐링과 위로의 문화가 성행한다. 그런 개별적인 해결책은 각 개인들을 일시적으로 낫게 해줄 수 있으나 어디까지나 임시방

편일 뿐이다. 끝없이 사회 내에서 고통이 생산되는 한 고통의 사회적 총량은 계속 늘어날 것이다. 전쟁이 끝나지 않는 한 아무리 훌륭한 의무병과 자원봉사자가 있더라도 사상자는 계속 늘어나는 것과 같다.

　　게다가 내려놓기와 포기를 강조하는 트렌드는 임시적인 치료효과조차 의심스러운 데가 있다. 그 모든 말들은 사실 '불가능한' 것을 '불가능한' 방식으로 위로하고 있는 건 아닐까? 과연 내려놓는 게 중요하고 포기가 중요하다고 한들 그게 가능할까? 이미 포기한 것에 대한 사후적인 위로는 가능할 수 있다. 그러나 우리가 삶에서 끌어안고 견뎌내는 것보다 포기하고 내려놓는 것이 과연 우리 삶을 더 낫게 만들까? 나아가 그렇게 노력하지 않고 포기하는 것이 실제로 우리 삶에 이로울까?

　　하나 분명한 사실은 포기해도 된다고 말하는 사람들은 대개 엄청나게 노력한 사람들이란 점이다. 제대로 된 책을 쓰는 작가가 되는 과정, 유명 연예인이 되는 과정, 셀럽이 되고 발언권이 생기는 과정은 노력과 견뎌냄 없이는 성립할 수 없다. 그리고 그런 입지를 유지하는 데도 엄청난 관계의 기술과 견뎌냄의 의지가 필요하다. 그들은 무언가를 포기해도 된다. 다른 무언가에서 엄청난 성취를 거두었고, 또 노력하고 있기 때문이다.

관계 때문에 스트레스 받고 고민하는 사람에게 '관계 같은 건 거리를 두고 포기하라'라고 말하는 건 쉬운 일이다. 받아들이는 입장에서도 속 시원할 수 있다. 그러나 관계란 과연 포기할수록 좋은 것일까? 아니면 관계란 원래 어려운 것이어서 어떻게든 견디며 배우고 관계를 잘 다룰 수 있을 때까지 부딪히며 성장해봐야 하는 것일까? 사랑을 두려워하고 어려워하는 사람에게 사랑 같은 거 없어도 잘 살 수 있는 게 인생이라고 말하는 건 위안이 된다. 실제로 라이프스타일은 다양할 수 있고 사랑은 삶의 필수요소가 아닐 수도 있다. 그런데 사랑이 필요 없다는 결론을 내리려면 온갖 어려움을 겪어가며 사랑을 해볼 만큼 해보고, 사랑이 필요한지 아닌지에 대해 스스로 깨닫는 과정이 필요하지 않을까?

거리를 두고 포기하고 내려놓는 일은 당장 위로를 줄 것 같다. 그리고 그런 당장의 위안은 어떤 책들이 베스트셀러가 되도록 하는 데, 어떤 셀럽의 말이 순식간에 퍼지도록 하는 데 유용하다. 그러나 우리 삶은 언제나 복합적인 맥락 속에서 오랫동안 존재하며 길게 이어진다. 그 속에서는 당장 포기하고 싶지만 포기하지 말아야 할 것도 있다. 지금은 무척 힘들고 괴롭지만 견뎌내야 하는 것도 있다. 그런 것들의 중요성은 각자의 삶마다 달라서, 함부로 재단하여 하나의 '지상명제' 아래 복종시킬 수 있는 성질의 것은 아닐 것이다.

나는 나름대로 관계의 방법과 기술을 익히는 데 적어도 일이십 년의 시간이 걸렸다. 끊임없이 고민하고 이렇게도 관계를 맺어보고 저렇게도 살아보며 나에게 맞는 관계성이라는 걸 조금 알게 되었다. 또한 내가 삶에서 포기한 것들도 많지만, 악착같이 붙들고서 결코 포기하지 않은 채 끌고 가는 것도 있다. 한때는 내려놓고 싶은 많은 것들이 있었지만, 지금은 내려놓지 않은 것들이 내 삶을 이루고 있고 나라는 사람을 만들어내고 있다. 결국 우리 삶에는 내려놓아야 할 것들도 있겠지만, 더욱 중요한 것은 그러지 말아야 할 것들, 붙들어야만 하는 것들이 아닌가 하고 자주 생각한다. 적어도 나의 삶의 방식은 그런 편이다.

어떤 종류의 말들이, 어떤 지상명제들이, 어떤 사회적 요구나 강령들이 대세가 되고 당연한 듯 말해질 때면, 늘 그것을 의심해야 한다고 믿는다. 당연히 거기에는 그럴 만한 이유도 있을 것이다. 그러나 그럴 만하지 않은 이유, 걸러내야 할 이유도 있을 것이다. '포기'라는 트렌드 또한 다르지 않을 거라 생각한다. 그 속에는 우리 삶을 위로해줄 만한 요소도 있겠지만, 우리 삶의 가장 중요한 부분들을 앗아갈 측면 또한 있을지 모른다.

타인들의 세상,
청년들의 세계,
〈버닝〉

북향의 단칸방에는 하루 한 번 햇빛이 든다. 그러나 그 빛은 진짜 햇빛이 아니다. 남산타워 전망대의 유리에 반사된 빛이 방 안으로 슬며시 들어 벽을 비춘 것이다. 청년은 그 찰나에 세상을 꿈꾼다. 어딘가에서 건너온 빛, 그 빛이 반사된 길을 따라 나선다면, 어쩌면 저 진짜 빛이 있는 진짜 세상과 만날 것이다. 그러나 그를 둘러싼 삶이라야 모두 헛것과 같다. 타인들의 세상에서 청년이 온전히 몸을 기대고 자신의 가치를 인정받을 곳이란 없다. 청년은 그저 이미 자본과 권력의 직물을 모두 짜놓은 기성세대들이 쓰고 버리는 도구나 노리개에 불과할 뿐이다.

이창동 감독의 영화 〈버닝〉은 사회의 유령과 같은 청년들의 이야기를 다룬다. 호객 아르바이트를 하는 청년 해미는 자신의 방에 하루 한 번 비쳐드는 빛을 바라보며 아프리카를 꿈꾼다. 그녀는 소꿉친구인 종수에게 아프리카에 사는 부시맨(부시먼족) 이야기를 들려준다. 그들 부족에는 두 종류의 굶주린 자에 대한 이야기가 전한다. 하나는 리틀 헝거로, 그저 물질적으로 굶주리는 이들이다. 다른 하나는 그레이트 헝거로, 삶의 의미에 굶주린 자들이다.

청년은 '이곳 너머'를 꿈꾼다. 청년에게 이곳은 언제나 이방일 따름이다. 영화 속 이곳, 서울에서 청년이 환영받을 곳이란 없다. 쓰고 버릴 수 있는 청년들은 이미 넘쳐난다. 그들을 위해 내어줄 공간도 없다. 부의 지형도가 완성된 공간에서 청년들이 지낼 수 있는 곳이란 굽어진 골목 어귀의 단칸방 정도다. 그들은 세계를 만나리라는 기대로, 자신들을 펼칠 수 있을 곳이라는 꿈으로 서울로 왔지만, 어디에도 그들이 바라던 '세계'의 흔적은 없다.

그레이트 헝거 이야기에 매료되어 아프리카에 다녀온 해미는 자신이 보았던 눈물겨운 장면에 대해 이야기한다. 부시맨이 춤을 추며 리틀 헝거에서 그레이트 헝거가 되어 삶의 의미를 간절히 구하던 모습, 그리고 지평선 너머로 노을이 지는 장면에서 왈칵 눈물이 나서 그대로 자신도 노을처럼 사라지고 싶었다고 한다. 그녀에게 그 순간은 완벽한 삶의 순간이었을 것이다. 자신을 둘러싼 현실의 조롱, 배척, 무관심과 소외로부터 벗어나 더 이상 분열을 견딜 필요 없이 온전히 세계와 일치할 수 있었던 찰나. 하지만 노을이 지고, 그 순간은 어김없이 끝이 난다. 삶의 의미는 절정의 순간에 당도하지만 머지않아 사라지고 남는 것은 돌아와야 할 현실뿐이다.

그렇게 그녀는 아프리카에서 만난 그 완벽한 순간의 찌꺼기, 혹은 흔적, 아니면 그림자와 같은 '어떤 존재'인 벤과 함께 돌아온다. 그 존재는 청년들이 갈망하는 어떤 세계에 이미 당도해버린 듯한 인물이다. 포르셰를 몰면서 강남의 세련된 빌라에 살고 파스타를 요리해 먹는 거짓말 같은 존재. 노동의 힘겨움이나 현실의 고단함, 온갖 자질구레한 사고에도 결코 휘말릴 가능성이 없어 보이는, 자본의 비호 아래에서 완벽하게 자기 '페이스'를 조절하며 살아가는 가상의 인물 같은 존재. 해미는 그가 만들어낸 그 가상의 세계를 택한다. 비루한 진짜 현실도, 찰나의 진짜 세계도 아닌 그 어디쯤 존재하는 홀로그램 같은 자본의 화려한 세계에 빠져든다.

영화는 해미의 시선을 좀처럼 보여주지 않지만 그녀라고 몰랐을 리 없다. 그녀는 자신이 정말로 믿을 수 있는 건 오직 '종수 한 사람'이라고 이야기한다. 종수는 기댈 곳 하나 없는 도시에서 그녀가 발견한 유일한 고향의 기억이자 어린 시절의 자신이었다. 그녀에게 도달 가능한 세계가 있다면, 그러한 미래가 있다면, 그것은 종수를 통해야 한다는 것을 그녀도 알고 있었다. 그녀는 벤과 함께 종수의 고향집에 들렀을 때, 마치 자신의 집으로 돌아온 것 같다며 감격한다. 그리고 종수와 그 '어떤 존재'인 벤과 셋이서 종수의 집 앞에서 노을을 바라보며 "오늘이 제일 좋은 날인 것 같다"고 말한다. 벤과 보냈을 화려한 생활도, 홀로 보냈던 서울에서의 나날도, 세계의 끝 아프리카에 당도했던 순간도, 마치 모든 게 '되돌아온 것 같은' 그날에 미치지 못했다. 그리고 그날을 끝으로, 그녀는 사라진다.

종수와 만난 첫날, 한 술집에서 그녀는 팬터마임으로 귤을 까먹는 연기를 하며 말한다. 팬터마임을 잘하려면 없는 귤을 있다고 생각하는 게 아니라 귤이 없다는 걸 잊어버리면 된다고. 그것은 그녀가 살아가는 방식이기도 했을 것이다. 홀로 어떤 세계를 꿈꾸며 당도한 서울에서 점점 삶의 의미조차 구하기 어려워지는 순간들을 겪으며, 자신이 가진 것이라곤 아무것도 없다는 것을 잊었을 때, 그녀는 자신의 방에 드는 한 줌의 빛과 그 너머의 세계를 보았다. 그리고 빛이 사라지는 순간, 다시 아무것도 없다는 것을 깨닫게 되는 순간, 그녀는 자신조차 함께 사라지길 갈망했다.

스스로 사라지기를 갈망하는 해미와 달리 벤은 무언가를 불살라 없애는 데서 살아 있음을 느낀다. 그는 두 달에 한 번 버려진 비닐하우스를 불태우면서 '생생히 살아 있음'을 느낀다고 말한다. 이는 누군가를 살해하는 일에 대한 비유로,

그가 해미를 살해한 인물로 암시된다. 그러나 이 영화 전체가 한편으로는 종수가 영화의 말미에 써낸 '소설'이라고 생각한 다면 그러한 서사를 곧이곧대로 받아들일 필요는 없을 것이다. 오히려 그는 해미가 원하는 대로 그녀를 '사라지게' 해준 인물이라 볼 수 있다.

그녀에게 사라짐이란 무엇이었을까? 그녀는 죽음이 무섭다고 했다. 그보다는 그저 노을처럼 사라지고 싶다고 했다. 그녀는 어쩌면 자신에게 그 무엇도 없다는 것을 종국에 완전히 잊어버렸을지 모른다. 그러고 나면 남는 것은 오직 '있음'뿐이다. 자신의 세계 전체는 있음으로 흘러넘치고, 없는 것은 남지 않게 된다. 그녀는 없음의 끝에서 그러한 세계에 당도했을지도 모를 일이다. 그러니 언젠가 돌아와야 하는 여행 같은 것이 아니라 무한한 있음이 흘러넘치는 기나긴 삶의 여정을 떠났을지도 모를 일이다. 그리고 남겨진 건, 여전히 현실의 진실에 목말라하는 소설을 쓰는 청년이다. 이 모든 것을 증언하는 글 쓰는 자만이 홀로 현실에 남겨진 채로, 영화는 끝이 난다.

어쩌면 이 시대의 모든 청년들은 저마다의 글을, 소설을 쓰고 있다. 그런 글쓰기는 어떤 절규이기도 하고 호소이기도 하다. 그들이 쓰는 글들은 그들만이 소비하는 각종 커뮤니티, 익명 게시판, 페이스북 대나무숲에서 매일같이 쏟아진다. 그러나 그런 이야기들은 사회 속에서는 온전히 나오지도 못한 채 그들만의 메아리로 사라진다. 그렇게 청년들은 홀로 남아 글을 쓰는 골방의 유령들처럼, 각자의 삶과 싸우고 있다.

청춘을 뒤로하고
꿈을 택하는
일에 관하여

20대의 어느 순간에는 나를 둘러싼 모든 것이 영원히 이어질 거라 느끼곤 했다. 내가 앉아 있는 카페도, 카페가 있는 거리도, 그 속에서 여름방학을 맞이한 여유로운 느낌도, 자유로운 내일도 그대로 줄곧 이어질 것을 믿어 의심치 않았다. 그 세계에 대한 신뢰를 정확히 무어라 말해야 좋을지 모르겠지만, 언제까지나 아무것도 확정되지 않고 상실되지도 않은 채 이 세계의 자유와 여유를 그대로 간직할 거라고 믿었던 것 같다. 물론 그런 시간이 마냥 많은 건 아니었지만 그런 마음을 지니던 나날들이 분명 있었다.

요즘 나는 확실히 그런 시절로부터 단절되었다. 지금의 나날들에는 매일 의무들이 있고, 해야 할 일들, 확정된 내일들이 있다. 아이는 매일 일어나고, 하루도 빠짐없이 커나가고, 가정을 위해 생각하고 책임져야 할 것이 늘어난다. 마냥 미래를 기다릴 수는 없다. 현실을 개척하고 어느 하나 놓지 않으며 살아가야 한다.

20대와는 달리 내 삶의 양식은 꽤나 분명히 정해졌고, 내가 느끼는 세계도 무한히 열려 있지는 않다. 오히려 많은 것을 알게 되고, 얻게 되고, 확정하게 되면서 스스로 그 안에 갇힌 듯한 느낌도 없지 않다. 세상이란 저 드넓은 자유의 공간과 영원한 여유로움이라기보다는, 이미 제한된 인식, 한정된 가능성, 상당 부분이 정해진 어떤 것으로 다가오는 것이다. 청년기를 잃는다는 것은 이처럼 자유의 불안, 무한한 세계의 가능성, 위태로운 여유 같은 것을 잃는다는 것이 아닐까 싶다.

사실 나는 남들보다 그런 날들을 조금 더 오래 누렸다. 휴학도 오래 했고 대학원까지 가면서 어찌 보면 그런 나날들을 유예하려 했다. 아직 그 무엇으로도 확정되고 싶지 않았고, 계속 내게로 오는 저 무한한 세계를 불안 그 자체로 받아들이고 싶었다. 그래서 그저 한 번이라도 더 여행을 하고, 한 편이라도 더 글을 쓰고, 내가 모르는 것을 공부하며 그러한 청춘을 견뎠다. 하지만 어느 무렵 그런 시절에도 한계가 왔고, 나는 이제 '청춘을 접고' 내 삶의 많은 것을 확정했다. 결혼, 머물 곳, 아이의 탄생, 삶을 지탱해줄 안정적인 직업적 지향 같은 게 나를 붙잡았다.

때론 삶의 형태가 확정되지 않았던 그런 날들이 더 이어졌으면 어땠을지 궁금하기도 하다. 결혼하지 않거나 결혼했더라도 아이를 가지지 않거나, 그래서 홀로 혹은 둘이서 세계를 떠돌며 자유롭게 글을 쓰는 날들. 대신 미래는 불안하고 주변의 압박은 신경 쓰이고 나 자신이 사회의 기준에서 제대로 능력을 갖추지 못한 남성으로 점점 더 취급되어가는 상황이었다면 어떠했을지 상상해본다. 그런 내가 떠나온 삶 혹은 버린 삶에 관해 소설 같은 걸 써보고 싶다는 욕망을 느끼기도 한다.

종종 내가 선택하지 않은 삶, 혹은 내가 이제 떠나온 어느 세계를 넌지시 바라볼 때가 있다. 그런 세계는 이제 상상으로만 바라볼 수 있다. 상상을 해보면 그런 삶 역시 나쁘지 않았을 거라는 생각이 든다. 사실 삶에는 여러 개의 문이 놓여 있고, 그중 하나의 문으로 들어서면 다른 문으로는 들어설 수 없다. 그것뿐이다. 어느 문이 가장 좋은지는 알 방법이 없지만 어쨌든 시절마다 하나씩 문을 열도록 되어 있다. 내가 열고 들어온 곳은 그 나름의 행복이 있고, 질서가 있고, 또 따뜻함이나 안정이 있다. 물론 그 나름의 어려움들도 있고 말이다. 만약 다른 문을 열고 들어갔더라도 마찬가지였을 것이다.

나는 내가 들어온 문 안에서 가장 좋은 삶을 살고자 애쓸 것이다. 여기서 가능한 행복, 가능성, 방향들을 계속 찾으며 나와 나를 둘러싼 삶들을 좋은 것으로 만들어갈 것이다. 그러나 내가 열지 않은 문에 대한 그리움도 아마 지니고 살아갈 것이다. 때론 상상하고, 때론 엿보고, 때론 슬퍼하면서 말이다. 생각해보면 어릴 적부터 얼마나 많은 꿈을 버리며 살아왔는지, 삶이란 한편으로는 꿈들의 무덤이 아닐까 싶다. 나는 그런 꿈들을 밟고 서 있지만, 한편으로 보면 그중에서 가장 값진 꿈 하나를 선택해 살고 있는지도 모른다. 결국 삶이란 이 꿈 속에서 다른 꿈들도 바라보며, 그러나 역시 이 꿈에 가장 충실하게 되는 무엇이 아닐까 싶다. 모두가 각자의 꿈속에서 안녕하길 빌어본다.

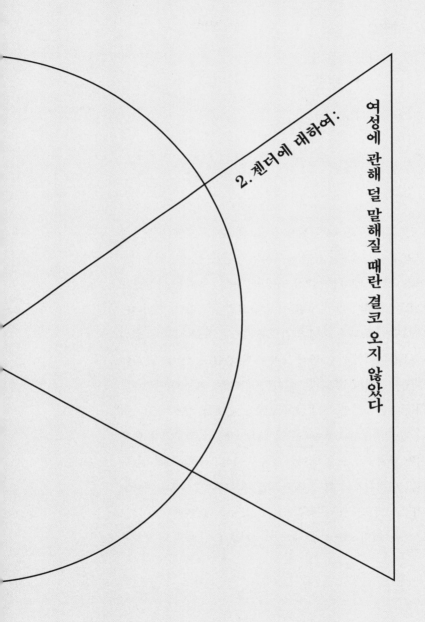

2. 젠더에 대하여:

여성에 관해 덜 말해질 때란 결코 오지 않았다

어머니의
삶으로부터

얼마 전 어머니는 드럼을 배우기 시작했다. 목표는 당신의 환갑잔치에서 직접 좋아하는 곡을 드럼으로 연주하는 것이라 했다. 어머니는 내가 어렸을 때부터 음악을 사랑했다. 음악을 사랑하지 않는 사람이 어디 있겠나 싶지만, 어머니는 유달리 음악에 대한 열망이 깊었다. 중고등학교 시절 음악 선생님이 음대를 추천할 만큼 노래를 잘 불렀고, 스스로도 음악에 재능이 있다고 믿었다. 실제로 나는 어릴 때부터 어머니가 노래 부르는 모습을 무척 많이 보았다. 집에서, 차에서, 잠자리에서 어머니는 어디에서나 우리에게 노래를 불러주었다. 이웃들이며 친척들은 모두 어머니가 주변에서 노래를 가장 잘 부른다고 인정하기도 했다. 피아노를 배운 뒤에는 내가 피아노를 치고 어머니가 노래를 부르는 일도 자주 있었다.

어머니는 자주 내게 뮤지컬을 하고 싶다고 말하곤

했다. 다시 태어난다면 꼭 뮤지컬 배우가 되거나 오페라 가수가 될 거라고 했다. 어릴 적에는 어머니의 그런 말이 그저 지나가는 몽상 같은 것이라고 생각했다. 나는 앞으로 삶이 무한히 펼쳐져 있을 것만 같은 10대였고, 그에 비하면 어머니는 어디까지나 삶이 결정된 어른이자 나의 엄마이며, 무언가를 실제로 꿈꿀 입장은 아니라고 막연히 믿었기 때문이다. 그러나 지금 생각해보면 어머니는 아직 30대였고, 삶에서 무언가를 꿈꾸기에 결코 터무니없는 나이가 아니었다.

시간이 흘러 부모가 된 입장에서 생각해보면 나 자신이나 아내가 언제까지 아빠나 엄마로만 있으리라고는 생각조차 할 수 없다. 아이가 어릴 때야 시간도 노력도 아이에게 많이 쏟아야 하겠지만, 우리는 자주 다른 류의 꿈을 꾸기도 한다. 아이가 조금 더 크면 해외여행을 즐겁게 다닌다든지, 낯선 곳에서 살아본다든지, 더 다양한 취미생활을 가져본다든지, 나아가 직업적으로도 어떤 변화를 도모해보겠다는 기대도 있다. 우리에게 아이란 소중하고 커다란 존재지만 그렇다고 해서 우리 삶이 완전히 그에 속해야 하는 것이라 믿지는 않는다.

특히 휴직을 하고 아이 돌봄에 많은 시간을 썼던 아내는 때로 '엄마'라는 정체성으로만 자신이 규정되는 일을 대단히 힘들어했다. 물론 아이는 사랑스럽고, 셋이서 보내는 새로운 시간도 소중하다. 우리가 지탱하고 있는 가정에 대한 믿음도 있고, 아름답고 좋은 시절을 보내고 있다고 생각할 때도 있다. 그러나 자신이 사라진 것 같아서, 자기가 믿는 자신을 잃은 것 같아서 힘들다고 말할 때도 자주 있다. 만약 내가 육아를 더 책임져야 하는 입장이었어도 다르지 않았을 것이다. 아내와 협의해 내린 결정이긴 하지만, 어쨌든 나는 사회생활이라는 것, 직업적 추구라는 것을 이어가고 있다. 이는 내가 '아빠'인 부분 못지않게 다른 역할이 여전히 유지되는 삶을 살고 있음을 뜻한다. 그러나 아이가 태어나자 아내는 긴 휴직을 하고 온전히 '엄마'이기만 한 시절에 속하게 되었다.

　　　가정마다 입장이나 상황이 다르긴 하겠지만 여전히 많은 여성들이 아이의 탄생으로 인해 자신의 많은 부분을 포기하고 있다. 당장 주변만 둘러봐도 여성이 직장을 그만둔 경우는 있어도 남편이 그런 경우는 본 적이 없다. 육아를 위한 커뮤니티는 대부분 여성 중심으로 이루어져 있고, 전적으로 육아를 담당하는 남성은 보기 어렵다. 퇴근 이후나 주말에 아빠의 육아 비중이 늘어났다고는 하지만 주말에 키즈카페나 유아 놀이방을 찾아도 남성이 혼자 어린아이를 데리고 온 경우는 흔치 않다. 분명한 것은 누군가의 삶이 더 어렵다거나 더 수월하다거나 더 행복하다거나 하는 세부적인 차이가 존재하더라도, 여성은 아이를 낳음으로써 확연한 단절을 겪는다는 것이다. 아이 탄생 이전의 자신과 이후의 자신 사이의 단절은 평생 회복되지 않기도 한다. 영원히 단절된 채로 그 이전의 자신과는 멀어지기도 한다.

어머니는 나와 동생을 돌보느라 15년 정도의 시간을 썼다. 물론 그 이후에도, 지금까지도 자식에 대한 관심과 애정, 때로는 돌봄도 유지하고 있다. 여기서 말하는 15년이란 아이와 가정 외에는 사실상 아무것도 없다고 해도 좋을 시간이다. 오직 엄마나 아내로서만 존재하는 시간, 그 밖의 자신은 잃어버린 시간, 아이들이 스스로 삶을 꾸릴 수 있을 만큼 성장하기까지 감내한 상실의 시간이다. 그것은 거의 모든 어머니들에게 당연한 일이기도 했고, 때로는 '어머니의 위대함'이라 말해지며 칭송되고 존경받는 일이기도 했다. 그러나 이후 내가 본 어머니는 그 15년의 시간을 이겨내기 위해 평생에 걸친 싸움을 해야 했다. 어머니는 다시 자기의 무언가를, 잃어버린 자신의 어떤 부분을 찾기 위해 분투했다. 환갑이 다 되어가는 시점에서, 얼마 전부터 시작한 드럼 연주 또한 그런 연장선에 있는 일이라는 걸 알 것 같았다.

이 세상 절반쯤의 사람이 살아가는 방향으로

나는 아직도 코끝에 스치던, 집 안의 구석방에 넘

치던 유화물감 냄새를 기억한다. 내가 중학생이 되고 여동생도 학교며 학원에 적응해갈 무렵, 어머니는 겨우 문화센터를 다니며 미술을 시작했다. 어머니는 원래 예체능에 재능이 많아서 어릴 때 나는 어머니로부터 그림이나 음악을 배운 터였다. 그 덕분인지 나도 곧잘 미술상을 받곤 했다. 정식교육이라는 걸 받은 적 없던 어머니였지만 어머니에게 배운 그림만으로도 전국 규모로 열린 미술대회에서 상을 받는 데는 충분했다.

미술을 시작했다지만, 물론 어머니의 역할이 끝난 건 아니었다. 아침저녁으로 우리의 밥을 챙겨주고, 집을 청소하고 정돈하며, 가정을 관리하는 그 모든 일을 도맡았다. 그러면서도 어머니는 원래 지닌 재능으로 미술계에서도 점점 이름을 알리기 시작했다. 개인전시회나 단체전시회도 여러 번 열었고, 전국에서 손꼽히는 대회에서 큰 상을 받기도 했다. 그러다가 남의 집 차고와 반지하를 거쳐가며 화실을 운영하기도 했는데, 화실은 우리만의 아지트가 되어주었다. 어머니는 비로소 잃어버린 세월이랄 것을 조금 고쳐가며 자신을 찾고 있었다. 그런 모습은 아마도 우리에게 큰 자부심이 되었던 것 같다. 어디 가서 엄마가 화가라고 말하는 일이 자랑스러웠고, 어머니가 세상에서 인정받는 존재라는 사실은 우리가 무언가를 꿈꾸고, 그런 꿈을 추구하는 데 적지 않은 귀감이 되었을 것이다. 어머니의 영향으로 나는 한때 예술학교에 입학하겠다는 꿈을 꾸기도 했다.

이후에도 어머니는 철학 공부를 하거나 동물보호 활동에 적극적으로 뛰어들어 수많은 유기견들을 구조하곤 했다. 나에게 어머니란 그렇게 끊임없이 무언가를 추구해야만 하는 존재였다. 몸 안에 끓어넘치는 재능이 있었고, 그것을 삶에서 어떤 식으로든 실현시키고자 했다. 아마 그것은 어머니만의 특성은 아닐 것이다. 어쩌면 모든 사람들의 마음이 응당 지향하는 방식일지도 모르고, 적어도 이 세상 절반쯤의 사람이 살아야만 하는 방향일지도 모른다. 그러나 많은 여성들은 단지 여성으로 태어나 사랑하는 사람을 만나고 아이를 가졌다는 이유로 그 '자연스러운 추구'로부터 박탈당하는 일을 당연히 겪어야 했다.

때로는 일과 육아의 양립을 훌륭히 이루어낸 워킹맘들이 존경의 대상이 되기도 한다. 그런데 그런 풍경 이면에는 자기 자신을 잃지 않으면서, 자기가 쌓아온 것들을 지켜내면서, 동시에 아이와 가정이라는 새로운 부담을 짊어지는 이중의 수고가 당연시되어 있다. 하지만 나 또한 사회생활을 하고 결혼을 하고 아이와 함께 살면서 느끼는 것은 일의 영역이든 가정의 영역이든 필사적으로 하지 않으면 안 된다는 것이다. 이것도 저것도 적당히 하면서 다 잘할 수 있는 경우란 전무하다고 봐도 무방하다. 자기 자신을 잃지 않고 이어가는 일도, 이 세상에 탄생한 새로운 존재를 책임지는 일도 삶의 모든 에너지를 쏟아야 할 만큼 절박하고 어려운 일이다.

결국 한 개인이 아무리 대단하다고 할지라도 삶에서 그 모든 것을 훌륭하게 해내기란 무척 어렵다. 둘 중 하나도 쉽지 않을 것이다. 그렇다면 결국 우리에게 자연스러운 것은 예정된 박탈보다는 그 모든 것들을 덜 수고스럽게 짊어질 수 있는 방법이지 않을까? 그렇지 않은 사회와 문화란 어딘지 잘못된 게 아닐까? 어느 하나를 당연히 포기해야만 하거나 억지스럽게 모든 것을 어떻게든 짊어져야만 하도록 사회가 구조화되어 있다면, 그 사회란 문제가 있는 게 아닐까?

여성에 관해 덜 말해질 때란 결코 오지 않았다

얼마 전, 또래의 여자 친구들이 하는 이야기를 옆에서 가만히 들은 적이 있다. 그중 한 명은 대기업을 다녔고, 다른 한 명은 대학원에서 학위 과정을 밟고 있었다. 연구자인 친구는 자신은 결코 아이를 낳지 않을 거라면서, 주변의 선배들을 보면서 깨달은 것은 여성 연구자에게 출산은 곧 학계에서의 퇴출과 다름없다는 것이었다. 결혼하고 아이를 가진 선배들은 대부분 사라졌고, 자신은 그렇게 되고 싶지 않다는 것이었다. 대기업을 다녔던 친구는 이제 전문대학원을 다니고 있는데, 그에 공감하며 그래서 자신도 기업을 나온 것이라 이야기했다.

30대에 접어들고 주변에 부부들이 많아지면서 당연한 통념처럼 떠도는 말이 있다. 남성은 몰라도 여성은 반드시 공직과 관련된 직업을 얻거나 적어도 전문 자격증이 있어야 한다는 말이다. 이런 이야기는 요즘 세대 사이에서는 일종의 차별적이고 혐오적인 말로 규정되어 자제하는 분위기가 강하다. 나 또한 20대의 어느 시점부터는 그렇게 믿었고, 여전히 그렇게 생각하고 있기도 하다. 그런데 주변 사람들이 달라진 것도 아닌데 어느 나이대를 넘어서부터는 그런 말이 당연하다는 듯이 들려오곤 한다. 더군다나 그런 이야기를 하는 사람들은 대부분 여성들이다.

그 이유는 실제로 삶을 살아가면서 여성들이 뼈저리게 느끼는 현실이라는 것이 점점 전면화되면서가 아닐까 싶다. 사랑하는 사람을 만나고 아이를 낳고 함께 살아가고 싶은 욕망은 여전히 많은 사람들에게 존재한다. 그러나 그런 사람들, 특히 여성들이 그로 인해 자기 자신의 정체성이나 커리어, 사회적인 지위 같은 것을 기꺼이 포기해도 좋다고 생각하는 건 아니다. 출산이나 양육은 어디까지나 별개의 욕망으로 존재하는 것이라 봐야 할 것이다. 그럼에도 현실은 아이가 삶에 들어오기 시작하면 양자 중 하나를 포기할 수밖에 없는 상황에 내몰린다.

무엇이든 하고 싶은 일을 할 것이다, 원하는 꿈을 좇을 것이다, 나의 삶과 꿈 사이에서 집요하게 조화로운 지점을 찾으리라 믿었던 많은 이들이 결혼과 출산 이후에는 공직이나 전문직이 최고라고 자조 섞인 이야기를 하게 된다. 당연히 그 말이 옳기 때문은 아니다. 오히려 아직 현실은 바뀐 것이 거의 없기 때문이라고 말해야 할 것이다. 흔히 세상에 성평등의 바람이 불고 있고, 그에 따른 역차별 문제가 제기될 지경이라고 하지만, 어쩌면 그 모든 것은 관념의 영역에 불과할지도 모른다. 실제로 아이를 둘러싼 경력단절, 정체성 상실, 삶의 포기와 강요는 흔한 일이고 일반적인 일이다.

사회는 겉보기에는 그 나름의 합리적인 체계를 갖추고 돌아가는 것처럼 보인다. 대부분의 남성들이 바깥일을 하면서 사회의 요직을 차지하고, 또 그만큼 사회 속에서 고생을 하고, 가장으로서 가정경제를 책임지는 일은 여전히 일반적이다. 반대로 주로 여성들이 평일 아침부터 아이들을 데리고 문화센터에 다니고, 유모차를 끌고 공원과 마트에 나서며, 대디카페가 아닌 맘카페만 넘쳐나는 것도 당연하게 받아들여진다. 그런 일들은 사회구조적으로, 문화적으로, 관습적으로 워낙 공고해서 우리에게 부자연스럽지 않다.

그런데 이런 현실은 우리가 배운 언어나 담론과는 정확히 불일치하고 분열되어 있다. 한동안 서점가는 온통 페미니즘 서적으로 가득 찼고, 거리로 나선 여성들의 힘이 거세게 몰아쳤으며, 남자들이 말 한마디 하기도 쉽지 않은 시절이 되었다며 혀를 차는 것이 마치 사회의 일반적인 모습이 된 듯도 했지만, 정작 실제 삶은 그렇지 않았던 것이다. 사회의 온갖 영역들이 긴밀하게 얽혀 있는 '현실'이라는 것은 그렇게 쉽게 바뀌지 않았다.

어머니는 자주 젊은 시절 교사 자격증을 취득하지 않은 것이 삶의 가장 큰 후회 가운데 하나라고 말하곤 한다. 당시에 자격증을 따는 건 어려운 일이 아니었는데, 교사 자격증만 있었더라도 삶이 달랐을 것이라며 자주 후회했다. 어째서 수십 년간 같은 이야기가 여전히 반복되고 있는가? 오히려 더 당연한 진리인 것처럼, 더 절실한 진실인 것처럼 말해지고 있을까?

나 자신도 남성이지만, 나는 남성의 삶에 어려움이 없다고 생각하진 않는다. 분명 남성들에게는 또 남성이기에 겪는 무수한 어려움이 있다. 혹은 남성이든 여성이든 상관없이 이 사회에서 요구받는 온갖 힘겨움이 있다. 결코 그런 측면들이 덜 중요하다고 생각하는 건 아니다. 그럼에도 단지 어느 성별로 태어났는지에 따라 인생의 가장 중요한 선택을 제한당하고 포기를 강요당하며 존재를 억눌려야 한다면, 그것처럼 명백한 문제도 드물 것이다. 그리고 그 문제는 나로서는 어머니와 아내, 여동생, 그 밖의 가장 가까운 사람들의 피부에 닿는 문제이고, 쉽게 이겨내거나 무시할 수 있는 문제는 아닌 것이다.

그렇기에 성으로 인한 차별이나 혐오에 관한 문제가 덜 말해질 때란 결코 오지 않았다고 말하고 싶다. 여기에서 이야기한 것조차 극히 일부에 불과할 것이다. 어머니의 30대를 생각하면, 그리고 어머니가 지금 내 곁에 친구로 있다고 상상해보면, 어쩌면 두 삶은 크게 다르지 않을지도 모른다. 2020년의 그녀 역시 꿈꾸던 많은 것들을 뒤로한 채 아이 둘을 낳아 키우느라 한 시절의 모든 에너지를 쓰고, 겨우 자신을 찾고자 그림을 그리거나, 드럼을 배우거나, 사회에서 자신의 역할을 찾아 힘든 한 걸음을 다시 내딛을지도 모른다.

가부장이
불가능해진 시대의
한국, 청년, 남성

청년세대 남성의 문제는 결국 양질의 직장이 너무 적다는 것, 안정적인 주거생활로의 진입이 불가능하다는 데 있다. 이 문제는 남성들에게 단순히 '먹고사는' 차원을 넘어서는 측면이 있다. 대한민국에서 남성에게 안정적인 돈벌이 즉 '능력'과, 안정적인 주거환경 즉 '집'은 존재의 뿌리, 정체성의 근본과 관련된 문제이기 때문이다. 남성에게 이것은 다른 어떠한 실존적인 문제보다 존재의 핵심과 관련된 문제다. 이것이 해결되느냐 해결되지 못하느냐에 따라 그는 실패한 인생이나 괜찮은 삶, 절망이나 평화, 박탈감이나 행복의 기로에 서게 된다. 다른 어떠한 문제보다도 이 문제에 의해 한국 남성으로서의 핵심이 결정된다.

그것이 남성들이 정말로 원한 것인지 아닌지는 모른다. 다만 어릴 때부터 지속적으로 부여되어온 가부장적 주체로서의 강박이 존재하는 건 분명하다. '남자는 능력'이라는 말은 완전한 허상이 아니라 실제로 이 사회에서 통용되는, 남자에게 요구되는 통상적인 자격이고, 이런 이야기는 초등학생 때부터 듣게 되는 것이다. 또한 여전히 가장 능력 있는 남성들이 연애를 하고 결혼을 하는 방식을 보면, 고급 외제차에 비싼 아파트나 역세권 오피스텔 같은 것이 그가 원하는 이성, 사랑, 행복을 얻는 데 유리하게 작용하는 것처럼 보인다. 남성들이 가장 선망하는 건 부와 명예, 인기, 그리고 매력적인 여성을 쟁취한 남성이다.

문제는 간극이 너무 벌어졌다는 데 있다. 극소수의 남성들만이 그러한 위치에 올라 '쟁취하는 자'에 속하게 되었다. 그리고 그렇게 모든 걸 쟁취하지는 못하더라도, 적어도 안정적인 수입과 주거환경을 바탕으로 자기가 원하는 삶을 어느 정도 선에서 얻어낼 수 있는 남성조차 너무 적어졌다. 대부분의 청년은 어느 정도 선에서 얻기는커녕 자신이 바라보는 삶을 통째로 포기해야 하는 입장에 놓여 있다. 혼밥과 혼술을 즐기며, 집에서 유튜브나 보고, 인터넷 커뮤니티에서 인간관계를 맺으며, 미드나 게임에 빠져 지내는 게 행복이고 소확행이라 한다지만, 그런 삶은 대부분 사람들에게 어디까지나 차선일 뿐 최고가 아니라는 건 누구나 알고 있다.

특히 이런 상황이 문제되는 이유는 가부장적인 문

화 아래 자라난 청년 남성에게 존재의 핵심, 정체성의 근본이란 그러한 '쟁취하는 자'가 되는 것이고 나아가 '책임지는 자'가 되는 것이라는 점이다. 가장 혹은 아버지가 될 것, 아니면 쿨하게 그것을 버리더라도 셀럽이나 스타와 같은 자유롭고도 '승리한 자'가 될 것. 그것은 남성들에게 지상명령과도 같았다. 모든 소년만화의 주인공들, 또 사회에서 말하는 꿈을 추구하는 삶, 멋진 남자가 된다는 것, 그 모든 것은 확실히 '승리'라는 관점을 내포하고 있고, 여기에서 탈락한다는 것은 패배자가 된다는 걸 의미한다. 특히 그것은 남성들 사이의 은근한 수직적 서열에서 하층에 속하게 된다는 걸 의미한다.

　　　나 역시 청년 시절 내내 그러한 관점에서 벗어나기 힘들었다. 지금도 여전히 그러한 관점 안에 나의 존재가 붙잡혀 있다고 느낄 때가 있다. 남들보다 능력 있어야 하고 승리해야 한다. 그래야 나는 아내에게도, 나 자신에게도, 어머니와 아버지에게도 아름답고 멋진 남자일 수 있다. 이것은 단순히 혼자만 느끼는 압박이라기보다는 부모님의 기대와 내가 사랑하는 연인이나 가족을 지키고 싶다는 마음 같은 '선한 의지'에서 비롯되는 측면마저 있다. 그 밖에도 나를 둘러싼 사회 전체, 사람들 전체가 나를 사회적인 능력이라는 측면에서 규정한다고 느낄 때가 있다. 이 총체적인 압박이 '능력남'이 되어야 한다는 강박으로 수렴된다. 그러나 그 욕망의 실현은 대다수에게 원천적으로 불가능해졌고, 그것이 이 세대 청년의 절망, 우울, 증오, 분노의 근본을 이룬다.

여성에게 집중하는 정책, 이를테면 남성의 비율이 지나치게 높은 영역에 대해 여성에게 어느 정도 할당을 주고, 여성전용주택을 일부 건설하는 것 등이 청년 남성들의 삶에 실질적으로 엄청난 해가 될 리는 없다. 문제는 현재 청년 남성들에게 주어진 권력 혹은 부라고 할 만한 것이 너무 적고, 그것을 쟁취하기 위한 남성들 간의 피 터지는 싸움이 무척 치열하기 때문에 아주 작은 파이조차 여성에게 건네는 데 과민반응하는 것이다. 가령 경제적으로 상위 20퍼센트에 속하는 것이 남성들의 일차적인 목표라면, 80퍼센트는 실패자에 가까운 존재가 된다. 그러니 그중 2퍼센트만 여성에게 나눠주는 일에도 극도로 예민하게 반응하는 것이다. 기존 사회의 부와 권력은 실질적으로 대부분 남성이 가지고 있다 하더라도 그 모든 건 기성세대의 이야기일 뿐이니, 청년들끼리는 성별이라는 맥락을 '백지화'한 채 '공정하자'는 것이다.

그런데 이런 주장의 문제점은 사회나 문화를 백지화하는 게 불가능하다는 데 있다. 아무리 청년들이 자기들끼리의 백지화된 공정성을 주장한다 하더라도 그것은 불가능하다. 취업전선에 있어본 사람들은 알겠지만 일단 남성은 대부분의 직종에서 여성보다 유리하다. 왜냐하면 기존의 회사나 사회 내 권력을 가진 남성 권력자들이 대체로 남성들과 일하는 걸 선호하고, 남성을 많이 채용하는 경향이 확연하기 때문이다. 더군다나 남성들은 가부장적 문화구조 안에서 출산이나 육아의 문제에서 상당히 벗어난 존재로 취급되기 때문에 더 지속적으로 단절 없이 회사에 충성할 존재라고 기대된다. 나아가 군복무 시기를 감안하더라도, 남성은 취업시 나이나 외모에서도 훨씬 관대한 요구를 받는다. 반면 여성이 유리한 직종은 남자가 군대를 가는 시기 동안 상대적으로 더 많은 시간을 써서 공부할 수 있는 공직 같은 영역으로 제한되어 있다. 공무원이 아무리 이 시대 최고의 직업으로 선호된다지만 전체 직업에서 차지하는 비중은 그리 크지 않다.

문제는 복잡하다. 결코 단순하게 백지화해서 공정을 말할 정도로 단순하지 않다. 우리 사회에 존재하는 총체적인 문화가 모든 이들의 인생, 각자의 정체성 전체에 영향을 미친다. 남성들에게 가장 중요한 건 '직업'과 '주거'일 테지만, 여성들에게는 사회적 시계가 훨씬 잔인하게 흐른다. 남성들은 나이 마흔에라도 사법고시에 합격하거나 의사가 되면 모든 걸 얻을 수 있다고 여겨지지만, 여성이 마흔에 그러한 직업적 성취를 얻는다는 건 의미가 다르다. 남성이라면 집안의 자랑이고, 훌륭한 아들이고, 끈질기게 꿈을 이룬 능력남이고, 원하는 아내를 쟁취하기에 늦지 않은 입장이 되지만, 여성은 그렇지 않다. 오히려 대부분의 어머니와 아버지는 딸에게 그런 걸 바라지 않는다. 왜 그런가? 그것은 이 사회가 뼛속까지 가부장적인 사회이기 때문이다.

　　　나는 이 사회 누구의 입장도 쉽지 않다고 생각한다. 물론 혐오와 같은 극단적 증오, 폭력을 이해한다는 건 아니다. 아무리 각자가 안타까운 입장에 놓여 있다 하더라도 그런 식의 언행은 합리화되지 않는다. 하지만 그보다 큰 문제는 갈수록 이러한 각자의 어려움이 서로의 어려움으로 이해되는 게 아니라 집단적인 갈등과 대립, 서로에 대한 공격과 상대를 박멸하려는 의지, 전투로 나아간다는 점이다. 절벽으로 내몰린 상태에서 절벽으로 내몬 원인과 싸우는 것이 아니라 함께 절벽 위에 있는 상대가 먼저 떨어져야 한다고 싸우는 것이다. 그리고 그러한 공격과 주장은 언제나 자신에게 유리한 방식으로 기묘한 합리화와 자기기만의 탈을 쓴다.

　　　최근 청년 남성의 분노는 '공정'하지 못한 데서 비롯된 것이라는 주장이 큰 호응을 얻고 있다. 젊은 남성들이 화가 나는 이유는 '남성과 여성의 경쟁'이 공정하지 않기 때문이라는 것이다. 그런데 그것은 문제의 근본이 아니다. 오히려 가장 근본적인 뿌리는 가부장적인 문화구조다. 그 속에서 형성되고 강요받는 정체성이다.

　　　더 이상 가부장이 되는 게 불가능해진 시대다. 대

부분의 남성은 과거와 같은 아버지가 될 수 없다. 그러나 소수에게는 그것이 가능하고, 그 소수가 여전히 이 사회의 주된 가치관을 움켜쥐고 있다. 그 가치관은 왕족이자 금수저의 것이지 시민의 것이 아니다. 이 사회의 시민들은 남성이건 여성이건 불가능한 삶, 삶이 아닌 삶, 부서지고 엉망이 된 삶을 마주하고 있을 뿐이다. 하나의 답이 있다면, 그것은 가부장제 전체, 가부장제가 만들어놓은 가치관, 개인들의 정체성, 사회구조, 권력 지형, 자본의 지도 자체와 싸우는 일이 될 것이다. 진정한 '백지화된 공정성'은 거기에서부터만 출발할 수 있는 것이다.

　　나는 혐오와 매도 그리고 몰이해와 싸워야 한다고 생각한다. 나아가 끊임없이 이해해야 한다고 생각한다. 사람은 누구나 이해할 수 있지만, 이해하기 싫어서 이해하지 않을 뿐이다. 그러나 우리 사회가 어떤 잘못의 대가를 치른다면, 그것은 이해하지 않은 일의 대가가 될 것이다. 이해하지 않은 일, 손쉽게 증오한 일, 속 편하게 이해를 포기하고 혐오를 택한 일에 대한 결과는 그리 우습거나 만만하지 않을 것이다. 그것은 우리 사회와 삶을 적당한 선에서 흔들어놓는 수준은 아닐 것이다.

이것은
'인간'에 관한 문제다
: 미투운동에 관하여 1

서지현 검사와 최영미 시인의 폭로로 시작된 '미투(#metoo)운동'은 법조계, 문화예술계를 넘어 종교계, 학계 등 사회 전반으로 확산되었다. 오랫동안 우리 사회 곳곳에 스며들어 당연시되던 범죄들이 그제야 수면 위로 나왔던 것이다. 이는 마치 독재정권 시절 검경과 중앙정보부·국가안전기획부(현 국가정보원)를 비롯한 온갖 국가권력에 의해 자행되던 무차별적인 폭력과 살해가 민주화 이후에야 고발되었던 기억을 되살린다. 그렇게 보면 이른바 '수직적 권력'이 낳은 폭력의 문제가 이제야 조금씩 민주화를 맞이하고 있는 셈이다.

미투운동은 단순한 성폭력 고발 운동이 아니다. 오히려 이 운동은 근래 일어난 사회 움직임 중에 우리 사회의 가장 본질적인 문제를 겨냥하고 있다. 나아가 실천적으로도 이보다 더 중요했던 현상은 드물다. 촛불을 든 시민, 참사 현장에 나선 사람들, 혐오에 대한 저항 등은 다소 제한적이고 특정한 정치적 추구를 담고 있었다. 그러나 미투운동은 다르다. 이 운동은 우리 사회의 가장 고질적이고도 악질적인 병리현상인 '수직적 권력구조의 문제'를 정면으로, 그러면서도 가장 절박하고 진실하게 마주하고 있다. 이는 단 한 번도 제대로 청산된 적 없는 적폐이자, 진영이나 분야를 가릴 것 없이 공기나 세균처럼 우리 사회 전체에 스며들어 있던 일상 그 자체의 문제다.

　　가해자들은 이 수직적 권력의 문제가 만연한 사회상을 마치 '문화'나 '관습'인 양 이야기하곤 한다. 하지만 엄밀히 보면 이를 문화나 관습이라 말하는 건 심각한 착각이자 왜곡이 아닐 수 없다. 한 줌의 권력을 가졌다는 이유로 한 인간이 다른 사람의 입장을 상상하고 공감하며 생각할 최소한의 능력조차 상실할 수 있는 '문화'가 어떻게 가능한가? 차라리 그것은 야만이고, 비인간이자 비문명이며, 인간이 되기를 포기한 자들이 만든 지옥이다.

　　이 가부장적 수직 권력구조야말로 우리 사회의 가장 오래된 적폐이자 핵심적인 문제였다. 이 구조 안에서는 모든 이들이 '인간'의 지위를 잃는다. 구조의 상부에 위치한 인간은 스스로 인간이길 포기하면서 타인의 인격뿐 아니라 타인의 삶 자체를 말살하는 괴물이 되기를 자처한다. 인격의 핵심 중 하나인 성적 자기결정권을 무차별적으로 유린하고, '갑질'

로 대변되는 각종 폭력과 착취로 인권 말살에 동참한다. 구조의 하부에 위치한 인간은 권리를 박탈당한 비인간이 된다. 이 구조의 상부를 차지하는 대부분 남성의 폭력이 우리 사회를 만드는 데 가장 큰 '공'을 세웠음은 자명하다. 특히 이 구조 안에서 여성들은 거의 집단적으로, 어디에서나 인간의 권리를 말살당하는 위치에 있었던 것 같다. 이는 단순히 가해자와 방조자가 만들어낸 '안타까운 사연'이 아니다. 언제 어디에서나 괴물들이 어슬렁거리며 인격을 말살하는 심각한 야만의 현장이었다.

미투운동을 보는 관점은 사람마다 다르겠지만 이 문제는 실상 남녀의 대립적 차원을 벗어나 있다. 차라리 이것은 인간에 관한 문제다. 어떻게 인간이 인간이기를 포기해왔고 전혀 인간이 아니었는지, 그래서 어떻게 앞으로 인간들이 사는 세상을 만들어낼 것인지에 관한 문제다. 이 운동이 단순히 몇몇 가해자를 지목하고 끝날 문제가 아닌 이유다. 절박한 용기로 나선 고백자들을 이어받아 우리 사회 전체를 바꿀 수 있는 계기로 삼아야 한다. 그래서 우리도 인간이 되어야만 한다.

갈라파고스
섬에서의 투쟁
: 미투운동에 관하여 2

미투운동이나 그에 준하는 폭로들이 중요한 이유는 한국 사회 각 영역의 구조적 폐쇄성과 맞설 수 있는 거의 유일한 방식이기 때문이다. 우리 사회에는 오랫동안 각 영역으로 분화된 폐쇄적 세계들이 그 자체로 하나의 왕국을 형성하며 수직적으로 위계 지어져 있었다. 각각의 영역은 그 철저한 내부성으로 인해, 갈라파고스 섬(이는 홍태림 평론가가 '미술계의 폐쇄성'을 지적할 때 썼던 표현이다) 같은 고립적이고 폭력적인 문화를 재생산하고 있었다.

수많은 아이들, 또 청년들이 그 각각의 영역으로 진입하는 것은 각자의 소질이나 꿈, 오랫동안의 갈망과 동경 때문이지만, 일단 그 '영역'에 진입하고 나면 누구나 폭력을 들이마시고 살아야 했다. 그 이유는 그 영역들에서 '인정'과 '경력' 혹은 '성취'를 부여하는 이들이 모두 수직적인 피라미

드의 상층부에 자리한 이들이기 때문이다. 또한 그들끼리 끈끈한 연대를 구축하고 서로를 비호하며 공범성을 공유하기에 그들에게 복종하는 것만이 그 영역 안에서 살아갈 수 있는 유일한 방법이었다. 그래서 그것이 성적인 폭력이든 정신적 폭력이든 그 밖의 신체적 폭력이든, 그 세계에 속한 이들은 그 세계, 직업, 꿈 등을 '완전히' 포기하지 않는 한 그로부터 벗어날 방법이 없었다.

때때로 어떤 종류의 비리, 부당함 혹은 폭행에 대한 폭로들이 있었다. 그런데 그런 류의 폭로들은 사실 큰 영향력 없이 사라지곤 했다. 왜냐하면 일단 각각의 영역에 진입하는 순간, 대부분의 이들은 폭력을 당하기도 하지만 동시에 폭력을 행사하는 공범이 되었기 때문이다. 상관에게, 상사에게, 권력자에게 당한 폭력은 나보다 조금이라도 적은 권력을 지닌 자에 대한 폭력으로 전이되었다. 그래서 일단 그 폐쇄적인 갈라파고스에 진입하고 나면 자신의 존재까지 박살내지 않는 한 그 구조에 온전히 저항하기 힘들었다.

하지만 미투운동 혹은 성폭력에 대한 폭로는 다소 층위가 다르다. 성적인 폭력을 당하는 이들은 대부분이 여성이고, 이들이 다시 성폭력을 재생산하는 경우는 드물기 때문이다. 많은 경우 성폭력은 집단 내 권력자인 남성이 수직적으로 아래에 있는 여성에게 가하는데, 이러한 구조는 그 여성에 의해 재생산되지는 않는다. 다시 말해 그녀는 주로 온전한 피해자로 남고, 이것이 이 운동에 결정적인 당위성을 부여한다. 그래서 성폭력은 개별 피해자들의 입장에서도 절망적이고 끔찍한 문제지만, 동시에 이 사회의 오랜 악질적 구조를 드러내는 데도 가장 중요하고 주목해야 하는 문제가 된다.

나는 다른 영역에 관해서는 잘 모르지만 내가 직간접적인 당사자로 참여해온 문화예술계라 불릴 만한 영역에 대해서는 어느 정도 알고 있다. 이 폐쇄적인 영역에서는 오로지 '인정'이 '권력'에 의해 부여되며, 그러한 인정을 얻어먹고 살기 위해서 권력에 복종하는 건 너무도 당연했다. 적어도 자기가 속한 영역에서 성추행, 성폭력, 그 밖의 폭력적이고 수직적인 문화들이 얼마나 공고히 자리 잡고 있는지 모르는 사람은 없을 것이다. 이것은 결코 특정 영역의 문제가 아니며 우리 사회의 거의 전 영역에 해당하는 문제다.

이 사회를 지배하는 수직적 권력구조와 싸우는 것, 이것은 이 사회에서 인간이 어떻게 인간으로 살아갈 것인가에 대한 피할 수도 없고 외면해서도 안 되는 가장 핵심적인 문제다. 그렇기에 이것을 남녀의 대립 문제로 파악하여 여성들이 남성들에게 해를 입히는 형태라고 받아들이는 것은 한참이나 잘못된 것이다. 오히려 이는 그동안 공고히 구축되어온 악질적이고 폭력적이며 폐쇄적인 구조와 싸우는 일이고, 적어도 그러한 폭력의 당사자로 마음껏 권리를 누리고 있는 가해자들이 아닌 한 우리 모두의 존재와 밀접히 관련된 문제임을 이해할 필요가 있다.

미투운동은 결코 몇몇 여성의 안타까운 사연으로 끝날 문제가 아니다. 몇몇 공개된 가해자들에게 돌을 던지고 끝날 문제도 아니다. 이것은 우리 사회의 진정하고도 가장 오래된 적폐와 싸우는 문제다. 이것은 여성만의 싸움도 아니고 문화예술계나 체육계만의 싸움도 아니다. 적당한 이슈로, 자극적인 소비로, 한 시대의 유행으로 끝날 문제가 아니다. 이것은 우리가 가장 본질적으로 싸워야 할 이 세상 전체의 문제이고, 끝내는 반드시 이겨야만 하는 문제이다.

디지털 성범죄:
싸워야 할 것은
일상에 스며 있다

디지털 성범죄 문제에서 주목해야 할 점은 그런 범죄를 저지르는 게 대부분 남성이라는 점이다. 범죄의 형태 자체가 무척 간단하고, 남성적인 완력이 필요한 범죄가 아님에도 이 범죄를 저지르는 이들의 절대다수는 남성이다. 그렇기에 단순히 그 이유를 남성과 여성의 신체적 차이, 힘의 차등, 현실적인 위협으로는 설명할 수가 없다. 그보다는 이 시대를 지배하는 문화, 정신구조, 시대정신이랄 것이 남성에게 그러한 범죄를 '가능'하게 하고, 나아가 '요구'하고 있다고 볼 수밖에 없다.

여성은 남성에게 정복의 대상이다. 적지 않은 남성들이 여성과 성관계 맺는 일을 일종의 전리품 탈취, 트로피 수상, 게임에서의 승리나 사냥에서의 성공으로 여긴다. 많은 여성과 잠자리를 해본 남성, 특히 하룻밤 관계를 여러 차례 경험해본 남자는 그 자체로 부러움의 대상으로서 우월한 지위를 획득한다. 물론 반대로 많은 남성이 윤리의식을 가지고 그런 남성들을 비난하고 인간적인 관계를 맺으려 노력한다. 그럼에도 여성에 대한 이른바 혐오 문화는 은밀하게 공유되고 있고, 이는 결코 적지 않은 영역을 문화적으로 형성하고 있다.

폐지되기 전까지 소라넷이나 일베('일간베스트' 사이트)의 특정 게시판에는 여자친구의 몸매를 찍어 자랑하는 문화가 팽배했다. 물론 그런 건 약과였고, 각종 불법 촬영한 사진과 동영상이 올라왔으며, 나아가 범죄에 대한 자랑이나 강간모의까지 이루어졌다. 한때 차단 방식의 문제로 논란이 된 몇몇 해외사이트에도 마찬가지로 그런 영상들이 부지기수로 올라왔다. 웹하드는 국내 사업자인 터라 정부가 규제에 나서자 국내 불법 영상물들을 대부분 삭제했지만, 해외에는 그런 사이트들이 고스란히 남아 있고, 남성들 사이에서는 그런 사이트와 접근방법 등이 공유되며 불법 촬영물을 즐기는 일이 암암리에 이루어지고 있다.

연예인들이 서로 사적인 동영상을 공유해서 논란이 된 사건에서도 포털사이트의 실시간 검색어에는 해당 연예인이 찍은 동영상이 1순위로 올라왔다. 또한 몇몇 커뮤니티에서는 피해자인 연예인이 누구인지를 묻는 질문들이 수시로 올라오고, 쪽지나 이메일을 통해 그의 이름을 알려달라는 요구가 댓글로 줄을 지어 달리기도 했다. 이른바 '증권가 지라시'에는 피해 연예인이 누구인지가 떠돌고 있다고 하며, 여전히 흥미를 가진 채 그런 정보를 입수하기 위해 돌아다니는 이들이 적지 않다. 남성들 사이에도 이에 대한 자성이 나오고 그런 식의 문화를 근절해야 한다는 목소리가 있지만, 실제로 남성 집단 내에서, 남성들 무리 사이에서 얼마나 적극적으로 형성되고 있는지는 의문이다.

한때 대학가의 카카오톡 단체채팅방들이 문제된 적이 있다. 남학생들이 모인 단톡방에서 여성을 품평하고, 동기나 후배에 대해 성희롱적인 발언을 재미삼아 공유하고, 나아가 자신이 '원나잇'한 상대의 사진을 보여주는 일들이 문제가 되었다. 이는 여성들에게는 충격적이었을지 모르나 남성들의 문화를 조금만 알고 있어도 그렇게까지 경악할 만한 일은 아니었다. 이미 청소년기 때부터 또래 문화 안에서, 온라인을 통해서 그런 문화를 경험하지 않은 남자란 거의 없다고 봐도 무방하기 때문이다. 이에 대해 문제의식을 가지고 그러한 문화로부터 완전히 거리를 두고 스스로의 인격을 만들어가려면 남성 개인에게도 엄청난 부담이 따른다. 그에게는 종종 '혼자서만 도도하게 구는 새끼', '고상하고 깨끗한 척하는 놈', '기생오라비'나 '샌님' 같은 꼬리표가 따라붙기 때문이다.

그것은 결코 일부 악마들의 문제가 아니다. 그런

인간을 총체적으로 용인하는 문화가 암암리에, 은밀하게, 무의식적으로 우리 사회를 지배해왔다. 그리고 이런 문화와는 아무리 더 싸우더라도 부족하지 않다. 그것이 마치 남성 전체를 잠재적 범죄자로 몰아가고 매도하는 극단적인 일로 여겨질 여지가 있다 하더라도, 이 현실적이고 실재하는 싸움의 중요성에 비하면 부차적인 기분의 문제일 뿐이다. 성별에 따른 경제적 차별이나 노동조건의 차이 같은 문제에는 따져볼 만한 복합적인 요소가 있지만, 명백하게 존재하는 여성혐오적인 문화는 싸워야 할 대상임이 자명하다. 사회적으로 드러나 이슈가 되는 것들은 극히 일부에 불과하다. 싸워야 할 문화는 우리가 숨 쉬는 일상 전체에 항상 스며들어 있다. 내가 숨 쉬는 공기, 내가 들이마시는 이 차별적이고 혐오적인 문화와 끝없이 싸워야 한다.

이 '가벼운'
범죄로

디지털 성범죄와 관련하여 불법 영상이 유포된 피해자의 46퍼센트는 자살을 생각한다. 그중 절반가량은 구체적인 자살 계획을 세웠고, 20퍼센트가량은 실제로 자살을 시도한다. 불법 촬영 및 촬영물의 비동의 유포, 유포 협박, 사진 합성, 디지털 그루밍, 몸캠 등 디지털 성범죄는 최근 10년간 수십 배 증가했다. 시정 대상 기준으로만 지난 5년간 5만 건이 심의됐다. 디지털 성범죄는 학교로도 퍼지고 있어서, 지난해부터 교내 디지털 성범죄 적발 건수만 800여 건에 달한다.

불법으로 누군가를 촬영하거나, 혹은 동의를 했든 안 했든 사적인 영상을 촬영 후 유포하겠다고 협박하거나 유포하는 일은 실제로 누군가를 높은 확률로 살해하는 일이다. 누군가와 싸움을 하고 상해를 입었다고 스스로 목숨을 끊는 경우는 흔치 않다. 그러나 성범죄의 대상이 된 이들은 스스로 세상으로부터 버려졌다고 느끼고, 아무 잘못 없이 죄의식에 시달리다가 스스로 목숨을 끊는다. 더군다나 디지털 성범죄는 그 범죄 방법의 손쉬움 때문에 폭발적으로 증가하고 있고, 실제로 사람의 목숨을 위협하고 있음에도 양형기준은 여전히 무척 낮은 편이다.

얼마 전 불법 촬영의 피해자인 30대 예비신부가 스스로 목숨을 끊는 일이 있었다. 여자 탈의실에 카메라를 설치한 건 학교 선배이자 직장동료인 남성이었다. 그는 불법 촬영이라는 '단순한 범죄'로 경찰에서 곧 풀려났고, 머지않아 그녀는 그를 마주치게 된다. 그녀는 혹시 또 그를 마주치지 않을지, 자신의 영상이 유포되어 전 세계를 떠돌아다니고 있지 않을지, 성범죄 피해자라는 낙인으로 업계에서 재취업도 힘들지 않을지 걱정하다가 결국 스스로의 삶을 비관하여 목숨을 끊었다. 성범죄 피해자에게 세상은 더 이상 자유롭게 꿈을 펼치고 거닐 수 있는 따뜻한 공간이 아니다. 세상 모든 곳에 언제든지 범죄자가 출현할 수 있고, 자기를 위협할 수 있고, 나아가 온 세상 전체가 자신을 낙인찍고 구경하고 조롱하며 낄낄대는 지옥으로 변한다.

성폭력특례법은 불법 촬영에 대해 최대 5년까지 징역을 선고할 수 있도록 규정하고 있고 유사 범죄들을 엄격하게 처벌할 수 있는 가능성을 열어두었지만, 실제로 이 사건에서도 그가 받은 형량은 징역 10개월에 불과했다. 대부분은 집행유예가 되어 징역살이조차 하지 않은 게 일반적이다. 특례법까지 만들어 가중처벌하도록 했지만, 법원에서는 그와 무관하게 이것을 다소 '가벼운 범죄'로 여기고 있음을 의미한다. 물리적인 폭력이 가해지는 강간이나 상해에 비해 그저 카메라 셔터를 눌렀을 뿐이므로 그 피해 정도가 비교적 경미하다고 보기 때문일 것이다. 그러나 카메라 셔터를 누르고 손가락을 움직여 영상을 유포하는 이런 일들을 가볍게 보는 그 인식 때문에 매년 문제는 걷잡을 수 없이 폭증하고 있다.

이 문제들이 악랄한 것은 이 사건이 번져나가는 양태가 결국 이 사회의 문화구조와 떼려야 뗄 수 없게 밀착되어 있기 때문이다. 내밀한 영상이 공개된다고 해서 스스로 목숨을 끊을 남성은 그리 많지 않다. 한때 몸캠피싱이 유행하면서 남성의 자위를 유도하여 영상을 찍고 협박하고 유포하는 범죄가 기승을 부린 적이 있었는데, 그 때문에 수치스럽긴 할지라도 자살을 시도한 이들은 그리 많지 않았다. 그 이유는 이 사회의 문화구조 자체가 남성에게는 그런 유의 정신적 압박을 확실히 덜 가하기 때문이다. 그러나 여성에게 신체와 관련한 수치스러움은 삶 전체를 무너뜨릴 정도의 압박감으로 작용하고, 실제로 이러한 일들은 사람을 죽이고 있다.

특히 연인 사이는 누가 뭐라고 하더라도 세상에서

가장 내밀한 사이이고, 함께 있는 동안 몰래 촬영을 하거나 함께 녹화하는 일 등은 무척 흔하게 일어난다. 그런데 이를 빌미로 헤어진 여자친구에게 복수를 하겠다면서 영상을 유포하거나 협박하는 일들은 흔하기 짝이 없어서, 한때는 온갖 커뮤니티와 웹하드 등에 그런 영상들이 돌아다녔으며, 지금은 국내 웹하드의 차단으로 전 세계의 해외 사이트를 돌아다니고 있다. 이는 단순히 윤리적인 문제를 한참 넘어서 있는 것이다. 이것이 실제로 누군가를 죽이겠다는 의도로 칼을 휘두르는 것 못지않게, 어쩌면 그보다 더 높은 가능성으로 사람을 죽이는 일이라는 사실을 알아야만 한다. 2019년 대한민국에서 이보다 더 절박하게 인식해야만 하는 일도 드물다. 실제로 매년, 지금도, 골방에 틀어박힌 누군가는 스스로 목숨을 끊을 생각을 하고 있다. 아무 잘못도 없이, 그저 길가를 거닐고, 탈의실에서 옷을 갈아입고, 누군가를 한때 사랑했다는 이유로 말이다.

식욕은 '채우는' 것인데,
왜 성욕은 '푸는' 것일까

　　흔히 인간의 기본적인 욕구로 식욕, 수면욕, 성욕이 꼽히곤 한다. 흥미로운 점은 우리나라에서는 그중 '성욕'에만 '풀다'라는 술어를 붙인다는 점이다. 식욕과 수면욕은 은유 자체가 '채우는 것'으로 되어 있다. 허기를 채우거나, 잠을 보충한다. 그러나 어쩐 일인지 성욕은 채우는 것이 아니라 '비우다', '풀다'라는 비유적 술어가 붙는다.

　　식욕이든 수면욕이든 성욕이든 먹고 자고 관계를 맺는 행위를 통해 해결되는 것이라는 점을 생각하면 유독 성욕에 대해서만 '풀다'라는 용례가 존재한다는 게 이상하기도 하다. 반면 영어에서만 해도 성욕에 대해 '푸는' 것과 관련된 어휘는 찾아보기 어렵고, 그보다는 성욕을 '충족시키는satisfy' 것으로 받아들이는 듯하다.

　　보통 무언가를 풀어서 없앤다, 즉 해소한다는 술어

는 스트레스라든지 과도한 압박감, 부담감 같은 것에 쓰인다. 그런데 왜 유독 이 성욕을 그와 같은 층위의 무언가로 받아들이는 걸까? 어쩌면 이런 술어 사용이 성관계 혹은 성욕 자체에 대한 우리의 태도와 관계되어 있을지도 모른다.

성욕을 푼다는 말에는 대상 자체와 깊은 관계를 맺고 합일되는 관점보다는, 성적 대상들이 일종의 성욕 해소를 위한 수단이라는 관점이 담겨 있는 건 아닐까? 우리는 먹는 것으로 식욕을 풀지 않는다. 그보다는 먹는 것 자체가 나에게 들어와 내 몸을 이루고 채워주는 것이라 느낀다. 마찬가지로 수면욕도 잠으로 풀지 않는다. 우리가 잠으로 들어가고 잠에 빠진다. 잠이 우리를 채워주는 것이라 느낀다.

그러나 성욕만큼은 어떤 대상에 '푼다'는 표현을 쓴다. 이때는 그 대상, 이를테면 상대방과 긴밀한 관계를 맺어서 그 관계 자체가 목적이 되고, 내 안에 그 관계가 들어오고, 내가 그 관계 안에 들어가는 게 아니다. 성적 관계에서 대상은 그저 나의 성욕을 풀어주기만 하면 그만인 어떤 수단이나 도구가 되는 것이다.

이는 스트레스 해소와 대단히 비슷하다. 무엇을 하든 스트레스를 푸는 게 중요하지 스트레스 해소에 필요한 행위들 자체는 일종의 수단에 불과하다. 울분이나 심적인 부담감과 압박감을 푸는 것도 비슷한 맥락이다. 그리고 많은 경우 이런 감정을 해소하는 방법은 파괴적인 것과 연결되기도 한다. 미친 듯이 마음껏 소리를 지를 것, 게임 속에서 누군가를 찔러 죽일 것, 온몸의 체력이 고갈되도록 운동할 것 등이 그런 감정을 '풀어내는' 유효한 방법으로 많이 제시된다. 그렇게 보면 성욕에 대한 술어의 용례도 성욕이 우리에게 차지하는 위상을 보여주지 않나 싶다.

그런데 성욕이 만약 '채워야' 하는 것이라면 우리는 그것을 더 조심스레 대하고 소중히 대하며 우리를 보충해주는 무엇으로 여길 것이다. 그러나 성욕은 그렇지 않다. 그것은 부수거나 파괴해 없애버려야 시원해지는 그 무엇이거나, 그런 식으로 쾌락을 주는 어떤 것으로 여겨지곤 한다. 성욕 자체가 우리를 풍요롭게 채워줄 수 있는 것이라기보다는 때로 우리에게 폭력성을 용인해주는 억압적 기제처럼 작동한다.

그리고 이런 식의 용례는 남성중심적이고 이중적인 성 문화와 맞닿아 있는 게 아닐까 싶은 생각도 든다. 사랑과 성을 별개로 만들고, 사랑에는 순정을 덧씌우면서 성은 구매하거나 풀 수 있는 별도의 대상으로 존재하는 구도 자체가 이런 용례와 연관성이 있지 않을까?

생각해보면 상대를 통해 성욕을 푼다는 표현은 어딘지 예의가 없는 말처럼 느껴지기도 한다. 그보다는 당신으로 인해 나의 성적인 욕망이 채워졌다고 말하는 것, 당신이 나

를 채워준다고 이야기하는 것이 서로에게 더 온당한 태도가
아닐까 싶다. 또 그런 태도가 오히려 성을 더 온전한 모습으로
만나게 해줄 수 있을지도 모른다.

그것은
성적 대상화가
아니다

인간은 항상 타인을 대상화한다. 누군가를 바라보며 그에 관해 생각하고 평가한다는 것은 그 자체로 시선을 통해 대상화하는 일이다. 그렇기에 나에게 모든 타자들은 대상이며 나로 인해 대상화된 존재들이다. 그런 맥락에서 무수한 사람들이 내게 분류되고 대상화되는데 그 기준 또한 다양하다. 누군가는 자기만의 외모 기준으로, 월수입 기준으로, 직업을 기준으로, 피부색을 기준으로 대상화를 한다. 그리고 그중에는 '성적 대상화'라는 것도 포함되어 있다.

많은 사람들이 이성을 바라볼 때 성적 대상화를 한다. 여기에서 '성적'이라는 의미가 다양할 수 있겠는데, 이성적으로 매력이 있다든지, 사귀어보고 싶거나 함께 살아보고 싶다든지, 아니면 그저 하룻밤을 함께 보내고 싶다든지 하는 식으로 대상화하게 된다. 그래서 어찌 보면 성적 대상화라는 것은 무척 자연스러운 일이고 인간에게 당연한 일이라고도 볼 수 있다. 그것 자체가 나쁘다고 말하긴 어려울 것이다.

　　문제는 이런 대상화에 개입되는 기준들이다. 일차적으로는 무엇을 기준으로 타인을 대상화하는지가 문제되고, 이차적으로는 과연 그것을 정상적인 혹은 용인 가능한 대상화의 범주에 포함시킬 수 있는지가 문제된다. 타인을 오직 돈을 기준으로 바라보며 대상화하고 분류하는 것은 인간적인 태도라 보기 어렵다. 그런 사람은 인간에서 살짝 비켜나가는 사람이 된다. 그러니까 더 이상 인간을 인간으로 보지 못하고, 인간보다 더 중요한 기준으로 인간을 왜곡하며, 그로써 자신이 바라보는 인간도, 또한 자기 자신도 온전한 인간일 수 없게 하는, 그렇게 '인간에서 살짝 벗어난' 기준을 갖게 되는 것이다. 인간보다 더 중요한 것을 인간에 대해 개입시켜버림으로써 말이다.

　　이른바 성적 대상화라고 하는 것에서는 이런 문제가 더 심각해진다. 타인을 사랑을 나누고 싶은 상대로 성적 대상화하는 것은 삶에서 아주 자연스럽고 중요한 일이다. 그러나 그런 대상화에 다른 기준들, 다른 문제들, 다른 욕망들을 투사하기 시작하면 문제가 곤란해진다. 가령 살면서 당한 상처나 폭력을 갚아주고 싶은 대상으로 이성을 지목한다든지, 자기 안의 열등감과 패배감을 극복시켜줄 대상으로 이성을 활용하려 한다든지, 누군가에게 당한 모욕을 이성을 정복하거나 이성에게 굴욕을 줌으로써 회복하고 싶어 하기 시작하면, 그것은 이제 용인 가능한 성적 대상화의 범주를 한참 넘어서버리는 것이다.

한동안 논란이 되었던 단톡방 사건 등의 내용을 들여다보면 그들이 이성이라는 존재를 결코 정상적인 성적 대상으로 바라보고 있는 게 아님을 알게 된다. 그들은 고양이가 쥐를 갖고 놀다 죽이듯이 맹수의 관점에서 이성을 바라본다. 그들은 과거 원주민 마을을 습격하여 사람들을 몰살하고 마을을 불태우며 쾌감을 얻던 정복자처럼 이성을 바라본다. 그들은 상사한테 하루 종일 갑질을 당하고 집에 돌아와 아이들을 두들겨 패며 스트레스를 해소하는 가장처럼 이성을 바라본다. 그들은 동네 길고양이들을 죽이며 자기가 어떤 존재를 지배하고 마음대로 좌지우지할 수 있다는 데서 즐거움을 느끼는 동물학대범처럼 이성을 생각한다.

그것은 성적 대상화가 아니다. 그것은 인간이 인간을 바라보고 대하는 방식이 아니다. 그것은 인간의 대상화, 인간의 시선, 인간의 관점이 아니다. 인간이라는 존재가 적어도 함께 살아가는 존재라는 윤리적이고 사회적인 합의 안에 존재하는 무엇이라면, 그들은 인간이 아니다. 생물학적으로야 인간이라고 볼 수 있겠지만, 그들은 인간이 지녀야 하는 관점과 시선, 가능한 조건에서 완전히 벗어나 있다. 그들은 어떤 이유에선지 인간이 아니라 괴물이나 악마로 만들어졌다.

사실 인간으로서의 싸움이란 그처럼 대상화 자체, 시선 그 자체, 관점 그 자체에 대한 싸움과 다르지 않다. 어떤 기준, 어떤 관점으로 서로를 대상화하며 살아갈 것인가, 결국 어떤 시선이 이겨야만 하는가가 인간을 위한 싸움이자 인간으로서의 싸움인 것이다. 그런 싸움이 얼마나 지난한지 느끼게 하는 일들이 너무 자주 일어난다. 인간 아닌 것들의 시선이 세상을 돌아다닌다. 아마 그 시선과의 싸움은 평생 이어질 지겨운 싸움이 될 것이다. 그러나 인간이라면, 인간을 지켜내고 싶다면 그러한 시선과 싸우지 않을 도리가 없는 것이다.

강남역
이후의 세계와
폭력의 그물망

《분노사회》라는 책을 세상에 내놓은 지도 몇 년이 지났다. 당시만 하더라도 '분노사회'라는 규정에 주목하는 사람은 많지 않았고, 대부분은 생경하고 낯설게 그 용어를 받아들였다. 그러나 수년이 흐른 지금, 어느덧 우리 사회를 분노, 원한, 증오로 규정하는 일은 아주 당연하고 보편적인 일이 되었다. 우리 안에 축적되어온 분노는 전면적으로 드러나며 첨예한 갈등 구조를 만들고 있다. 특히 '증오'나 '혐오'라고 부를 수 있는 현상이 젊은 층을 중심으로 가속화되면서 세상을 뒤흔들고 있다.

2016년, 우리나라 최고의 번화가인 강남역 인근에서 젊은 여성이 살해되었다. 그 이후 우리 사회에 만연한 여성혐오에 대한 문제제기가 본격화되었다. 하지만 논란의 중심이 되었던 '이 사건이 정말 여성혐오 범죄인가 아닌가' 하는 문제는 그리 중요한 것이 아니다. 오히려 핵심은 지금까지 우리 사회에 퍼져 있던 여성혐오로 인해 축적되어온 여성들의 분노이며, 당시 사건은 그러한 분노가 표출되는 데 도화선 역할을 했을 따름이다. 우리가 주목해야 할 것은 살인을 저지른 범죄자의 심리보다는 여성차별적인 구조, 즉 가부장적 구조 내에서 차별당해온 여성들의 분노와 그러한 분노가 표출되는 양상 자체인 것이다.

당시 사건 이후 가장 분노를 느끼며 거리로 나선 주체는 젊은 여성이다. 그들은 가정에서 부모 세대의 성차별을 목격해왔고, 같은 세대의 남성들로부터는 '된장녀' 운운하는 여성혐오를 당해왔다. 뿐만 아니라 이후 SNS 등을 통해 수많은 여성들의 고백과 증언이 이어졌던바, 거리에서, 학교에서, 직장에서의 성희롱과 성폭행은 실제로 일상화된 위험이었다. 따라서 번화가의 중심에서 벌어진 참사 앞에 수많은 여성들이 과거와 현재의 기억을 되새기며 공포와 분노를 표출한 것은 당연한 일이었던 셈이다.

하지만 단순히 가해자인 남자와 피해자인 여자라는 구도 안에 가둘 경우, 우리는 더 깊이 각인되어 있는 현실을 간과할 수 있다. 방점은 '남자에게 살해당하는 여자'가 아니라 '여성혐오를 공유하는 사회 전반'에 찍혀야 한다. 우리가 살고 있는 사회는 길거리에서 남자가 여자를 살해하는 사회이기 이전에, 여성혐오가 일상과 미디어 등을 통해 광범위하게 공유되는 사회이다. 다시 말해 핵심은 길거리에서의 강력범죄 문제가 아니라, 분노를 양산하고 있는 '한국의 가부장적 사회 구조'가 되어야 한다. 이 구조는 최근 젊은 남성과 여성들에게 매우 복합적으로 작동함으로써, 혐오와 증오를 양산하는 '폭력의 그물망'을 형성하고 있다.

●

흔히 N포세대로 묘사되어온 젊은 세대는 절망적인 경제적 현실 앞에서 상당수가 결혼과 출산을 미루거나 포기해야 하는 상황에 내몰려 있다고 진단된다. 주목해야 할 것은 N포에서 핵심이 '연애, 결혼, 출산의 포기'에 찍혀 있다는 것이다. 애초에 이 규정은 이 세 가지의 포기를 의미하는 '3포세대'에서 시작되었기 때문이다. 몇몇 상위 계층이 아니면 감당할 수 없는 가정생활의 총체, 즉 브랜드 아파트와 자동차, 자녀 사교육, 빈번해진 외식과 여행 등의 신기루 앞에서, 젊은 층은 먼저 기성세대를 증오하며 그다음에는 서로를 증오한다. 삶에서 마땅히 누려야 할 사랑을 포기하게 되면서 사랑의 자리에 증오를 새겨 넣는 것이다.

암울한 경제적 현실에 더해 가부장적 사회에서 요구되는 '남성과 여성의 전통적 역할'이라는 관념은 더 큰 좌절과 갈등을 만들어낸다. 남성은 여전히 가정의 경제 전반을 책임져야 한다는 강박을 느낀다. '경제적 능력이 있는 남자'는 아직도 선호되며 우월하고 지향해야 할 남성상으로 자리 잡고 있다. 그에 비해 여성에게는 아이를 낳고 기르는 역할이 강요된다. 출산휴가나 육아정책의 미흡으로 실제로 여성들은 결혼 이후 직장생활을 하지 못하고 가정으로 회귀해야 하는 현실에 내몰리고 있다.

　　또한 가부장적 사회의 대표적인 현상인 집단적 위계 문화, 흔히 '군대 문화'라고 지칭되는 수직적 집단 문화는 젊은 층에 대한 이중적 억압으로 작용한다. 선배나 상사 등 '윗사람'은 사회에서의 권력과 자본을 통해 '갑질'의 일환으로 아랫사람에게 폭력을 행사하며, 아랫사람이 이성이라면 성폭력으로 나타나기도 한다. 그러나 그것이 폭력이든 성폭력이든 결국 윗사람이 아랫사람에게, 주로 기성세대가 젊은 세대에게 저지르는 폭력이라는 점에서는 다르지 않다. 젊은 남성과 여성은 여기에서 다시 한 번 구조의 희생자가 된다.

　　이처럼 여혐 문제는 대한민국 사회의 총체적 문제를 드러내는 징후로 우리 앞에 드러나 있다. 이 문제가 더욱 비극적으로 느껴지는 이유는 증오의 주체이자 혐오의 대상이 남성과 여성이라는 이름으로 이루어져 있다는 것이다. 사회 내부에 존재하는 수많은 집단갈등의 주체 중에서 남성과 여성

02 젠더에 대하여
여성에 관해 덜 말해질 때란 결코 오지 않았다

은 삶 속에서 가장 덜 분리되어 있다. 즉 부자와 가난한 자, 기독교와 이슬람교, 보수와 진보, 백인과 흑인 간의 갈등에 비해 남성과 여성은 훨씬 떼려야 뗄 수 없는 관계로 삶 속에 밀착되어 있는 것이다. 우리 모두가 알고 있듯이 대부분의 남성과 여성은 한 가정을 이루며 함께 살아가고자 하는 운명에 속해 있다. 특히 젊은 남성과 여성의 대립은 그러한 운명을 '앞두고' 이루어진다는 점에서 더 뼈아픈 데가 있다.

●

　　폭력적 가부장 질서 아래에서는 남성이건 여성이건 언제나 구조의 폭력에 노출되어 있다. 억압적인 위계질서, 집단주의 문화는 가정에서부터 회사, 학교 등에 이르기까지 폭넓게 퍼져 있다. 그런데 가부장제를 실질적으로 지배하는 이들은 '생물학적 남성'이라기보다는 '가부장적 남성'이다. 여기에는 당연히 가부장적 위계질서와 집단 문화를 재생산하는 '생물학적 여성'도 포함된다. 남자와 여자의 성역할에 대한 차별적인 관념에서부터, 모든 종류의 약자를 나와 동등한 인간으로 취급하지 않는 현상, 나아가 섹시 아이돌로 상징되는 상품화된 성 문화 속에서 우리 모두는 자유롭지 못한 '가부장적 남성'으로 존재하고 있다.

　　이처럼 우리 모두의 내부에 존재하는 '심층적인 남

성', 즉 가부장제의 흔적을 인식하고 마주하지 못하는 한 분노는 외적이고 집단적인 구분에 갇히게 된다. 우리 집단과 상대 집단을 나누어 상대 집단을 일방적인 적으로 지목하고 모든 병폐의 원인으로 낙인찍는 '집단 증오의 방식'만이 범람하게 되는 것이다. 인류 역사는 이러한 집단 증오가 언제나 가장 참혹한 결과를 불러온다는 것을 증명한다. 우리 사회 역시 예외일 수 없다.

분노는 가부장적 구조 내에서 함께 희생되고 있는 옆 사람을 향해 수평적으로 해소되어서는 안 된다. 오히려 분노는 그 오랜 힘을 가지고 우리를 위에서부터 억누르는 구조와 문화, 사회 자체를 향해야 한다. 남성과 여성의 문제에서도 우리 모두가 구조의 희생자라는 자각이 반드시 필요하며, 나아가 특히 여성의 경우 상대적 약자로서 더 중층적인 폭력에 노출되어 있다는 사실까지도 잊어선 안 된다.

버릴 수도 없으면서
사랑할 수도 없는

혐오는 배제의 감정이다. 특정 대상을 배제하는 과정에서 각종 조롱과 멸시를 포함하는 혐오가 일어난다. 혐오의 대상은 내 삶에서 제거되어야 할 존재다. 그것은 악질적인 바이러스나 병원균과 같다. 그 대상이 존재함으로써 내 삶이 망가지거나 추락한다. 그렇기에 가능한 한 모든 조롱과 멸시를 동원하여 그 대상을 짓누르고 박멸해야 한다.

그러한 혐오가 성별 간에 일어난다는 것은 다소 기이한 일이다. 가령 세대적 관점에서 노인을 혐오하거나(틀딱충), 민족주의적 관점에서 일본이나 중국을 혐오하거나(쪽발이, 짱깨), 외국인 이주노동자나 타 종교를 혐오할 때는 확실히 '배제'의 성격이 포함되어 있다. 실제로 그들이 내 삶에서, 내가 속한 사회에서 사라져야 한다고 믿는 것이다. 반면 이성에 대한 혐오가 그러한 배제의 소망을 실제로 포함한다고 보기는 어렵다. 김치녀나 한남충이 거론될 때, 이는 단순한 배제와 박멸의 관점을 넘어선다. 이는 상대를 쫓아내려는 혐오보다는 모욕함으로써 더욱 붙잡아두고자 하는 집착적 증오에 가깝다.

이성에 대한 증오는 다른 유사혐오 문제와 결을 달리한다. 기본적으로 우리는 이성과 동반자로서 함께하고 싶은 욕망을 지닌다. 가능하기만 하다면 자신과 가장 어울리는 이성을 만나 아름다운 삶을 누리고픈 욕망을 대체로 갖고 있다(이성애자라는 전제하에). 하지만 어떠한 이유에서건 그러한 가능성이 좌절되면서 애정의 대상이어야 할 이성은 증오의 대상이 된다. 애정과 증오는 동전의 양면이다. 이 양자는 모두 대상에 대한 '파기'(배제)가 아니라 '지속'(집착)을 전제한다. 애정과 희망, 가능성의 대상은 반쯤 죽어버린 유령이나 좀비 같은 반‡대상이 된다. 버릴 수도 없으면서 사랑할 수도 없는 증오와 집착의 대상이 되는 것이다.

그렇다면 정확히 왜 이런 일이 발생하는가? 더욱이 잠잠해질 기미는커녕 더욱 극단화되며 확대재생산되는 방향으로 이어지는가? 여기에는 일차적으로 젊은 남성들의 좌절이 있다. 극심해진 양극화는 '금수저'나 전문직과 대기업, 공직 등 일부 상류 계층의 남성을 제외한 나머지 남성들의 미래를 박탈하고 있다. 그 소수를 제외한 대부분의 남성은 온전히 스스로의 힘으로 삶을 개척하여 가정을 꾸릴 만한 조건을 얻을 수 없다. 학자금 대출, 결혼 비용, 집값, 출산과 육아, 사교육비, 노후 대비 등 이 모든 것이 '일반적인 인생'이라는 현실 안에 들어 있지만, 일반적인 남성이 스스로의 힘으로 해결할 수 없다. 결국 이 시점에서 남성은 전통적 '가장'으로서의 관념 및 역할을 포기하고 여성에게 협조를 구할 수밖에 없다.

만약 이 상황에서 남성과 여성이 협력하여 가정을 이루고 어떻게든 맞벌이를 통해 삶을 꾸려나갈 수 있다면 큰 문제는 없을 것이다. 전통적 가장이라는 관념을 포기하면서 새로운 양성평등적 가치를 이룩할 수 있을 것이다. 그러나 문제는 보다 복잡하다. 한편에는 양극화로 밀려난 과반수의 남성이 있지만, 다른 한편에는 여전히 유리천장과 경력단절의 벽 앞에 서 있는 대다수의 여성이 있다. 이들 여성, 남성과 마찬가지로 극소수의 공직자나 전문직을 제외한 대부분의 여성은 앞으로의 삶에서 출산 이후 경력단절 같은 문제를 고려하지 않을 수 없다. 결국 가정을 꾸리는 문제에서도, 현 사회구조 내에서 다소 유리한 위치를 점하고 있는 '남성 배우자'에게 더 큰 역할을 기대할 수밖에 없다.

그런데 '더 큰 사회적 역할'의 수행이 가능한 남성 배우자 수는 한정되어 있다. 꼭 상류층이 아니더라도 어느 정도 가정에서 경제적 역할을 담당할 수 있는 하한선이라는 게 존재한다. 최소한 주거나 자녀 양육 등을 비롯한 생활 문제가

'해결될 가능성'이라도 있는 경제적 존재의 하한선은 어디일까? 모르긴 몰라도 중견기업 근무자 혹은 결혼 비용으로 억 단위를 지참할 수 있는 수준 어딘가에 있을 것이다. 어쨌든 그 선이 흔히 여성들이 '결혼할 남자가 없다', 그리고 남성들이 '결혼할 돈이 없다'고 말하는 지점일 것이다. 여성들은 그 하한선 미만의 남자를 선택할 바에야 혼자 살기를 택한다. 마찬가지로 그 하한선 미만의 남성들은 '여성 선택권'에서 상당히 후순위를 차지하게 되거나 혼자 살기를 택하게 된다.

여성에 대한 남성의 증오가 형성되는 지점은 이곳 '하한선'이다. 본래 우리 사회의 분노와 증오는 주로 '가진 자'인 상류 계층을 향하거나 경제체제(자본주의) 자체를 향해 있었다. 그러나 최근 경쟁에서 패배한 하한선 미만의 남성들은 상위의 같은 남성을 증오하기보다는 자신을 선택하지 않은 여성을 증오하는 쪽을 택한다. 그 이유는 더 이상 경쟁 자체에 대한 부정이 시대정신이 아니기 때문이다. 젊은 세대는 자본주의나 경쟁을 인정하는 시대의 인간이다. 그렇다면 경쟁에서 이긴 자를 증오한다는 것은 스스로를 더 초라하게 만드는 일이자 자신을 부정하는 일이 될 뿐이다.

남성에 대한 여성의 증오는 어떻게 볼 수 있는가? 이는 그 발생 시점으로 보나 형태로 보나 확실히 반작용적인 측면이 크다. 흔히 미러링mirroring이라 칭해지는 현상으로, 여성에 대한 남성의 증오를 거울에 비추듯 되돌려주는 것이다. 그러나 이 역시 정당하다고 볼 수는 없다. 사실 앞에서도 살펴본바 이 사태의 본질은 양극화로 인한 절망과 더불어 여전히 가장으로서의 책임을 남성에게 요구하는 사회적이고 문화적인 구조에 있기 때문이다. 언어폭력에 대한 법적인 책임이나 도의적인 윤리를 이야기할 수는 있겠지만, 그렇다고 사태의 본질이 '남성 자체'로 수렴된다고 볼 수는 없다.

결국 성별 간 갈등 문제의 핵심은 구성원을 좌절과 증오로 몰고 가는 사회 및 문화 구조 그 자체에 있다. 이는 정확히 우리 사회에서 '불가능해진 삶'을 지시한다. 이 불가능성, 균열되고 좌절된 삶의 문제에서 태어난 분노는 사회 모든 곳을 향하다가, 이제 양성이 서로를 증오하게끔 만들고 있다. 남성과 여성 모두 막다른 길에 내몰려 있다. 그들은 낭떠러지 앞에서 배수진을 치고 서로를 향해 증오를 내뿜고 있다. 그러나 정작 우리가 봐야 할 것은 그 '낭떠러지 자체'이다. 해야 할 일 역시 그 낭떠러지에서 어떻게든 손을 잡고 빠져나오는 것이다. 이 절망의 사회에서 다른 해답은 존재하지 않는다.

나는
사립 남자고등학교를
나왔다

나는 사립 남자고등학교를 나왔다. 그리고 그 기억은 내 삶에서 가장 깊고도 질긴 트라우마가 되었다. 고등학교를 졸업하고 나서도 10년 가까이 그 시절의 악몽을 꾸었다. 나는 일어나서 식은땀을 흘리며 아직 고등학생이 아니라는 사실에 안도했다. 몇 번이나 자퇴를 결심했고, 담임선생님과 부모님이 말린 탓에 결국 졸업을 하긴 했지만, 그 이후로 한 번도 다시 학교를 찾지 않을 만큼 그곳은 나에게 뼈아픈 곳이었다.

하지만 오늘 이야기하려는 것은 그 학교의 여러 부조리, 폭력적인 환경, 암울했던 분위기에 대한 것은 아니다. 나는 그 시절 어찌 보면 처음으로 가장 적나라하고도 악질적인 문화를 경험했는데, 그것은 여성에 대한 총체적인 혐오 문화였다. 당시 학교에는 몇몇 여교사가 있었는데 그들은 예외 없이 학생들의 노리개 취급을 받았다. 미술 교사가 지나가면 아이들은 '암(컷)내'가 난다면서 코를 찡그리며 자기들끼리 낄낄거렸고, 땀이 찬 겨드랑이를 눈짓으로 공유하며 점심시간의 조롱거리로 삼았다. 미혼인 여교사에게는 남자친구가 있는지 집요하게 물어보았다. 있다고 대답하면 당연히 그녀에 대한 온갖 성적이고 상스러운 말들을 입에 물고 다녔다.

　　　　내게 가장 충격적인 기억으로 남아 있는 건 과학 시간이다. 과학 선생님 역시 젊은 여교사였는데, 아이들은 가능한 모든 방법으로 그녀를 조롱했다. 선생님이 들어오면 "선생님, 교실에서 걸레 냄새가 나요!" 하고 소리 쳤고, 선생님은 "그래? 왜 그러지?" 하고 두리번거리면서 창문가에 널려 있던 걸레를 치우라고 이야기했다. 그러면 아이들은 낄낄대며 걸레를 들고 나갔고, 쉬는 시간이 되자마자 그녀를 걸레라며 비웃고 경멸했다. 점심시간에 컴퓨터와 연결된 TV로 야동이 틀어지는 날들은 흔했고, 여교사들을 지목하며 누구는 누가 따 먹으라든지, 줘도 안 먹는다든지 하는 말들이 아무렇지 않게 농담으로 오갔다.

　　　　그런 문화가 내게 지나칠 정도로 낯설었던 건 아마 여동생과 어머니와 끈끈한 관계를 오랫동안 유지해왔기 때문일 것이다. 나는 그들이 아무렇지 않게 조롱하고 비하하며 함부로 이야기하는 그 여성들이 곧 내 여동생이나 어머니와 같다고 느껴서 그에 완전히 동참할 수 없었다. 나는 또래 문화에 안정적으로 적응하지 못한 편이었는데, 그 이유 중 하나는 확실히 그러한 여성혐오에 전적으로 물들지 못한 탓이 있었다. 내 안에도 가부장적인 남성관이나 세계관 같은 것이 분명 있었지만, 적어도 대놓고 아무렇지도 않게 여성에 대한 혐오를 공유하기에는 여동생 그리고 어머니와 너무 가까웠다. 그것은 그나마 내게 행운이었다고 생각한다.

대학교에 가서도 그런 문화는 다르지 않았다. 나는 아직도 한 대화를 생생하게 기억한다. 우연히 아는 사람들을 만나 인사를 나누고 같이 벤치에 앉았다. 나는 휴대폰을 들여다보고 있었고 둘은 친한 여자애에 대해 이야기하고 있었다. "걔 왜 연락을 안 받지? 지금 뭐 하고 있을까?" 하고 물으니 "오나니(자위)하고 있겠지, 걔도 오나니 엄청 좋아하잖아. 아니면 누구랑 떡 치고 있거나"라고 대답하며 주고받는 식이었다. 원래 그들에 대해 나쁜 인상은 없었다. 내가 알기론 착한 사람들이었고 여자친구와도 오래 사귀면서 다정하게 대하는 이들이었다. 하지만 자신과 친한 사람에 대해 그렇게 말할 수 있다는 사실에 나는 충격을 받았다. 도대체 왜? 어째서 그렇게 말하는 거지? 어떻게 저런 식으로 말할 수 있는 거지?

이런 이야기는 한참 더 나열할 수 있다. 하지만 나는 이 이야기를 어떤 갈등을 위해, 싸움을 위해, 어떤 진영을 옹호하거나 공격하기 위해 하려는 게 아니다. 오히려 이것은 내 안의 가장 깊은 자아와 기억에 관한 자기반성이고, 어떤 의미에서 속죄하려는 글쓰기다. 남들 이야기처럼 말했고 스스로에게 면죄부를 주듯 언급했지만, 나 역시 그러한 문화에 일정 부분 동참했다. 웹하드 단속으로 이제 국산 야동을 볼 수 없다며 안타까워하는 사람들 사이에서, 가슴 크기로 지인들을 품평하는 자리에서, 여자는 사흘에 한 번씩 패야 한다고 말하는 후배 앞에서 별다른 제지 없이 이야기를 받아주곤 했다.

여성혐오가 없다? 그것은 거짓말이다. 그것은 내가 아는 한 가장 명백한 거짓말 중 하나다. 다른 것에 관해서는 모르겠다. 이를테면 근래 여성들 사이에서 남성에 대한 조롱 혹은 비하 같은 것들이 하나의 문화현상으로 얼마나 공유되는지는 잘 모른다. 나는 여성이 아니기 때문이다. 또한 남성과 여성 중 어느 집단이 더 비참한 입장에 놓여 처절한 인생을 살아가는지 나는 모른다. 이 집단 갈등의 현장에서 누가 더 나쁘고 누가 더 옳은지에 관해서도 모른다. 나는 그에 관해 판별할 지혜가 없다. 그러나 하나는 확실하다. 여성혐오는 존재한다. 그것은 내 몸에 새겨진 기억이고, 내 삶 전체를 통해서 경험한 현실이다.

나는 모든 남자들이 여자들에게 해를 입히기 위해 언제나 만반의 준비를 하고 있는 악마라고 말하려는 게 아니다. 내가 아는 한 착하고 좋은 남자들은 많다. 오히려 나는 대부분의 남성들, 특히 청년들의 입장이라는 걸 이해하는 부분이 있다. 왜냐하면 내가 불과 얼마 전까지 청년 남성이었고, 대한민국에서 청년 남성으로 살아가는 데서 오는 가부장적인 압박과 불안, 절망과 의무에 관해 뼈저리게 느꼈기 때문이다. 또한 실제로 나는 그리 나쁘다고 할 만한 사람보다는 좋은 사람이라고 할 법한 이들을 살면서 더 많이 만나보았다.

　　　　하지만 그것과 여성혐오는 별개다. 우리가 어떤 면에서 얼마나 좋은 사람인지, 어느 측면에서 온당한 사람인지, 또 얼마나 안타까운 맥락에 놓여 있는지는 여성혐오와 별개의 문제다. 여성혐오는 도려낼 수 없는 뼛속의 기억과 같은 것이고, 살과 가죽처럼 스며든 문화와 재생산되는 습성의 문제다. 그리고 나는 우리가 살면서 경험해왔던 저 여성혐오적이고 가부장적인 문제를 직시하지 않으면 한 발도 진정으로 앞으로 나아가는 게 아니라고 믿는다. 나는 어떤 진영에 속해서 싸우는 사람도 아니고, 집단 갈등에서 얻는 이익도 없고, 특정 집단으로부터 지지를 받는 사람도 아니다. 그저 스스로에게 정직하고 싶을 뿐이다. 진실은 온갖 이권다툼 속에서도 명백히 존재한다. 그리고 말해져야 하는 건 오직 진실뿐이라고 믿는다. 여성혐오는 그러한 명백한 진실 가운데 하나다.

　　　　많은 사람들이 추상적인 집단이나 자기 진영의 이

익이라는 관점에 붙들려 있다. 하지만 언제나 내가 하고 싶은 이야기는 나의 진실에 관한 것이다. 그 진실이 어떠한 결과를 불러오든, 내가 진실을 붙들어 맬 수 있는 사람이면 좋겠다. 결국 이기는 것은 진실이라고 믿는다. 오직 진실만이 우리를 정확한 길로 이르게 한다고 믿는다. 내가 말할 수 있는 진실은 나에 관한 것뿐이다. 나는 사방에서 쏟아지는 여성혐오의 문화를 숨 쉬듯 마시고 자랐고, 그것은 누구도 이의를 제기할 수 없는 나의 진실이다. 때론 그것에 패배했고, 때론 그것과 싸워 이기는 일을 내 안에서 여전히 이어가고 있다. 그리고 이것은 평생 끝나지 않을 고투임을 알고 있다.

가장 형식적인 것들이
가장 실체적인 것들로,
〈콜레트〉

"어떤 역할을 연기한다고 느낀 적 없어요? 아내로
서나 엄마로서."

프랑스 소설가 콜레트 Sidonie-Gabrielle Colette의 일대기
를 다룬 영화 〈콜레트〉에서 그녀는 자신의 어머니에게 묻는
다. 결혼생활이 꿈꾸던 것과 다르다는 것을 느끼며 회의하던
때였다. 시골에서 자란 그녀는 소설가이자 편집자인 윌리를
만나 결혼해 파리로 떠나지만, 남편은 바람을 피우기 바쁘다.
그녀는 집에서 하루 종일 남편만 기다리며 사교계 생활에도
잘 적응하지 못한다. 삶은 어딘지 가짜 같고 그녀 자신이 살아
내는 것으로는 느껴지지 않는다.

그녀의 어머니는 자신의 처지를 토로하는 그녀에
게 누구도 네 본연의 모습을 빼앗을 수는 없다고, 너 자신을
믿어야 한다면서, 결혼생활 또한 단순히 적응하는 게 아니라

스스로 만들어가는 것이라는 말을 전해준다. 그때부터 그녀는 단순히 남편에게 끌려다니며 사는 삶이 아니라 자신의 삶을 주도적으로 살아내려고 한다. 무엇보다 그녀는 남편에게 더 이상 절대로 거짓말하지 말 것을 강조한다.

영화는 콜레트가 어떻게 점차 자기 삶의 주도권을 쥐어가는지를 보여준다. 그럴 때 그녀가 가장 먼저 손끝에 쥔 것은 공책과 펜이었다. 그녀는 한편으로는 남편을 위해서이긴 하지만, 자기 이야기를 쓰는 데 몰두하기 시작한다. 어린 시절의 이야기들, 자기 삶의 주인이었던 시절 자신이 보고 느꼈던 자연과 고향과 세계에 대해 쓴다. 그녀의 몸은 비록 자기가 원치 않는 파리에 묶여 있지만, 그녀의 마음은 저 어린 시절 자기 힘으로 세상을 누리던 세계로 들어선다. 그녀는 이름을 '콜레트'로 개명하고, 그렇게 삶의 주인이 될 힘을 마음 안에서부터 길러낸다.

그녀가 쓴 글은 남편인 윌리 이름으로 출간되고 유례없을 정도로 저명한 베스트셀러가 된다. 무엇보다도 젊은 여성들이 소설에 열광하면서 그녀가 만들어낸 인물 '클로딘'은 하나의 현상이 되기까지 한다. 수많은 여성들이 자기 자신이 곧 클로딘이라 믿고 클로딘의 복장을 따라하고, 소설을 바탕으로 연극이 만들어지며, 각종 화장품과 식료품에까지 클로딘 상표가 등장한다. 윌리와 콜레트 또한 많은 돈을 벌게 되어

풍족한 생활을 누린다. 비록 남편의 이름으로 책을 출간하긴 했지만 그들의 생활과 삶은 콜레트가 만들어낸 것이나 다름없었다.

콜레트의 여정은 거기에서 그치지 않는다. 그녀는 점점 더 '연기하는 삶'에서 자기 본연의 삶 쪽으로 이동해간다. 그중 하나는 그녀가 성정체성을 새로이 깨달으며 여성들을 만나기 시작한다는 것이다. 윌리 또한 그녀가 다른 남자가 아닌 다른 여자와 어울리는 일에 그다지 관여하지 않는다. 그녀가 자기 본연의 삶을 살아낼 최초의 힘을 자기 이야기를 쓰는 데서 얻어냈다면, 그 힘은 그녀가 매력을 느끼는 대상과 관계 맺고 사랑함으로써 더 강화되고, 이어지고, 선명해진다.

어쩌면 우리 삶에 본연의 것이 있다면, 즉 각종 허위적이고 가짜인 것들을 뒤로하고 진짜의 삶에 도달하는 방법이 있다면, 그것은 글쓰기와 사랑에 있을지도 모른다. 글쓰기는 우리가 삶에서 거칠 수밖에 없는 연극적인 요소들을 걷어낸다. 글을 쓰는 순간, 자신의 내면과 기억에 집중하는 순간에는 더 이상 자기를 규정하는 사회적인 시선이나 역할에 묶여 있을 필요가 없다. 오히려 그런 거짓들은 거추장스러운 것으로, 표백되고 벗겨져야 할 것으로 사라지며, 오로지 자기 내부의 핵심만이 남고 그것과 관계 맺을 수 있게 된다.

그렇게 자기 자신에 도달했다면, 그다음에는 그렇

게 얻어낸 나를 가지고 누군가와 관계 맺는 일이 남는다. 콜레트는 그 자리에서 바로 '미시'라는 여성을 만난다. 그녀는 이미 레즈비언으로서 확고한 정체성을 지니고 살아가는 여성이다. 머리를 짧게 자르고, 치마 대신 바지를 입고, 언뜻 보기에는 여자보다 남자에 가까운 모습으로 살아간다. 그러나 그녀의 높은 가문과 신분 때문에 그녀에게 그에 관해 지적하는 사람은 아무도 없다. 콜레트는 그녀와 사랑을 나눈다.

그러면서 콜레트는 점점 자기 삶에 남은 나머지 거짓들도 벗겨내려고 한다. 하나는 남편의 이름으로 출간되던 책에 자기의 이름을 넣는 것이다. 다른 하나는 더 이상 사랑하지 않는 남편과 이별하는 것이다. 사랑은 그녀에게 자신의 본질을 직시할 수 있는 힘을 주고, 그에 따라 살아갈 기회를 준 셈이다. 그녀는 남편에게 자신의 이름으로 출판하게 해달라고 요구하다 다투고, 결국에는 이별하는 과정을 밟게 된다.

글쓰기는 그녀에게 자기 자신을 마주할 수 있는 힘을 주었지만 그녀는 글쓰기에만 집착하지는 않는다. 점점 더 자유롭게 자기 뜻대로 삶을 살아가고자 한다. 그래서 팬터마임을 배우게 된다. 대사 없이 몸짓으로만 감정이나 마음을 표현하는 이 예술은 어찌 보면 글쓰기의 가장 반대편에 있다. 글쓰기가 오직 언어로써 하는 예술이라면 팬터마임은 언어 없이 하는 예술이기 때문이다. 그녀는 미시와 함께 팬터마임 공연을 하며 프랑스 전역을 누빈다.

　　그녀가 나아가는 이러한 전체 과정은 가장 형식적인 것들이 어떻게 가장 실체적인 것들로 이르는지를 보여주는 여정이기도 하다. 사회적인 신분, 사교계에서의 역할놀이, 결혼제도를 비롯한 각종 형식적인 규정들을 벗겨낸 건 글쓰기를 통해 '내면의 실체'를 마주하는 과정이었다. 그러나 그러한 글쓰기조차 출판과 각종 문화계 생활로 점점 그녀를 가두어갔고, 그것은 다시 '사랑이라는 실체'를 통해 벗겨진다. 이제 그 사랑은 관념, 규정, 언어마저 벗겨내고 그녀를 '몸'으로 돌려놓는다. 몸으로 예술을 하고 몸으로 살아내는 삶에 도달하게 된다.

　　그녀는 누군가가 정해주는 삶은 더 이상 싫다고 말한다. 또한 처음부터 세상의 거짓말을 지긋지긋해하면서 오히려 거짓을 말하지 않는 짐승들이 낫다고 말하기도 한다. 그녀는 이 세상의 온갖 허위들을 벗겨내고 삶의 가장 핵심인 어느 지점에 도달하고자 했다. 그 여정은 이 문명사회가 만들어낸 모든 것들을 이겨낸 곳에 홀로 존재하는 한 사람의 몸으로 도착한다. 그녀는 거기에서부터 다시, 본연의 자기로서, 자기 삶을 진정으로 살아낼 수 있는 존재가 된다.

형법 269조와
낙태죄의
논리

형법 269조는 낙태죄에 관해 규정하면서 이 범죄의 주체를 '부녀'로 명시하고 있었다. 그런데 내가 아는 한 이 조항을 제외한 어떠한 형법 조항도 남자와 여자를 나누어서 특정 성별만 처벌하게 하는 것은 없었다. 이 법조항은 나아가 '부녀의 촉탁이나 승낙'을 받은 자(의사)를 함께 처벌하도록 되어 있어서, 마찬가지로 '낙태를 시키거나 부탁하는' 주체도 여성으로 한정하고 있었다. 낙태는 오직 여성의 범죄이며 여성의 죄악이었다. 나는 이 조항이 대한민국 법치주의의 가장 치욕스러운 조항 중 하나라고 생각한다.

낙태의 정당성은 별론으로 하더라도, 낙태 자체가 여성만의 문제라는 이 법조항의 인식은 경악스럽다. 일반적인 피임 과정에서 여성과 남성 중 누가 더 책임이 있는지는 모호할 수 있겠지만, 적어도 그것이 '여성만의 책임'이 아니라는 건 명백하다. 오히려 남성이라는 존재가 없다면 여성이 임신할 가능성이 전혀 없고 따라서 낙태할 가능성도 전혀 없다는 점에서 낙태의 근본 원인에는 남성이 절대적으로 포함된다. 이 법조항은 사람을 칼로 찔러 죽였는데 찌른 사람은 처벌하지 않고 칼만 처벌하는 것과 다르지 않다.

어째서 이런 경악스러운 법이 존재했는지 의문스럽다. 그 이유 중 하나는 임신과 출산과 관련된 모든 책임은 궁극적으로 '여성'에게 있다는 차별적이고 혐오적인 인식일 것이다. 남자는 성관계까지는 몰라도 그 이후의 일들과는 철저히 무관하고, 그로부터 자유로우며, 단절되고 해방되어 있다는 인식이 깔려 있다고 볼 수밖에 없다.

그런데 이런 인식은 물질적으로 보나 관념적으로 보나 아무런 합리성이 없다. 일단 임신에는 남성 신체의 일부가 잔류하여 관여한다는 점에서 물질적인 연속성이 있고, 관념적으로는 더 말할 것도 없다. 인간은 법질서나 윤리질서 안에서 관념을 통해 자신이 확장된 범위까지 책임을 지고, 그러한 책임을 통해 인간이 되는 것이기 때문이다. 결국 이 법조항은 남성을 '인간 아닌 지위'로 격상시키고, 그러한 공간 안에 분리시켜서, 남성에게 치외법권과 같은 권리를 부여했던 것이다.

만약 낙태죄로 반드시 누군가를 처벌해야 한다면

낙태에 직접적이고 실질적이며 명백한 원인인 남성에 대한 처벌을 병행해야 한다. 나아가 실질적 평등을 실현하려면 동일한 책임이 있는 여성과 비교하여 신체적 훼손을 당하지 않는 남성을 더 가중처벌해야 할 것이다. 특히 낙태죄 폐지에 반대하는 '생명존중주의자'라면 이 일에 무엇보다 앞장서야 할 것은 두말할 나위도 없다.

　　　　낙태 자체의 정당성에 관해서는 섬세하게 생각해야 할 점들이 많다. 특히 태아가 특정 개월 수 이상으로 성숙한 경우에는 태아의 생명권도 존중해야 하고, 그에 따라 고려해야 할 점들이 많을 것이다(전 세계에서 가장 보수주의적 기독교 국가인 미국에서도 임신 초기, 중기, 후기 등에 따라 낙태권의 범위를 조정하고 있다. 6개월까지는 사실상 낙태의 자유를 인정한다). 그러나 현행법은 그러한 섬세한 논의를 회피하고 그에 대한 책임을 방기하면서 모든 책임을 여성 개인에게 돌렸다. 낙태 자체를 음성화하고 죄악시하면서 사회적인 인프라와 보호 범위 밖으로 여성을 던져놓고 있었던 것이다.

　　　　그래서 낙태죄에 관해 헌법불합치 결정을 내린 헌법재판소 판결의 구절들은 무척 마음을 울리는 것이었다. 그중 몇 구절은 이 절망적인 조항이 어떻게 누군가의 삶을 파탄내고 있었는지를 섬세하게 드러냈다.

　　　　'낙태가 범죄행위로 규율되면서 낙태 관련 상담이

나 교육이 불가능하고 정확한 정보가 충분히 제공될 수 없다. 낙태 수술과정에서 의료사고나 후유증 등이 발생해도 법적 구제를 받기 어려우며, 비싼 수술비를 감당해야 하므로 미성년자나 저소득층 여성들이 적절한 시기에 수술을 받기 쉽지 않다. 헤어진 남성의 복수나 괴롭힘의 수단, 가사·민사 분쟁 압박수단 등으로 악용되기도 한다.'

낙태를 했다는 이유만으로 죄인이 되어 헤어진 남성이 낙태 사실을 악용해 협박하고 압박하는 일들이 얼마나 비일비재했으면 헌법재판소 판결에 이런 구절이 등장할까? 한두 번 있었던 일이 판결에 일반적인 예시로 언급될 리는 없기 때문이다. 다음 구절도 마찬가지다.

'모자보건법상 정당화 사유는 학업·직장 지장, 소득 불안정, 자녀가 이미 있어서 더 이상 감당할 여력이 되지 않는 경우, 양육을 위해 휴직하기 어려운 맞벌이 부부, 상대 남성과 교제 지속 계획이 없는 경우, 남성이 낙태를 종용하는 경우, 혼인이 사실상 파탄에 이른 상태에서 배우자의 아이를 임신한 경우, 미성년자의 원치 않은 임신 등을 포함하지 못한다.'

모자보건법이 형법 269조를 정당화하기 위한 예외를 마련했다고는 하지만, 사실상 열거된 모든 경우는 방치되어 있었다는 뜻이다. 더군다나 이 법은 이러한 경우에도 오로지 낙태를 행한 여성만을 처벌하게 되어 있었다. 법리라는 것이 무엇인지는 몰라도 인간의 이성이나 감성, 직관으로 이해되지 않는 법리라면 당연히 폐기되었어야 했다. 낙태죄는 인간사의 논리가 아니라 지옥의 논리였다.

헌법재판소는 나아가 이 문제의 실질적인 원인과 해결이 어디에 있는지도 언급한다. '원치 않는 임신을 예방하고 낙태를 감소할 사회적 여건을 마련하는 등 사전·사후 조치를 종합해 투입하는 게 태아의 생명을 보호하는 실효적인 수단'이라고 하면서 말이다.

태아가 생겼다는 이유로 모든 책임을 여성 개인에게 떠넘기고 마녀를 불태우듯 범죄자라는 인식까지 덮어씌우는 것은 결코 '생명 보호'에 부합하지 않는다. 국가와 사회는 이제 진정으로 생명과 인간을 위하는 길을 가야 한다. 생명을 책임질 수 있는 사회가 되는 것이 생명을 보호하는 길이다. 이제 그 길을 갈 차례다.

엄마가
되었다는
이유로

아이 옷에 녹음기를 달아 유치원에 보낸 한 여성의 이야기가 논란이 되었다. 우연히 관련 기사를 보게 되었는데 댓글의 대부분은 아이의 엄마를 비난하고 있었다. 일단 불법적인 행위이기도 하고, 유치원 교사의 인권이나 기분은 어떻겠냐는 말들은 대체로 이해하고 공감할 수 있었다. 그런데 그 중에서 가장 공감을 많이 받은 댓글들은 '그러니 맘충 소리 듣지', '이러니 맘충이라는 비속어가 생기고, 노키즈존 생기는 거 아니냐' 같은 말들이었다.

만약 녹음기를 달게 한 게 아빠였다면 어땠을까? 혹은 아빠가 그런 제안을 했더라면? 그러면 사람들은 무슨 말로 그를 비난했을까? 파파충? 대디충? 아니, 그를 그렇게 비난할 수 있는 표현, 한 그룹으로 싸잡아서 비하하며 혐오할 수 있는 표현은 없다. 아마 같은 비난을 한다 하더라도 결국 그의 행위만을 비난하게 될 것이다. 그렇게 제 자식만 챙기니 사회가 이 꼴이지, 제 자식만 귀한 줄 아나, 따위의 말들이 올라올 것이다. 그러나 아빠라는 집단 전체를 싸잡아 혐오하지는 않을 것이다.

엄마는 초등학생들에게서부터 비하의 대상이 된다. 아이들은 '니애미', '느금마', '엄창' 따위의 말을 쓰며 상대와 관련된 가장 비하적인 표현으로 엄마를 활용한다. 이제는 엄마들이 어떤 실수라도 하면, 사소한 잘못이라도 하면, 곧바로 사회 전체 구성원들이 엄마들을 '맘충'이라고 손가락질한다. 지하철에서 아이가 울어도, 식당에서 아이가 토해도, 길거리에서 아이가 칭얼대도 그녀는 아이를 돌보고자 애쓰는 여성이 아닌, 그저 맘충이다. 어느 엄마 개인이 실수나 잘못을 한 게 아니라 맘충들은 원래 그런 것이다. 그런 맘충들 때문에 노키즈존이 생겨나고, 그런 맘충들 때문에 그들은 당연히 맘충이라 불린다. 모두 그들이 자초한 일이다. 그러니 그들은 싸잡아 비난당해 마땅하다.

'개저씨'라는 말이 있다. 대개 주변에 피해를 입히는 제멋대로인 중년 남성들에 대한 비하적이고 적대적인 표현이다. 술을 마시고 행패를 부린다든지, 성추행을 한다든지, 큰 소리로 떠들거나 훈계질을 심하게 하는 이들이 주로 그렇게 불린다. 하지만 아이들은 '너네 아빠 개저씨'라며 비하하고 서로를 놀리지는 않는다. '노아저씨존'이 생기지도 않는다. 중년 남자 한 명이 실수로 잘못한다고 해서 아저씨 전체가 싸잡혀서 혐오당하지도 않는다. 그저 '개저씨스러운' 행위들이 비난받을 뿐이다. 그들에게는 실질적인 배제, 실질적인 혐오, 실질적인 힘의 작동이 이루어지지 않는다. 오히려 개저씨라는 표현은 중년 남자들이 휘둘러온 횡포, 폭력, 권력에 대한 토로에 가깝다. 이 사회에는 그들을 배제할 힘이 없다.

그러나 아이와 엄마에게는 힘이 가해진다. 아이가 울면 엄마는 식은땀을 흘리며 아이를 데리고 도망가야 한다. 아이가 울거나 뛸 수 있으니 출입을 금지당해야 한다. 한 명의 엄마가 잘못할 때마다 엄마라는 존재 전체가 비하당하며 상처입어야 한다. 엄마가 되었다는 이유로 온갖 사람들의 비하와 몰이해의 대상이 되어야 한다. 더군다나 그들은 항변할 자격도 없다. 왜냐하면 그들 스스로 맘충을 자처했기 때문이다. 모든 해악은 오직 그들이 스스로 만들었으며, 따라서 그들에게 주어지는 표현도 당연하다. 그러니까 그들은 입 다물고 혐오당하며 배제당해 마땅하다.

일정 나이대까지 아이를 낳지 않은 여성은 집안의 죄인이 된다. 반면 아이를 낳은 여성은 그때부터 사회의 죄인이 된다. 아이 양육은 그들만의 몫이며, 아이의 잘못은 그들의 잘못이며, 이 사회의 아동적대적인 성향은 엄마적대적인 성향으로 확장된다. 그리고 그 모든 일의 근본적인 원인, 가장 근원적인 문제는 오직 '엄마 개인'에게 있다고 치부된다. 그들은 악의 근원이자 죄의 원천이며 자기책임적 사회의 화신이다. 그렇게 다른 모든 구성원들은 그들을 손쉽게 혐오하고 배제하고 비난하면서 편안함과 즐거움을 느낀다.

　　　그런데 애초에 왜 아이 옷에 녹음기를 단 것이 엄마여야 했는지에 대한 물음은 보이지 않는다. 어째서 아이가 혹시 유치원에서 학대받는 건 아닌지 걱정하며 전전긍긍하는 것은 엄마여야 하고, 결국 그에 따라 비난의 대상이 되어야 하는 것도 엄마뿐인지는 이야기되지 않는다. 그런 이야기들이 오가는 사이에서 아빠라는 존재는 아예 거론조차 되지 않는다. 마치 아이에 대한 전적인 책임을 엄마가 지는 것은 당연하다는 듯이 말이다. 그리고 그에 따른 온갖 혐오와 비난을 엄마가 감당하는 것도 자연스러운 일처럼 여겨진다. 그렇게 사회는 힘에 따라 존재들을 분류하고, 엄마들을 가장 취약한 존재로 만들어 어느 한구석에 던져놓았다. 언제든지 혐오하거나 비난해도 좋은 위치에 놓고서 죄인으로 취급하는 일을 당연시한다.

아이 없는
세계와
'나의 권리'

노키즈존 문제는 흔히 '영업주의 자유'가 우선인가, '소비자인 아이와 부모의 권리'가 우선인가 하는 문제로 수렴된다고 한다. 노키즈존을 찬성하는 입장은 결국 그것이 영업주의 자유이자 선택의 문제라는 것이고, 반대하는 입장은 아이나 부모의 자유와 권리를 박탈해서는 안 된다는 것이다. 그러나 사실 노키즈존 문제는 단순한 자유와 권리의 문제라기보다는 실질적인 힘의 문제에 가깝다. 영업주 입장에서는 영업에 가장 방해가 되는 존재가 '아이'만은 아닐 것이다. 온몸에 문신을 한 조폭들이라든지, 카페 분위기를 망치며 쩌렁쩌렁 울릴 정도로 수다를 떠는 이들이라든지, 애정행각을 심하게 벌이며 주변의 눈살을 찌푸리게 하는 이들이라든지, 때로는 너무 오래 자리를 여럿 차지하고 버티는 카공(카페공부)족 등도 영업주 입장에서는 걸러내고 싶을 수 있다. 하지만 카페 주인에게는 사회적으로 그럴 만한 '힘'이 주어지지 않는다.

　　　그러나 카페 주인에게 아이를 배제할 정도의 힘은 주어진다. 적어도 우리 사회에서 아이란 다른 연령대의 그 누구보다도 권력이 없기 때문이다. 더군다나 주된 양육을 거의 엄마가 책임지는 사회에서 엄마 또한 힘이 없기는 마찬가지다. 아이가 떠들면 누구든 그 엄마를 향해 손가락질하며 비난하고 둘을 싸잡아 배제할 권력이 있다. 그 정도의 힘에 관해서는 사회적으로 암묵적인 동의가 깔려 있는 것이다. 아이를 내치고 그 엄마를 내친다고 해도 그에 관한 권력의 압박도, 윤리의 압력도, 법의 강제도 없다.

　　　그 이유 중에는 아이와 엄마의 존재가 워낙 협소하다는 점도 있을 것이다. 노키즈존에서 대개 문제되는 아이의 연령대는 '취학 전' 아동들이다. 또 '키즈'에서 영유아는 제외되는 게 일반적이니, 문제가 되는 키즈란 어느 정도 활동이 가능한 서너 살에서 대여섯 살 정도의 아이들일 것이다. 그렇다면 한 사람의 입장에서도 자신이 그런 키즈의 엄마로 사는 시기는 인생 전체에서 겨우 몇 년에 불과하다. 남성은 아이를 동반해 카페에 가는 일 자체가 드물 테니, 그 시간이 훨씬 더 줄어든다. 그러니까 대다수의 사람들은 인생 대부분의 시기에 '노키즈'인 인생을 살고, 따라서 '키즈'와 '키즈의 엄마'를 배려하는 일이 그 자체로 대단한 손해라고 느낀다.

　　　그렇기에 이 문제는 명백히 다수와 소수, 강자와 약자라는 '힘'의 질량적인 구도 속에 존재한다. 왜 노키즈존이 허용되는가? 왜 아이들은 시끄럽고 더럽다는 이유로 박테리아나 바이러스 취급을 받으며 기꺼이 배제될 수 있는가? 왜 '완전한 배제'가 아닌 다른 방법들은 고려되지 않는가? 극단적으로 문제행동을 하는 아이와 부모가 있다면 경찰에 신고를 할 수 있고, 아이를 위한 안전장치나 별도의 공간을 마련하는 등의 대안을 고민해볼 수 있을 것이다. 그런데 그런 식의 개별적이고 구체적인 방법조차 완전히 거부한 채, 왜 가장 손쉽고도 폭력적인 배제가 자유자재로 이루어지는가? 그 이유는 전 사회적으로, 모든 맥락에서, 그들은 약자이기 때문이다. 그들에게는 그래도 되기 때문이다.

●

　　　최근 국가인권위원회는 아동의 식당 이용을 '전면적으로 배제'하는 것이 아동인권 침해에 해당한다는 권고를 내놓았다. 일단 일반적인 식당의 경우 아동의 신체나 건강에 유해한 장소가 아니고, 이용상 특별한 능력이나 주의가 필요하지 않다는 것이다. 따라서 식당 측이 영업상 다소 어려움이 있다 하더라도 안전사고 방지를 위한 의무를 다해야 한다는 것이다. 특히 일부 사례만을 가지고 아동 전체를 전면적으로 출입 금지시키는 것은 객관적 이유 없는 '합리화 또는 일반화'에 불과하다고 못 박았다. 가능하면 영업주 입장에서도 다양한 방법을 고민해 아이를 배제하기보다는 포용하는 방향을 취해야 한다는 것이다.

인권위의 입장은 업주에게 다소 가혹하게 느껴질 수도 있지만, 최근의 상황을 보면 '아이 배제 현상'에 대한 진정제를 투여할 필요가 있어 보인다. 한 언론사의 설문조사에 따르면 "자녀를 둔 상태 자체를 비난하는 표현을 직접 보거나 들은 적이 있다"에 60퍼센트 정도의 사람들이 그렇다고 대답했다. 즉 아이가 특별히 사고나 문제를 일으켜서가 아니라 단지 아이와 함께 있다는 이유로 이를 비하, 비난, 조롱하는 일이 드물지 않게 일어난다는 것이다. 아이가 조금만 칭얼대거나, 한두 번 큰 소리를 내거나, 실수를 하는 것만으로도 사람들이 극단적인 반응을 보이는 일이 잦아졌다고 할 수 있다.

실제로 최근 '맘충' 등의 언어가 확산되면서 아동 혐오, 나아가 육아하는 어머니들에 대한 혐오가 번지는 현상이 문제되고 있다. 이에 따라 육아는 집에서만 해야 하는 일, 혹은 아이는 돈을 지불한 어린이집이나 유치원 등에만 있어야 하는 존재, 얼마 없는 키즈카페나 키즈존에만 가둬두어야 하는 존재로 여겨지는 풍토가 확산되고 있다. 결국 문제는 단순히 양측 권리의 충돌을 넘어서 특정 권리를 적극적으로 침해하는 '혐오'의 문제로 나아가고 있다. 인권위의 권고는 그런 현상에 제동을 걸고자 나온 것으로 보인다. 나아가 이 문제에 대한 합리적인 해결책이 절실해지고 있음을 뜻한다.

정신장애나 치매노인을 돌보는 이들은 스스로 사회적인 죄인이라 생각하기 때문에 에티켓을 요하는 공간에 그들을 데려가지 않는다. 그러나 아이의 엄마들은 아직 자신이 완전히 죄인이라고까지는 생각하지 않아서 아이를 데리고 가기도 한다. 하지만 그들도 죄인이다. 이 사회에서 그들은 함부로 나다닐 수 없고, 암묵적으로 출입을 금지당하며 배제당하고, 실질적인 힘에 의해 규율당하는 죄인이다. 나는 한 가지를 단언할 수 있다. 그것은 아이들을 미세먼지 취급하며 노키즈존 간판을 공기청정기처럼 내거는 것이 자유로운 사회는 폭력적인 사회라는 것이다. 그 사회는 오직 힘에 의해 작동하는 사회이고 폭력이 공기처럼 존재하며, 따라서 힘을 가진 괴물들이 낙인찍힌 죄인들을 배제하는 사회라는 것이다.

●

과거에도 아이들은 있었다. 하지만 노키즈존은 없었다. 아이 하나를 키우려면 온 마을이 필요하다는 표현처럼 동네가 아이를 키웠다. 아이들이 골목골목을 소란스럽게 뛰어

다니며 놀면 이웃 어른들이 곳곳에서 보살펴주며 먹을 것과 마실 것을 내주곤 했다. 식당에서도 아이들이 돌아다니는 풍경은 자연스러웠고, 아이로 인해 소란스러워지는 일은 어느 정도 관용적으로 받아들여졌다. 하지만 최근에는 거의 모든 공간에서 아이들에게도 극도의 에티켓을 요구하며 타인의 권리를 침해하지 말라고 강요한다. 그 요구를 지키지 못하면 출입이 금지되며 배제된다.

그 이유는 여러 가지가 있겠지만, 모든 사람이 아이를 키우던 문화가 급속히 바뀐 점도 큰 영향을 주었을 것이다. 과거에는 특정 나이대가 되면 자연스레 결혼을 하고 출산을 하여 아이를 키우는 문화가 있었지만 최근에는 그렇지 않다. 싱글족, 비혼족, 딩크족 등이 많이 늘어났고, 결혼 시기나 출산 시기도 전반적으로 늦어졌다. 젊은 층의 절반은 아이를 낳을 계획이 없다고 할 정도로 아이란 '당연한 존재'가 아니게 되었다. 과거에 다른 아이에 대한 배려와 관용은 곧 내 아이가 배려받고 이해받을 가능성을 의미했다. 그러나 '자기 아이의 존재'가 보편적이지 않은 시대에는 '나의 권리'가 최우선이 되며, 아이도 또 하나의 동등한 타인일 뿐이다. 서로의 권리를 침해하지 말아야 하는 일종의 동등한 저울추 같은 존재가 되는 것이다.

이에 따라 아이란 '특별히' 더 배려받고 이해받아

야 할 대상에서 밀려났다. 당연히 아이는 미숙한 존재이기에 사회의 평균적인 에티켓을 완벽하게 지킬 수 없지만 그러한 '능력'은 고려 대상이 되지 않는다. 나아가 담배나 애완견처럼 특정 공간에 침범해서는 안 되는, 일상의 해로운 존재로 격하되고 있다. 이는 저출생 시대와 맞물려 출산과 육아 전반에 대한 부정적인 인식을 강화하고 있다.

결국에는 전반적으로 변화한 시대상과 아이의 권리, 육아환경의 조화가 필요해 보인다. 다양한 대안이 나오고 있지만 그중에서도 업체가 '노키즈존'을 운영하는 경우 '키즈존'을 의무적으로 함께 운영하는 방안이 양자의 권리를 적절히 고려할 수 있는 하나의 해결책이 될 수 있다. 비록 완전히 아이가 없는 공간을 원하는 소비자에게는 위층이나 옆 구역의 아이들이 여전히 불편할 수 있겠지만, 그 정도의 관용은 필요한 시점이 아닐까 한다. 취향의 존중, 권리의 보호, 또 약자에 대한 관용이 함께 조화를 이루는 사회를 꿈꾸어본다.

비행기 타는 부모가
환영받는
방법

한때 4개월 된 아기와 비행기를 타는 한 엄마가 200여 명의 승객들에게 귀마개와 사탕, 편지를 준비해 전달한 일이 화제가 되었다. 승객이 찍은 듯한 사진 속에서 아이 엄마는 갓난아기를 안고 기내를 돌아다니며 일일이 선물을 나눠주었다. 기사 댓글은 '국격을 올렸다', '이게 엄마다', '비행기 타는 부모가 환영받는 방법' 같은 말들로 채워졌다.

며칠 전에 나는 그보다 몇 개월 더 된 아기를 데리고 제주도를 다녀왔다. 고작 한 시간 정도의 여정이었지만 비행기를 타기 전부터 걱정이 되었다. 혹시라도 아이가 울거나 토하거나 힘들어하면 어떡하지, 하는 걱정으로 아내와 만반의 준비를 하고 비행기에 올랐다. 다행히 아이는 잘 견뎠지만 한 시간이 다 되어가니 답답해하고 힘들어하는 게 확연했다. 조용한 기내에서 짧게 소리라도 내면 다른 승객에게 피해가 갈

까 식은땀이 흘렀다. 비행기가 착륙할 때는 정말로 깊은 안도
감이 들었다.

　　　아이를 데리고 다니는 일은 기본적으로 죄인이 될
가능성을 품에 안고 다니는 일이다. 매너도, 에티켓도, 사회의
예의도 전혀 이해할 수 없는 아기가 혹여나 그 상황과 공간에
맞지 않는 행위라도 하면 부모는 단번에 죄인이 된다. 다른 사
람들에게 피해를 끼치는 건 둘째치더라도, 스스로 죄인이 되
지 않으려고, 비난받거나 눈총받지 않으려고 전전긍긍하는 게
일상이다. 하지만 아무리 애써도 아이가 완벽하게 통제될 수
는 없다. 사람 아기라면 당연한 일이다. 훈육이 가능하지 않은
시기라는 게 있다. 또 아이마다 성향도 달라, 어느 정도 나이
가 들어도 통제될 때까지 시간이 걸리는 경우도 많다.

　　　기사 속 엄마의 마음이라는 걸 생각해보았다. 열
시간 동안 비행해 동생을 만나러 아이와 떠나는 엄마의 마음.
열 시간이면 4개월 아기 기준으로 아마 수유를 서너 번은 해
야 할 것이다. 아이에 따라서는 통잠을 자지 못해 두 시간마다
깰 수도 있다. 기저귀도 두 번은 갈아야 할 것이고, 토하는 일
도 자주 있을 때다. 또 통제가 되지 않을 만큼 자주 우는 경우
도 많다. 비행기를 타야 하는 그 엄마의 마음은 엄청난 두려움
과 걱정과 불안으로 가득했을 것이다. 더군다나 그런 아기를
데리고 집 밖으로 나가 이동한다는 일 자체가 타인에게는 죄

가 된다는 걸 의식하고 최후의 수단처럼 귀마개를 떠올렸을 것이다. 이렇게 한다면 다른 사람들도 조금은 이해해주겠지, 설령 아이가 내내 울고 힘들어하는 최악의 상황에서도 덜 죄스러울 수 있겠지, 그렇게 생각했을 것이다.

인간 아기에 대한 최소한의 이해, 그리고 그 엄마에 대한 상상력을 가진 사람은 이렇게 생각하는 게 당연하다. 반면 그 기사를 보고 엄마의 위대함이니, 국격이니, 부모의 에티켓을 말하는 것은 상상력이라고는 전혀 없는 반응이다. 나아가 아이를 데리고 다니는 부모들을 더 죄인 취급하는 언행은 아닐까? 덜 자란 인간 아이를 배려하기보다는 그 부모가 타인의 신경을 거스르지 않도록 '앞으로도 최선을 다해 애쓰라'는 요구가 아닐까? 현명한 엄마의 자격이 갓난아기를 끌어안고 죄인이 되어 타인들에게 선물을 갖다 바치는 데서 얻어지는 것이라는 선입관을 재생산하는 일이 아닐까?

이미 부모는 충분히 죄인들이다. 세상이 나서서 더 '죄인이 되라'고 윽박지르지 않아도 이미 죄인으로 살고 있다. 더군다나 주로 아이를 보살피는 엄마들은 아이가 사소한 실수만 저질러도 '맘충이 돌아다닌다'는 말이 끝도 없이 재생산되는 시대에 살고 있다. 그런 엄마가 죄인이 되지 않기 위해 갖은 애를 쓰고 200개의 선물을 준비하는 일은 감동적이기보다는 처량하고 애처롭고 화가 나기까지 한다. 확실한 건 이 사회가 타자에 대한 거의 모든 관용을 잃어버렸다는 것인데, 거기에서 가장 큰 희생양이 되고 있는 건 가장 힘없고 발언권도 없는 약자들이다. 아이와 엄마는 그 약자들 중 가장 앞자리 한구석에 앉아 있다.

그런 기사를 보고 '저 엄마는 얼마나 마음고생 했을까', '다음번에는 비행기 탈 때 아이 엄마 있으면 응원해줘야겠다', '사실 나는 아이 울어도 괜찮은데, 너무 짠하다' 같은 반응이 아니라 '개념 엄마다', '진정한 현모양처다', '저 엄마의 아이는 잘 자라겠다' 같은 말이 나오는 사회가 어떤 곳인지는 어렵지 않게 알 수 있다. 그 사회는 타자에 대한 이해와 상상을 더 이상 온전히 할 수 없는 사회, 더군다나 아이와 엄마에 대한 혐오까지 은연중에 깔고 있는 사회다. 국격은 타자에 대한 관용에 있는 것이지 타자로부터 대접받는 데 있는 게 아니다. 아이가 비행기에 탈 수도 있으니 자기 귀마개는 알아서 챙기는 것, 나아가 항공사나 정부지침이 그런 방향으로 나아가는 게 차라리 더 국격과 관련 있을 것이다.

바로 곁에
있는 사람,
〈82년생 김지영〉

그녀는 해 질 무렵이면 이상하게 마음이 내려앉는 기분이 든다. 그녀가 하루를 보내는 공간은 주로 벽으로 둘러싸인 아파트나 그 주변의 산책로 정도다. 그 공간에서 아이를 키우고, 산책을 나서고, 집안일을 돌본다. 하루하루 힘겹기는 하지만 그렇게 나쁠 것은 없어 보이기도 한다. 아이도 사랑스럽고, 남편도 다정하고, 어찌 보면 평온한 일상이 흘러간다. 그런데 이상하게도 그녀는 자신이 무언가를 잃은 듯한, 갇혀버린 듯한, 있어서는 안 될 곳에 있는 듯한 기분을 느낀다.

그녀에게서는 어떤 삶이 아득히 멀어지고 있다. 그와 함께 어떤 세상도 멀어진다. 그 삶 혹은 세상은 그녀가 그토록 도달하리라 꿈꾸었던 것들이지만, 어느덧 그녀는 돌이킬 수 없을 만큼 그로부터 떨어져나가고 있다. 세상을 당당히 거닐며 자기를 펼치라고 속삭이던 말들, 저 드넓은 삶을 여행할

꿈으로 버텼을 수험생활, 이 악물고 견뎌냈을 취업준비 시절까지, 그녀에게는 자신이 발 디디리라 믿었던 세상이 있었다. 그 세상을 명확히 표현할 수는 없어도 그곳에서 그녀는 자신의 능력으로 인정을 받고, 그로써 빛나며, 힘차게 거리를 걷고, 또 먼 세계로 여행이나 출장을 다니면서, 그렇게 이 세상을, 자기의 삶을 누빌 터였다. 그러나 그 세상에 발을 디디기 무섭게 떨어져나왔다. 그녀는 마치 끝없는 우물로 추락하는 것 같고, 그 우물 밖 세계는 멀어지기만 한다.

　　　언제부터였을까, 그녀는 그런 자신과의 관계를 끊어버린다. 삶은 제법 괜찮게 지탱되고 있는 듯하지만 그것은 그녀가 믿었던 인생 전체를 부정하면서 얻은 안락 같은 것이다. 그리고 그녀는 그 자신의 일부를 떼어내어 차마 버리지는 못한 채 다른 인격에게 건네준다. 그녀는 종종 자신의 할머니가 된다. 그 인격 속에는 그녀가 내다버린 꿈들, 억눌린 마음들, 상처들, 좌절들이 쓰레기처럼 쌓여 폐허를 이루고 있다. 그녀는 갇혀 있지만, 그리고 많은 것을 버렸지만, 그녀의 다른 인격은 종종 그녀의 자리에 들어선다. 마치 더 이상 이 모든 억압을, 외면을, 갇혀 있음을 견딜 수 없어질 때 그런 그녀를 보호하겠다는 듯이 그녀를 의식 저편으로 떠나보내고, 다른 인격이 그녀의 몸에 자리를 잡는다.

　　　그녀에게는 남편과 아이가 있다. 아마 그들은 사랑

으로 뭉쳐 있을 테지만 남편은 점점 어딘가로 떠내려가는 듯한 그녀를 붙잡을 수 없다. 그녀는 항상 '괜찮다'고만 할 뿐 정작 스스로가 겪고 있는 인격의 분열도 알지 못한다. 그는 그녀를 위해 무엇이든 할 준비가 되어 있는 남편으로 보이지만 사실 그가 해줄 수 있는 일은 많지 않다. 그녀는 한 번, 다시 사회로 나가 일을 할 수 있는 기회를 얻는다. 남편은 자신이 육아휴직을 쓰겠다면서 그녀를 돕고자 한다. 그러나 시어머니가 극구 반대하고, 남편이 일하는 데 비해 돈을 더 많이 벌 수도 없는데다 결정적으로 자기가 병에 걸렸다는 사실을 알게 되면서 그 일도 좌절된다. 특히 그녀가 이미 '병에 걸려버렸다'는 사실은 겨우 찾은 탈출구마저 불가능하게 만들어버린다. 그녀는 저 세상으로 다시 나서기에는, 이미 망가졌다.

영화에서는 그렇게 그녀를 매번 걸려 넘어지게 하는 절묘한 장애물들이 있다. 다른 방법이 없을 것처럼 그녀의 발목이 붙들려 있다. 이는 어찌 보면 영화적인 장치처럼 보이기도 하지만, 사실 모든 사람에게는 그만큼 절묘한 각기 다른 이유들이 있기 마련이다. 비슷한 입장의 누군가는 아파트와 자동차 대출을 갚느라 남편이 도저히 육아휴직을 쓸 수 없는 상황일 수도 있고, 양가 부모님이 멀리 살아서 아이를 맡길 수 없는 상황일 수도 있으며, 한두 해만 아이 곁에 있으려 했는데 둘째가 생기고 이미 경력단절이 누적되어 다시 직장을 찾는 일이 거의 불가능해졌을 수도 있다. 그런 '저마다의 사정'이라는 것은 무엇보다 희생을 강요한다. 포기할 것, 갇혀 있을 것, 참고 견딜 것이라는 명제가 삶에 내려앉는다. 그리고 누군가는 그로 인해 자기 삶 전체를 잘라낸다.

　　　그런 포기는 때로는 가난이라는 이름으로, 장애라는 이름으로, 성별이라는 이름으로, 태생이나 학벌이라는 이름으로 누군가에게 주어진다. 그녀가 강요당한 포기는 '성별'이라는 이름으로 이루어졌다. 분명히 남녀가 큰 차이 없이 동등한 꿈을 꾸면서, 같은 것을 바라보면서 시작한 삶이었건만, 어느 순간부터 삶은 양자를 갈라놓고 일방적으로 어느 한쪽을 더 가혹한 세계로 집어던졌다. 사회에서는 늘 남자에게 더 많은 자본과 권력과 지위가 주어지므로 남자가 바깥일을 하고 여자는 집안일을 하는 것이 합리화되었다. 그러나 그것은 잘못된 전제다. 남성들이 직장생활에 더 유리하도록 이미 조건 지어진 세계에서 여성들은 이미 선택권을 박탈당한 터인데도 선택을 했다고 합리화하게 된 것이다.

　　　그녀는 주변이 온통 벽으로 둘러막힌 것 같다고 말했다. 사실 그녀도 원하면 산책을 나설 수 있고, 이따금 여행도 다닐 수 있으며, 원하는 일이 있다면 조금씩 해볼 수 있을지도 모른다. 그러나 그럴 때 그녀를 둘러싼 세계란 보이지 않는 투명한 유리벽으로 막혀 있는 것과 다름없다. 같은 공간에서 같이 커피를 마시더라도 그는 회사원들의 세계에 들어갈 수 없다. 같이 외국을 거닐어도 세계가 그녀의 무대가 될 수는 없다. 과거의 회사 동료들과 마주 보고 이야기를 하고 있어도 그녀는 결코 그들의 세계로 들어설 수 없다. 그녀는 다른 세계의 주민이 되었다. 물론 그 세계를 좋아하는 사람도 있다. 아이와 보내는 시간, 육아에 대해 이야기하며 깔깔대는 시간, 아이를 돌보는 일이 고되어도 그 세계에 분열 없이 속해서 만족하는 사람들도 있다. 그러나 그녀는 그런 세계를 바란 적 없었고, 그녀가 꿈꾸었던 세계에서는 어느덧 쫓겨났으며, 탈출구 없이 다른 세계에 속하게 되었다.

그녀가 그렇게 원치 않는 세계의 이방인이 된 것은 그녀의 탓이 아니었다. 그렇다고 그것이 곁에 있는 다른 누군가의 잘못이라 볼 수도 없었다. 오히려 그것은 그녀가 잘못 태어났기 때문이라고 봐야 할 것이다. 그녀가 태어난 세계가 그러했던 것이다. 그녀가 태어난 세계에서 여성은 오직 가정과 일 중 하나만을 택하도록 강요당하고, 그 사실을 정확히 모르고 있다면 결국 자신이 원치 않는 세계에 어느샌가 속하게 될 수도 있는 것이다. 그녀가 태어난 세계는 그에 관해 번복의 여지를 거의 주지 않고, 그렇게 한 번 다른 세계로 집어던진 후에는 다시 돌아올 여지도 없이 그렇게 가두어버리는 땅인 것이다. 그래서 그녀는 그 세계를 끌어안기 위해 마지막으로, 글을 쓴다. 잘못 태어난 세상의 분열, 이미 부서진 자기의 삶을 견디기 위해 글을 쓴다. 그렇게 '82년생 김지영'이라는 이방인이 세상에 쓰인다.

●

영화 〈82년생 김지영〉이 시작될 때는 묘하게 긴장감이 들었다. 그 이상한 긴장감 혹은 부담감을 스스로도 잘 이해할 수는 없었는데, 그 마음이 처음 몇십 분 동안 줄곧 이어졌다. 어쩌면 그 묘한 부담감은 남성으로서 느끼게 되는 무의식적인 공포감 같은 것이었을지도 모른다. 한 명의 남성으로서 비난의 대상이 되고, 잘못되거나 악한 존재가 되고, 결국 부정당하고 말 거라는 나도 모르는 공포 같은 게 아니었을까 싶다.

그런데 영화가 진행되면서는 이 영화가 나를 공격한다는 느낌은 거의 들지 않았다. 처음 느꼈던 이상한 부담감, 여전히 명확히 설명할 수 없는 그 묘한 긴장감은 사라지고 오히려 너무나 현실적인 이야기로 와 닿았다. 영화를 보는 중간에는 영화 속의 모든 풍경이 낯설지 않다고 느꼈는데, 특히 육아는 지금 내 삶의 가장 핵심적인 화두이고, 아내와 내가 가장 절실히 마주하고 있는 문제임을 불현듯 깨달았다. 이 이야기는 특정 여성만의 문제라기보다는 비슷한 시기를 보내는 모든 사람들의 이야기 같다는 생각이 들었다.

사실 〈82년생 김지영〉이라고 하면 어디까지나 나에게는 타자의 이야기이고, 그녀의 아픔, 그녀가 겪는 상처와 억압에 대한 이야기일 거라고 생각했었다. 그래서 나는 완전히 내려놓고 이 사회를 살아가는 '어느 한 여성의 이야기'를 안타깝게 보게 되리라 생각했지만, 그 이야기는 무척이나 나의 이야기처럼 다가왔다. 물론 영화 내에서의 몰카 문제라든지 성폭력 문제라든지 세대를 이어 내려오는 성차별적 억압 등은 내가 겪어온 문제라 볼 수는 없다. 그러나 아무래도 나에게는 그들이 놓인 결혼생활과 육아의 시절이라는 게 곧 나의 시절, 나의 현실, 나의 삶과 다르지 않다고 느껴졌다. 그것은 우리의 문제이자 우리의 삶이고, 내가 겪는 삶이기도 하다.

아내와 함께 매일을 살아가면서 느끼는 것은 아내와 내 삶의 가치는 분리될 수 없다는 점이다. 아내가 삶에 던지는 질문이나 삶으로부터 받는 느낌, 삶에서 봉착하게 되는 딜레마나 어려움은 대부분 나도 겪을 수밖에 없다. 마찬가지로 내가 겪는 삶의 느낌 또한 아내랑 공유할 수밖에 없고, 그렇게 사실 우리는 공동의 세계를 살고 있는 셈이다. 그래서 김지영의 이야기는 곧 아내의 이야기 같기도 했고, 나의 이야기나 우리의 이야기 같기도 했다. 이 문제는 한 사람이 추락하고 마는 그런 문제가 아니라, 함께 추락하거나 함께 이겨내거나 함께 헤쳐 나가야만 하는 그런 문제인 것이다.

영화는 마치 내가 남성으로서 공격받을 것만 같은 무의식적인 긴장감 속에서 시작되었지만, 영화가 나아가면서 이 싸움은 여성과 남성의 싸움이라기보다는 결국 서로가 처절할 정도로 서로의 우군이 되어 이 현실과 맞서지 않으면 안 된다는 것을 이야기하는 듯 느껴졌다. 그녀가 겨울 해 질 무렵의 순간, 아이의 등을 바라볼 때의 감정, 카페에 홀로 나설 때의 기분, 처음 직장에 들어서고 또 결국 돌아 나와야 했을 때의 심경 같은 것을 누구보다 정확하게 알아야 할 사람이 바로 곁에 있는 사람이다. 반대로 그녀 입장에서도 온통 아내와 아이 걱정으로 무엇이든 하겠다는 마음만을 삶의 핵심에 둔 그를 진정으로 이해해야 함께 이겨나갈 수 있는 문제이다. 그러지 않고서는 온갖 함정과 위협과 어려움 속에서 어찌할 도리 없이 난파되고 말 처지의 현실이 여기 놓여 있는 것이다.

사회의 온갖 편견, 구조적인 차별, 언어적인 억압, 그 속에서 박탈을 강요당하는 자아의 문제 같은 것과는 결국 아내와 나 모두 끝없이 싸워야만 할 수밖에 없다. '맘충'이라고 중얼거리는 사람들한테 가서 '나도 대디충이다'라고 소리 지르고, 엄마의 몫으로 당연시되어 있는 아이를 아빠의 품으로 데려오고, 내가 가진 시간을 분배해 아내도 가지도록 쪼개고, 내가 사회 속에 발 디디고 있는 만큼 아내도 발 디딜 수 있게 싸우는 일은 결코 홀로 하는 일도, 할 수 있는 일도 아님을 더 절실히 느낀다.

　　　결혼을 하고, 셋을 이루고, 하루하루 시간과 몸과 마음을 저 드넓은 세상보다는 우리의 울타리 안으로 끊임없이 쏟아붓는 일은 그 자체로 쉽지 않은 일임은 분명하다. 이 일은 무엇보다도 끊임없이 질문을 하게 만든다. 이 시절이 무슨 의미가 있는지, 아이를 키운다는 건 어떤 가치가 있으며 무엇을 잃고 무엇을 얻는 일인지, 무엇으로부터 쫓겨나 무엇을 박탈당했으며, 어디로 진입해 어떤 삶으로 나아가고 있는지를 매일같이 묻지 않을 수 없다. 우리는 무엇을 왜 견뎌내고 있고, 무엇을 위해 무엇을 포기했고, 무엇을 향해 살아가고 있는지 계속 마주하게 되는 것이다.

　　　그 질문의 끝이 후회나 잘못, 절망이나 실패가 되지 않으려면 아무래도 우리 셋은 함께 이 시절을 이겨내야만 한다. 그 싸움은 누구 혼자만의 싸움이 아니고 우리 모두의 싸움일 것이다. 어느 하나만 성공하거나 이기거나 실패할 문제도 아니고, 별도로 분리된 당신이나 어느 누구만의 문제는 더욱 아닐 것이다. 결국에는 우리가 살아가고 있는 삶에서 온전히 함께 살아남는가 그렇지 못하는가의 문제이고, 그렇기에 그것은 곧 나의 문제이기도 하다. 그 처절한 싸움을 하고 있을 사람들이 행복했으면 싶다. 나 또한 어느 날, 우리가 싸워온 시절들을 되돌아보며 그래도 결국은 우리가 이겼다고, 당신이 이겨냈다고 말할 수 있는 날이 왔으면 싶다.

바람이 있다면,
기억되는 아버지가
되는 것이다

어머니를 생각하면 운전하는 옆모습이 가장 먼저 떠오른다. 하루 종일 학교에서 보냈던 고등학교 시절, 밤늦게 학교를 마치면 늘 어머니가 차를 몰고 데리러 왔다. 내신성적이니 모의고사니 하는 것들이 머릿속을 가득 채우고 있던 시절이었다. 조수석에 타고 집에 돌아가던 30여 분은 몸도 머리도 쉴 수 있는 거의 유일한 시간이었다. 어머니는 내게 학업에 대해서는 거의 묻지 않았다. 그저 친구들이랑은 잘 지내는지, 먹고 싶은 건 없는지 물을 뿐이었다. 생각해보면 어머니는 밤낮으로 공부하며 스트레스 받아야 하는 나에게 모종의 미안함을 가졌던 것 같다. 그 스트레스를 대신 짊어질 수 없음에, 그 공부를 함께 해줄 수 없음에 말이다.

어머니는 종종 "우리 아들은 엄마가 젊어서 좋겠다"라는 말을 했다. 어머니는 딸 셋인 집안의 막내딸로 자랐다. 어머니는 자신의 엄마가 늘 '할머니'였다고 했다. 앨범에는 학교 입학식에서 '할머니'의 손을 잡고 있는 어머니의 사진이 있다. 외할머니는 어머니가 성인이 되던 해, 암으로 세상을 떠났다. 반면 어머니는 스물셋에 나를 낳았다. 어디를 가나 "어떻게 이만한 아들이 다 있대?"라는 말을 들었다. 당시의 나에게 어른들은 나이 불문하고 어른이었다. 하지만 어머니가 나를 낳은 나이에서 열 살은 더 먹은 시점이 되어보니 어머니의 말이 이해되었다. 어머니는 젊었고, 청춘을 나와 함께하는 데 바쳤다. 나의 어린 시절이 어머니였다면, 어머니의 청춘은 나였다.

어머니와 함께했던 시절은 자동차로부터 시작된다. 당시 우리 집은 그리 풍족하지 않았다. 하지만 하나 있던 자동차는 늘 아버지가 출퇴근을 하는 데 썼기에 어머니는 우리를 데리고 다니고자 할부로 차를 한 대 구입했다. 이후 동생과 나를 태운, 아마 시중에서 가장 쌌을 하얀색 중고 경차는 전국을 누볐다. 차를 탈 때 조수석은 언제나 내 자리였다. 나는 차를 탈 때마다 속이 부글부글 끓을 만큼 멀미가 심했는데 조수석에 타면 비교적 괜찮았기 때문이다. 내가 청소년기에 이를 때까지 들었던 노래는 거의 다 어머니와 함께 들은 것이었다. 당시 유행하던 가요며 어머니가 어릴 적 좋아했던 올드 팝송, 클래식과 뉴에이지 음악이 언제나 차에서 흘러나왔다. 어머니와

했던 이야기의 절반 이상도 자동차 안에서 이루어졌다.

　　지금의 나보다 겨우 몇 살 많았던 어머니가 처음 자동차를 타고, 작은 자유를 얻고, 그렇게 이 세상 속으로 달려가던 일을 생각하면 어딘지 슬픈 기분이 든다. 어머니는 어릴 적 꿈이 스튜어디스였다고 했다. 지방에서 자란 어머니는 서울에 올라가 해외를 누빌 꿈을 꾸는 젊은 여성이었다. 하지만 스무 살 때부터 낮에는 은행 일을 하고 야간 대학을 다녀야 했던 어머니에게 현실과 꿈은 한없이 분리되었을 것이다. 어머니에게는 자신의 길을 걸어가보라고 든든하게 지지해주는 부모가 없었다. 언니 둘과 함께 살던 어머니는 삶을 차분히 만들어가보기도 전에, 꿈이라는 것으로 다가가보기도 전에 삶을 결정당했다. 삶을 제대로 알기도 전에 결혼을 하고 아이를 낳았다.

　　아버지 역시 일찍 가정을 꾸렸지만 아버지의 사회적 삶은 승승장구했다. 오히려 결혼 이전보다 결혼 이후 더 많은 것을 이루었다. 남들이 부러워할 만한 사회적 명예를 얻고 단체를 조직하며 활동 폭을 넓혀갔다. 반면 어머니의 삶에는 오직 우리 남매만 있었다. 나에게 지난 10년이 여행을 하고 학위를 받고 꿈을 향해 나아가는 과정이었다면, 어머니에게 같은 나이대의 10년은 우리를 지켜보는 과정이었다. 아버지의 시간이 사회 속에 자신을 새겨 넣었다면, 어머니의 시간은 우리 안에 기억을 아로새겼다.

　　　물론 아버지와 보내는 시간이 전혀 없었던 건 아니다. 방학이면 아버지와 함께 계곡에 놀러 다녔고, 아버지 역시 차를 몰고 학교로 나를 데리러 오곤 했다. 다만 나는 아버지보다 어머니의 삶을 더 생각해야 한다고 느끼곤 한다. 아버지는 사회에서 자신의 위치를 얻고 명예를 성취하는 삶을 살았던 반면, 어머니는 우리의 기억 외에는 남길 것 없는 삶을 살았기 때문이다. 이것은 어찌 보면 가부장제의 비극이기도 하다. 단순히 아버지는 자신을 사회 속에서 펼칠 수 있었고 어머니는 그럴 수 없었기 때문에 비극이라는 것은 아니다. 우리의 가장 애틋한 기억이 아버지보다는 어머니에게 집중되어 있다는 이유에서도 비극인 것이다. 이 넓디넓은 세계에서, 부단히도 떠나가는 타인들의 세상 속에서, 가장 서로를 사랑하며 기억해야 할 가족의 기억에 차등이 있다는 것 역시 슬픈 일이다.

　　　어느덧 집을 떠나 산 지도 10년이 넘었다. 어머니가 앉던 운전석에는 내가 앉아 있고, 뒷좌석에는 아내와 아이가 타고 있다. 하지만 어머니가 좋아하던 노래는 아직도 내 차 안에 흐르고 있다. 좋아하는 노래가 나올 때마다 부르곤 하던 어머니 대신, 내가 그 노래를 부르고 있다. 10년이니 20년이니 하는 시간이 무색하게도, 나는 차를 몰고 도로를 달릴 때면 어머니와 함께 달리던 시절의 차 안이 떠오른다. 동생은 차만 타면 졸아 늘 뒷좌석에서 자고 있었고, 어머니와 나는 부단히도 무슨 이야기를 나눴다. 가끔은 내 삶이 정말로 '미래'라는 새로운 세상으로 향해가는 것인지 의심이 들곤 한다. 어쩌면 삶이란 그저 되돌아가는 게 아닐까 하는 생각이 든다. 나와 동생이 타고 있던 자리에는 어느덧 나의 아이가 타고 있고, 다시 차에는 내가 좋아하던 노래가 추억처럼 흐르고, 아이는 금세 자라 차를 몰게 되는 것 아닐까. 그 아이는 다시 유독 더 어머니를 추억하는 아이가 되어 있을까.

바람이 있다면, 기억되는 아버지가 되는 것이다. 아이가 기억하는 노래의 절반쯤은 내가 좋아하는 노래였으면 싶다. 또 아이를 싣고 달리는 옆모습의 절반쯤은 나였으면 싶다. 아이가 유독 어머니만을 기억하는 삶을 살게 된다면, 그 일은 그 어머니에게도, 아버지에게도, 가족에게도, 사회에도 결코 좋은 일은 아니리라. 결국 평등한 기억은 평등한 사회로부터 올 수밖에 없을 것이다. 나의 아이와 내가 그런 사회에서, 그런 기억을 살아낼 수 있기를 꿈꾼다.

3. 개인과 공동체: 우리는 서로 뒤섞이는 바다

무엇이 인간을
인간이게 하는가:
선의상실

대학 시절 내가 살던 동네에는 '선 의상실'이 있었다. 몇 년을 살면서도 아무 생각 없이 지나쳤던 곳이다. 어느 날 언제나처럼 그 앞을 지나가는데 의상실이 열려 있는 게 보였다. 한두 평 남짓한 공간에는 천 같은 것들이 잔뜩 쌓여 있었는데, 아주머니 혼자서 부지런히 무슨 작업을 하고 있었다. 나는 '의상실'이 대체 무엇을 하는 곳일까 궁금해하며 내 방을 향해 걸었다. 의상실이라고는 갈 일도 없었을뿐더러 본 적도 거의 없었다. 그러다 문득 의상실의 이름이 제법 철학적이라는 생각이 들었다.

아마도 '선'은 주인의 이름 끝 글자이거나, 한자로 '착할 선善', 아니면 남녀가 '선을 본다' 할 때의 선을 의미할 듯싶다. 어느 쪽이든 해석은 가능하다. 자신의 이름을 딴 경우를 빼고, 앞의 경우는 착한 의상실을 뜻할 테고, 후자의 경우는 자신을 '선보이기' 위해 찾는 의상실이라는 의미가 된다.

하지만 의상실이라는 개념이 낯설었던 내게는 '선의 상실'이 아무래도 더 자연스러웠다. 선이 사라졌다든지 선의를 잃었다는 말이 입가를 맴돌았다. 실제로 처음에는 그곳이 의상실이라고도 생각하지 못했던 것 같다. 오히려 무슨 캐치프레이즈라 생각하며 무심하게 지나쳤다. 그러다 한 번 그단어를 의식하고 나자 그 의미가 내 머릿속 한쪽에 박혀버렸다. 나는 오래된 골목에 살고 있었다. 옛 흔적들이 이곳저곳에남아 있는, 그러나 기억하기 무섭게 상실되어가는 거리였다. 오래된 만화방이 갑자기 문을 닫았다. 채소가게가 있던 자리에는 신축 원룸이 올라가고, 오래된 식당은 편의점이 대체했다. 오랫동안 터 잡고 살던 주민들에게는 선의일 리 없는 변화였다.

한번은 선 의상실에서 멀지 않은 미용실에서 머리를 자른 적이 있었다. 미용사는 비교적 젊은 편이었는데 '선의상실'은커녕 선의가 넘치는 남자였다. 그는 요구르트 하나를건네고 무척 공을 들여 머리를 깎아주었다. 나는 카드 한 장만들고 다니는 게 습관이 되어서 아무 생각 없이 내밀었는데, 그는 무척 미안해하며 자기 가게에는 카드 단말기가 없다고 했다. 바로 앞에 편의점이 있어서 내가 곧바로 돈을 뽑아 오겠다고 했지만 그는 극구 사양하며 다음에 돈을 달라고 했다. 나는 약간 당황해서 다시 금방 돈을 뽑아 오겠다고 말했다. 하지만 그는 그럴 필요가 절.대.로. 없다면서 다음번에 지나갈 때 돈을 달라고 했다. 그래서 이름과 휴대전화 번호라도 남기려 했는데, 그는 그러지 말라면서 나를 쫓아내다시피 했다. 외상을 달아본 건 초등학생 때 동네 문방구 이후 처음이었다. 더불어 그날은 내가 처음으로 왁스를 사서 머리에 발라본 날이기도 했다. 도저히 그가 깎아준 대로는 나다닐 수 없었기 때문이다. 나는 며칠 뒤 이발비를 갖다주었다.

거리는 상실되어가는데 선의는 남아 있었다. 동네에 제법 큰 마트가 들어선 다음에도 나는 가끔씩 작은 채소가게나 과일가게, 구멍가게를 이용하곤 했다. 지금은 사라진 채소가게 할머니는 상추를 사면 늘 깻잎을 서비스로 주었다. 과일가게에서 딸기를 사면서 수박을 몇 조각 얻어먹었다. 세탁소 아저씨는 옷을 여러 벌 맡기면 항상 얼마를 깎아주었다. 내가 사는 원룸의 집주인은 늘 고장 난 데가 없는지 물어보고 사소한 것이라도 고쳐주었다. 감자나 고구마를 쪄주는 일도 종종 있었다. 나중에는 집주인이 바뀌었는데, 전 주인은 몇 달 밀려 있던 관리비도 정산하지 않고 떠났다. 여유라면 여유였고 선의라면 선의였다.

이 정신없이 나아가는 도시에서 옛 흔적들이 여기저기 남아 있는 이 동네가 나는 전혀 싫지 않았다. 꽤나 화려한 시내 근처의 오피스텔 따위로 살 곳을 옮겨보고 싶었던 때도 있었다. 과거의 흔적은 깡그리 지워내고 정갈한 카페와 술집이 골목골목 자리 잡은 세련된 동네로 말이다. 하지만 그런 동네에 살았다면 내가 그만큼 동네에 정이 들었을지, 혹은 그렇게 동네를 들여다봤을지 모르겠다. 내 소유의 집이 있는 건 아니지만 확실히 이곳은 나의 동네라는 느낌이 들었다. 지방 출신의 이방인이 낯선 서울 땅에서 그런 기분을 받기는 쉽지 않을 것이다.

인간은 공간에 산다. 하지만 단순히 물질적 공간에 사는 것만은 아니다. 오히려 보이지 않는 유대가 만들어내는 평온, 언제까지고 공존이 이어질 거라는 믿음, 내가 속한 추상적 세계에 대한 감각 속에 살아간다. 이를 한마디로 표현하면 '선의'라고 할 수 있을 것이다. 내가 속한 땅과 나를 둘러싼 세계가 보내는 선의에 기대어 우리는 이 하루를, 이 삶을 버텨낼 수 있다. 반대로, 나에 대한 악의는 물론이고 완전한 무관심조차 견디기 힘들다. 우리가 원하는 것은 어떤 식으로든 세상과 관계 맺고 소통하는 것이다. 나에 대해 선의를 가진, 호의적인 세계 혹은 타자와 말이다.

세상은 어느덧 선의를 주고받는 공간보다는 선의를 돈으로 구매하는 곳이 되었다. 그렇기에 '선의 상실'이라는 말이 그토록 내 머릿속을 따라다녔는지도 모르겠다. 우리는 타인의 순수한 선의를 믿을 수 없는 세계에 산다. 모든 선의에는 그에 상응하는 대가나 계산이 있을 거라 어렵지 않게 짐작한다. 결국 '더 큰 이익'을 위해 행하는 '계산적 선의'라는 자본주의적 논리를 벗어난 선의를 좀처럼 상상하지도, 받아들이지도 못한다.

　　이발비를 지불하고 여느 때처럼 선 의상실 앞을 지나다, 문득 내가 삶 전체를 통해서 진실로 원하는 것이 있다면 바로 '순수한 선의'가 아닐까 하는 생각이 들었다. 내가 근본적으로 무엇을 위해 살고 있는지 집요하게 묻다보면 그 종착지에는 어떤 종류의 '행복'이 있다. 그 행복은 타인들을 지배하는 것도, 타인들로부터 찬사를 얻는 것도 아니다. 오히려 타인들과 순수한 선의를 주고받는 어떤 미래, 그런 선의로 가득한 삶을 꿈꾸며 사는 건 아닐까? 진심을 다해 누군가에게 선의를 전하고, 또 그로부터 선의를 받는 것으로 가득한 세상이야말로 유토피아가 아닐까? 나아가 사랑에서 늘 하는 고민 역시 이 사람이 정말로 순수한 선의로 나를 대하는지를 알고 싶은 것은 아닐까? 그렇다면, 그저 순수한 선의를 주고받는 삶이란 왜 그토록 어려운 것일까?

　　선의가 습관처럼 남아 있던 거리는 이미 많이 허물어졌다. 내가 붙잡고 싶은 것은 옛것이 되어버린 삼색 미용실 표시등이나 추억의 비디오 대여점, 오래된 방앗간이 아니다.

그저 사람들 사이사이를 이어주는 낡은 선의다. 어쩌면 과거에도 그런 선의란 그다지 순수하게 존재하지는 않았을지도 모른다. 단지 나의 상상에 불과할지라도, 나는 그런 '선의'가 강물처럼 흐르는 세계에 살고 싶다. 또한 자본과 서비스로 환원되는 세련된 거리보다는, 선의의 흔적이나마 엿볼 수 있는 낡은 거리가 좋았다.

소모되지 않는 삶의 선의

그 낡은 골목에서 지냈던 건 대학 시절 마지막 무렵이었다. 스무 살 때 이후로 서울에 살면서 나는 늘 학교 주변의 동네에 살았다. 처음에는 기숙사에 살았고, 그다음에는 정문 앞의 동네, 이후에는 두 개의 후문 쪽에 한 번씩. 대개 오래된 주민들보다는 잠시 머물다 떠나는 학생들이 주로 살았다. 금방 떠나는 사람들로 가득한 거리에는 역사가 쌓이지 않는다. 그런 거리는 늘 새로운 수돗물로 물갈이되는 분수와 같다. 그러다 마지막으로 보다 가정집이 밀집해 있는 동네로 이사 갔다. 땅을 자신이 오랫동안 살아갈 터전이라 여기는 사람들이 모인 거리는 동네가 되고, 마을이 된다. 서로를 인식하고, 서로에 대해 말을 하고, 서로에게 인사를 건넨다.

처음 그곳에 이사 갔을 때만 하더라도 거리는 옛

기억을 고스란히 간직하고 있었다. 대학에 입학했을 때 봤던 거리의 모습은 크게 달라지지 않았다. 그때의 식당, 술집, 가게, 마트, 건물 따위가 거의 그대로 있었다. 하지만 내가 그곳에 살던 서너 해 동안 무슨 일인지 거리는 급속도로 변해갔다. 학생들이 즐겨 찾던 식당과 술집의 절반 이상이 사라졌다. 24시 편의점이 하나 생기더니 그 맞은편에는 신축 건물과 큰 마트가 생겼다. 나는 집에서 글을 쓰는 일이 많았는데, 매일같이 새로운 건물을 올리며 망치 두드리는 소리 때문에 스트레스를 받았다. 그래서 자주 카페나 도서관으로 자리를 옮기곤 했다.

　　　어느 여름 저녁, 평소와 같이 방에서 글을 쓰고 있었다. 그러다 내가 계속 사이렌 소리를 듣고 있다는 걸 깨달았다. 무슨 일인가 싶어 문을 열어보니 복도에는 매캐한 냄새가 가득했다. 나는 방문과 창문을 걸어 잠그고 밖으로 나섰다. 어두워야 할 하늘은 시뻘건 불빛으로 가득했다. 입과 코로 연기가 들어와 목이 막혔다. 불은 무섭게 타오르며 오래된 건물 두 채를 집어삼켰다. 수십 년간 가게를 운영해온 식당 아주머니가 울고 있었다. 신입생 때부터 몇 번인가 간 적 있는 식당이었다. 닭똥집이나 감자탕 따위를 파는 곳이었는데 비슷한 식당들이 하나둘 사라지고 이 거리에서 몇 남지 않은 곳이었다. 동네 주민들이 모두 나와 소방차가 불 끄는 모습을 바라보았다. 새벽녘 불이 진화되고 다시 나가보았을 때 식당 아주머니

곁을 여태 지키고 있는 동네 사람들이 보였다.

그날 뒤로 어째서인지 거리가 점점 더 선명하게 눈에 들어왔다. 몇 년을 지나쳤지만 한 번도 제대로 눈여겨본 적 없던 가게들이 하나둘 보였다. 신기한 일이었다. 수백 번은 지나쳤지만 나는 이곳에 대해 잘 모르고 있었다. 인간의 눈이란 기만적이어서 철저하게 자신이 보고 싶은 것이나 봐야 할 것만을 본다. 어쩌면 그날 봤던 불꽃의 선명함이 전염되었던 것일지도 모른다. 불꽃보다 더 생생하고 현실적인 것은 없다. 눈앞에서 불이 타오르는 것을 본 사람이라면 눈부신 선명함과 귓가를 두들기며 타오르는 소리, 온몸에 번져오는 뜨거움의 생생함을 이해할 것이다. 그래서 우리는 인생의 가장 중요한 순간들에 대해 흔히 '불꽃같다'고 말한다. 불꽃같던 시절, 불꽃처럼 타오르는 마음, 정념, 열정.

나는 거리 양옆으로 고무신이나 슬리퍼를 쌓아놓고 파는 신발가게, 일바지와 속옷을 파는 옷가게, 직접 짠 참기름이나 고추기름을 파는 방앗간이 있다는 사실을 '정말로' 몰랐다. 그 거리는 집집마다 다른 것을 팔고 있었다. 쓰레기봉투는 쌀가게에서만 살 수 있었다. 달걀을 살 수 있는 가게나 청소도구를 살 수 있는 가게도 따로 있었다. 편의점과 마트에만 익숙했던 내게 과일가게나 달걀가게에서 무언가를 사본다는 경험은 그 자체로 낯선 것이었다. 나는 왜 이 거리에 '시장'

이라는 이름이 붙어 있는지 이해할 수 있었다. 그전에는 그저 몇몇 식당이나 술집이 있는 곳인 줄만 알았다면, 이제는 확실히 거의 모든 것을 파는 '시장'이라는 걸 이해할 수 있었다.

나는 얼마나 많은 것을 못 보고 살아왔을까. 아니, 안 보고 살아왔을까. 사람들은 늘 새롭고 멋진 동네에 대해 이야기한다. 뜨는 동네, 핫플레이스, 모두가 욕망하고 선망하는 거리로 불나방처럼 몰려든다. 그러한 거리에 '먼저' 당도해 사진을 찍고 SNS에 올린다. 누군가가 '그곳 참 좋더라' 하고 말하면 얼른 가고 싶어 안달이 난다. 여행도 마찬가지다. 매번 열풍이 이는 국내외의 관광지가 있고, 사람들은 질세라 서둘러 발길을 옮긴다. 타인들이 보는 것을 나도 봐야 하고, 그들이 느낀 것을 나도 느껴야 한다. 그 모든 것은 아름다움과 행복이라는 이름으로 포장된다. 나 역시 그런 유행에 참여하곤 한다. 하지만 그럴 때마다 내가 본 것이 무엇인지 의아하다. 핫한 관광지나 뜨는 동네에서 나는 도대체 '무엇을' 본 걸까?

한 마리 불나방이 되어 날아간 곳들에서 내가 본 것이 삶은 아니었다. 서로의 선의에 기대어 살아가는 사람들의 기억도 아니었다. 도리어 그 모든 곳은 삶을 몰아내고, 박멸하고, 표백해 만든 어떤 '깨끗한' 공간이었다. 사람을 기분 좋게 하는 깨끗한 이미지들로 이루어진 세계, 한나절의 커피값을 지불하면 얻을 수 있는 반짝반짝함이 있는 세계였다. 사람들이 머무는 곳이 아닌, 잠시 왔다 떠나는 그 무수한 소비의 거리들이 하찮게 느껴졌다. 돈을 지불하고 서비스를 받으면서 우리는 삶을 사는 대신 삶을 소비한다. 우리의 도시는 온통 그런 공간들로 채워지고 있다.

도시는 무섭게 바뀌어나간다. 자본은 누군가의 삶의 공간이었던 기존의 거리들을 쓸어내며, 그 위에서 소비의 잔치를 벌인다. 재개발이 이루어지면 기존 주민들의 삶의 터전이 개선되는 게 아니라 발 빠른 업자들이 분양권을 거래하며 이득을 챙기고 새로운 입주민의 공간이 생긴다. 성장하는 경제, 오르는 집값은 늘 가진 자들이 더 가지는 기회일 뿐이다. 오래된 거리가 뜨는 거리가 되면 사람들은 또 하나의 '깨끗한 거리'가 생겼음에 즐거워하며 찾아가 사진을 찍고 자신의 행복을 자랑한다. 분명 세상은 더 개발되고 깨끗해지고 정돈되고 있는데, 정작 삶이 있어야 할 공간은 사라지고 있다.

늘상 보던 거리가 어느 순간 낯설게 보였던 것은 나 역시 한 명의 젊은이로서 익숙하게 된 그런 삶의 방식 때문이었을 것이다. 내가 부지런히 다녔던 거리 어디에도 나의 역사는 머물 곳이 없다. 이 낯선 도시에 내가 새겨진 곳은 그나마 내가 몸담았던 누추하고 허름한 골목들이다. 나는 복고지향적 감수성을 가진 사람은 결코 아니다. 오히려 다른 사람들처럼 늘 새롭고 세련된 것에 매혹되는 소비사회의 현대인이다. 그럼에도 어느 순간 되돌아보는 삶에서, 종종 마주하는 기억들에서, 자주 내가 삶에서 무언가를 놓치고 있다는 생각을 하곤 한다. 무엇이 내 삶을 내 삶이게 하고 나를 나이게 하는지 이해하고 싶을 때가 있다. 그 해답이나 진리를 알 리 없지만, 그 단서가 내가 잃어가는 것들이나 무심코 지나쳤던 것들에 새겨져 있을 거라는 의심을 지울 수 없다.

늘 바라는 게 있었다면 삶을 정확하게 사는 것이었다. 그러기 위해서는 삶을 정확하게 보는 데서 출발해야 한다는 생각이 든다. 삶의 많은 순간들이 무엇을 보는지도 모른 채, 무엇을 위하는지도 모른 채 흘러간다. 나는 내가 사는 거리를, 또한 내가 살게 될 거리를 보다 정확하게 응시하며 나아가고 싶다. 이 거리에 무엇이 있고, 또 앞으로의 거리에 무엇이 있을지를 알고 싶다. 이곳이든 저곳이든 내가 있는 곳에서 보는 것이 그저 화려하고 달콤한 이미지만은 아니기를 바란다. 오히려 눈에 쉽게 띄지 않는, 그러나 우리 삶의 전부라고도 할 수 있는 깊고 오래된 선의를 보고 싶다. 흩어지거나 사라지지도, 소비되거나 소모되지도 않는 삶의 선의를 말이다.

선의의 공동체를 꿈꾸며

장마가 이어지던 어느 여름, 나는 눈앞에서 죽은

사람을 보았다. 몇 주째 맑은 하늘을 보지 못했다. 나는 여느 때처럼 줄곧 집 안에서 글을 쓰는 생활을 하고 있었다. 아무리 집 안이라지만 바깥의 날씨와 무관할 수는 없었다. 우중충한 하늘은 집 안으로도 파고들었고 머리 위에 뜨거운 물수건을 얹어놓은 듯했다. 나는 갑갑한 기분을 달래려 산책 삼아 자주 집 앞으로 나서곤 했다. 그날도 큰 이유 없이 편의점에 가던 길이었다.

할아버지 한 분이 길에 나와서 "어떡하지" 하며 중얼거리고 있었다. 주변 사람 몇이 "119에 신고해요" 하고 말했다. 할아버지의 태도가 제법 침착해서 나는 별일 있겠는가 싶었다. 편의점에서 나오는데 구급대의 오토바이 한 대가 요란한 사이렌을 울리며 도착했다. 곧이어 구급차가 왔다. 언제 소문이 퍼졌는지 동네 사람들이 제법 나와 있었다. 그들의 시선은 외부의 노천 창고 같은 곳을 향해 있었다. 평소에는 늘 철문이 내려져 있는 곳이었다. 먼저 보인 건 바닥에 흥건하게 고여 있는 액체였다. 그다음, 허공에 목을 매단 사람이 보였다. 그 옆에서 한 할머니가 "우리 아들 어떡해" 하며 조용히 통곡하고 있었다.

마을 사람들 이야기를 들어보니 지난겨울 근처에서 풀빵 장사를 하던 남자라 했다. 몇 번 지나가며 그를 본 적이 있었다. 딱 한 번의 겨울에만 봤으니 그 이전에는 다른 일을 했을 것이다. 나는 자세히 알아보고 싶은 생각은 들지 않아 집에 들어와버렸다. 이 땅의 무언가가 자꾸 허물어지고, 불타고, 죽어나갔다. 새로워지는 거리에서, 새롭게 올라선 건물 앞에서, 거대하고 깨끗해지는 공간에서, 옛 흔적들은 작은 동물처럼 남아 있었다. 때론 길에서 죽은 동물의 사체같이 되어버렸다.

　　장마는 가뭄으로 가득한 땅에 비를 내려 작물을 자라게 한다. 식물은 자기 안에서 빛과 물을 모아 자신의 존재를 이룬다. 나머지 동물은 빛과 물을 머금은 식물을 먹고 자란다. 당연한 이야기지만 빛과 물이 없다면 우리는 살 수 없다. 우리는 빛과 물의 자식들인 셈이다. 그래서일까? 여러 가지 이유가 있었겠지만, 그 남자도 태양 없는 한 시기를 견디지 못했다. 그날 아침 일어나서 살아야 할 이유를 찾지 못했다. 누군가 그에게 "좋은 아침"이라고 한마디 해줬다면, 그와 함께 손을 잡고 거리로 나설 누군가가 곁에 있었다면, 한 줄기 선의를 건네받았다면 그는 태양이 뜰 때까지 견딜 수 있었을지도 모른다.

　　나는 침대에 드러누워 스스로 목숨을 끊었던 옛 친구를 떠올렸다. 그가 이 세상에 있던 마지막 겨울에 그는 나한테 소포 꾸러미를 하나 보냈다. 따뜻한 겨울을 나라는 의미의 발열내복과 자신의 보물 1호라는 야구선수 강민호의 사인볼과 함께 장문의 편지 네 통을 넣어서 보낸 것이었다. 그전에 내가 쓴 책 몇 권을 보내준 것치고는 과분한 선물 꾸러미였다. 그 친구가 가장 좋아했던 내 책의 서문은 '청춘의 자살' 이야기로 채워져 있었다. 청춘이 자살하는 사회를 더 두고 보아선 안 된다, 따위의 말들이었다. 그 친구가 써주었던 서평은 아직도 그의 블로그에 남아 있다. 그런데 정작 나는 차일피일 미루며 그의 편지에 답장도 하지 못했다.

지방의 무슨 신발공장에서 일했다던 그는 어느 날 더 이상 살아가야 할 이유를 찾지 못했다. 아마도 그 이후, 주변 사람들에게 자기가 '가진 것들'을 보내기 시작했을 것이다. 그한테는 총 세 개의 사인볼이 있었다고 했는데 그중 하나가 내게 전달되었다. 어쩌면 그는 선의를 찾을 수 없는 세계에서 하찮은 선의의 조각이나마 건네주었던 이들에게 어떻게든 보답을 하고 싶었던 것일지도 모른다. 고등학교를 졸업하고 그를 찾는 이라곤 거의 없던 시절에 그나마 새 책이 나올 때마다 보내주었던 한 권 한 권이 그에게는 큰 선의로 느껴졌는지도 모르겠다. 장례식장을 찾은 고등학교 시절 친구는 나를 포함해 둘뿐이었다.

세상에 사람은 넘쳐난다. 그 모든 이들이 관심과 사랑, 선의를 갈구한다. 그들은 일말의 인정과 사랑을 얻고자, 삶을 지탱하게 해줄 선의를 붙잡고자 분투한다. 좋은 직장에 들어가고자 하고 아름다운 얼굴을 만들고자 한다. 삶이란 때론 한없이 복잡한 듯하지만 어떻게 보면 한없이 단순하다. 사람들은 그저 박탈당하지 않기 위해, 누군가와 함께하기 위해, 그로부터 한 줌의 행복을 얻기 위해 필사적으로 살아간다. 삶이 복잡해지는 건 단지 지금 내 곁에 그 한 줌의 선의가 없기 때문일지도 모른다. 우리는 대부분의 사회적 관계뿐만 아니라 사랑조차 손해와 이익의 계산속에서 이루어지는 세계에 살고 있다. 하지만 그러한 계산이란 당최 누구를 위한 것이며 무엇을 위한 것일까? 선의 대신 계산이 자리 잡은 삶, 그러한 사회가 정말로 더 행복한 삶이고 더 발전된 사회일까?

진실이란 단순하다. 삶의 정답이라는 것도 그리 어려운 게 아닐 수 있다. 우리는 그저 끊어지지 않고 이어지는 강물 같은 선의를 서로에게 보낼 수 없어서, 그토록 단순한 삶을 살 수 없어서 인생에 복잡한 논리를 만들어내는 것일지도 모른다. 행복의 조건은 나이가 들어갈수록 많아진다. 땅바닥을 지나가는 개미 행렬이나 마음대로 그림을 그릴 수 있는 도화지 한 장, 슈퍼마켓에서 파는 아이스크림 하나면 행복할 수 있었던 어린 시절을 뒤로하고, 온갖 부가적인 결핍들이 더해진다. 내가 속한 공간이 불만스럽고, 소비하지 못한 것이 아쉽고, 미디어에서 비추는 각종 화려한 이미지들이 쉴 새 없이 나를 괴롭힌다. 우리의 삶은 무언가를 이루어가고 쌓아가는 과정 같지만, 실은 더 많은 결핍을 만들어내는 과정이다. 그 결핍의 홍수 속에서, 누가 더 자신을 가까스로 유지하는가 하는 경쟁이다.

정신없이 삶을 살아가다보면 가장 중요한 것을 놓치고 있다는 느낌이 들곤 한다. 결국 내가 원하는 게 무엇인지, 무엇을 얻으려 이렇게 발버둥치는지 의아할 때가 있다. 다들 열심히 머리를 굴려 인생을 고민한다지만, 사실 모든 사람이 원하는 것은 지금 여기에 온전히 존재하는 일일 것이다. 그럴 때 필요한 것은 그저 지금 나 자신에 대한, 그리고 곁에 있는 사람에 대한 선의 그 자체가 아닐까 싶다. 극복해야 할 것은 선의를 미루고 있는 현재일 뿐이다. 나를 채우는 온갖 변명거리를, 악마의 속삭임 같은 언어의 함정을, 복잡한 논리를 만드는 데 열중하는 관념을 극복하고 마음을 앞세우는 일이 필요하다.

우리가 만들어야 하는 거리도, 삶의 터전도, 도시도 그런 것이어야 할는지 모른다. 이 도시에는 그저 돈 쓸 곳만 갈수록 넘쳐나고 있다. 부지런히 이런저런 거리를 오갔다지만, 한 해쯤 지나고 나면 그 거리들을 돌아다녔던 일들이야 별반 의미도 없이 허물어지고, 남는 것은 사랑하는 이와 산책을 나섰다 돌아와 수박을 잘라 먹던 저녁 정도가 아닌가 싶다. 우리의 거리도, 동네도, 도시도 그런 저녁으로 채워지길 바란다. 서로에게 보내는 선의로 뒤엉켜 그 속에서 기억들을 쌓아나가는, 그리하여 삶의 기억이 되고 거리의 역사가 되는 동네가 이 땅에 자리 잡길 바란다. 우리가 그런 공동체를 만들어갈 수 있기를 원한다.

분노사회에서
살아간다는 것

지난 몇 년간 우리 사회를 돌아보면 아무래도 분노와 증오라는 측면을 떼어놓고는 말할 수 없을 듯하다. 2014년 온 국민을 애도와 분노의 물결로 몰아넣었던 세월호 사건 이후 사회 곳곳에서 포착된 각종 부조리와 그로 인한 차별, 억압, 죽음 등은 우리가 믿는 사회의 근간이 무너졌음을 드러냈다. 결국 분노는 물결치듯 광장을 휩쓸었고, 대통령이 자리에서 쫓겨났다. 그 이후에도 정치적으로나 사회적으로 사람들의 마음은 늘 분노로 들끓고 있다. 각종 성폭력과 성차별, 혐오를 기반에 둔 폭력이나 갑을관계 등 사회 구석구석에 스며든 문제들은 여전히 잔존해 있다. 인권 유린을 비롯한 충격적인 사건들도 계속된다. 집단 갈등은 사그라질 줄 모르며, 헌정 질서의 합리성은 이미 오래전에 우리 사회를 버린 느낌이 든다.

한 사회에 만연한 '감정'은 그 사회의 내적인 문제들을 드러내는 징후다. 우리 사회를 표현할 수 있는 여러 감정적 표현 중 단연 '분노'가 으뜸이라는 것은 우리 사회의 내부가 균열되고 왜곡되어 더 이상 온전한 형태를 유지하는 것조차 힘들어졌음을 의미한다. 도지어 주니어Rush W. Dozier, JR.의 《나는 왜 너를 미워하는가Why We Hate》에 따르면, 진화생물학적 관점에서 봤을 때 분노는 "생존과 번식을 위협하는 것들에 대한 공격 또는 도피를 나타내는 원초적인 감정"이다. 우리는 삶의 한계상황이나 위기상황에서 분노를 느낀다.

우리를 둘러싼 삶의 조건들, 즉 사회환경이 우리를 온전히 지탱해줄 수 없다고 느낄 때 분노는 만연해진다. 원초적 본능으로서 분노는 우리 내부의 균열 속에서 나타난다. 진화심리학적 전제에서 생존과 생존에 대한 위협은 가장 큰 대립 요소이다. 이 두 가지가 동시에 내면에서 발생할 때 우리는 분노를 느낀다. 이러한 동물적 본능은 현대사회에 이르러 정신 내부의 분열로 이어지게 된다. 대표적인 것이 '당위'와 '사실'의 분열이다. 친구가 약속을 어겼을 때, 연인이 나를 배신했을 때, 내가 원하는 일이 뜻대로 되지 않을 때 우리 내면은 당위와 사실의 균열에 처하게 된다. 실현되어야만 한다고 믿는 관념이 그렇지 않은 현실 속에서 표류하며 분노를 일으킨다. 부정당한 현실 속에서 우리의 정신이 무너지며 발생하는 것이 분노다.

　　　이러한 분노는 크게 세 가지 방향을 찾게 된다. 연인에게 배신당한 경우를 예로 들어 설명해보면, 첫째는 나를 배신한 애인을 계속 증오하는 것이다. 증오란 어떤 것에 지속적으로 집착하며 느끼는 부정적 감정으로, 분노가 특정 대상에 고정된 것이다. 둘째는 새로운 관념을 세움으로써 분노를 잠재우는 것이다. 애인이 나를 배신하긴 했지만 알고 보면 나 자신의 오래된 잘못이 원인이 되었다는 식으로 후회의 관념을 구축하는 것이다. 셋째는 또 다른 정당한 관념을 통해 분노를 폭발시키는 것이다. 이때 정당한 관념이란, 애인은 용서할 수 없는 잘못을 저질렀으므로 사랑할 만한 존재가 아니고 내게는 더 좋은 사람이 필요하다는 확신 같은 것이다. 세 번째 경우처럼 분노가 정당성과 결합한다면 개인적으로도 사회적으로도 확실한 변화와 갱신의 기회를 제공한다.

　　　우리 사회에 만연한 분노가 어떻게 흐르는지 주의 깊게 살펴볼 필요가 있다. 때때로 우리의 분노는 명백히 잘못된 것들을 향해 일어난다. 특히 사회적으로 문제가 되는 불합리한 갑질, 인권 유린, 부정부패 등을 향한 분노는 정당한 사회질서를 요청한다. 물론 이때도 그러한 분노가 정말 '새로운 관념과 사회'를 창출할 수 있을 만한 '방식'으로 일어나는지 더 생각해볼 필요는 있다.

한편 만성화된 분노와 증오 역시 우리 사회에 팽배해 있는 듯 보인다. 특히 극단적인 정치적 대립은 과연 합리적 사회를 향한 발걸음인지, 단지 서로를 증오하며 승리감에 도취되는 집단적 증오의 차원에 머무르고 있는 건 아닌지 고민해봐야 한다. 그 외에 수치, 멸시, 시기로 점철된 우리의 일상생활에서 발생하는 분노가 과연 정당한지에 대해서도 생각해봐야 한다.

●

　　모든 사회에는 일종의 착시현상이 있다. 늘 사회적으로 부각되는 거대한 문제들이 우리 삶을 뒤덮고 있다는 착시다. 이러한 착시는 언론과 여론의 연합으로 발생하며 우리 삶을 지워버린다. 우리는 그 거대하고 뜨거운 사건에 속해 있다는 느낌을 받지만, 사실 그러한 사회적 사건과 내 삶은 다른 층위에 놓여 있다. 우리는 자주 그 두 층위의 간극을 계산하는 데 실패한다.

　　분노의 문제도 마찬가지다. 우리는 사회에 일어난 일부 계층이나 특정 사람의 부당한 행위를 보고 분노하면서 내 삶의 개선에 참여한다고 믿는다. 삶에서 여러 문제로 인해 쌓여온 분노는 사회적 이슈를 향해 집중됨으로써 해소되지만, 그로 인해 항상 실제 삶이나 사회가 개선되는 것은 아니다. 만성화된 분노는 오직 삶과 사회를 개선함으로써만 해소될 수 있다. '분노의 밀고 나감'이 유효한 경우는 그러한 개선을 실질적으로 가져올 때뿐이다.

인간의 삶은 언제나 특정 사회문화의 바탕 위에서 성립한다. 동물들은 자연이라는 삶의 조건 위에서 살아가지만, 인간은 각기 다른 방식으로 만들어진 특정한 사회 속에서 살아간다. 사회에는 저마다 그 사회를 지탱하는 관념이 있는데, 이를 넓은 의미에서 '문화'라고 부른다. 우리 사회에 살아가는 사람들의 삶이 상당 경우 '분노'로 이르게 된다면 우리 사회의 문화에서 그 일차적인 원인을 찾을 수 있다. 한국 사회를 규정하는 문화를 한마디로 말하자면 '집단주의 문화'다.

물론 집단주의가 언제나 분노를 양산해내는 악질적인 문화는 아니다. 특히 동아시아를 중심으로 한 문화권에서는 집단주의가 오랫동안 사회를 유지하게 한 매우 중요한 가치였다. 문제는 이러한 집단주의가 더 이상 온전한 형태가 아니라 심각하게 왜곡되고 있다는 것이며, 그로 인해 한국에서 살아가는 사람들의 인생에 전반적인 문제들을 만들어내고 있다는 점이다.

한국의 집단주의는 지속적으로 왜곡되어왔다. 그 최초의 지점이 언제였는지 단정하긴 어렵지만, 강준만 교수는 조선시대의 관존민비官尊民卑에서 그 기원을 찾기도 하며, 보다 더 명백하게는 일제강점기와 군부독재 시절에서 그 원인을 찾을 수 있다. 이 길고 길었던 백여 년 동안, 우리 사회와 생활 구석구석에는 집단에 복종하고 다양성이 억압받는 문화가 자리 잡았다.

일제강점기의 집단규율 체제나 군부 시절의 군사 문화는 민주화 이후에도 여전히 학교, 회사, 관청 등에 그대로 남아서 우리 사회를 병들게 해왔다. 더군다나 이런 집단주의 문화는 서로 비교하면서 속물적이고 획일화된 가치기준만을 타인에게 강요하는 '정답 문화'로 실생활 깊이 뿌리내리고 있기도 하다.

근래 문제가 되는 현상들은 대부분 이와 같은 '왜곡된 집단주의'로부터 발생한 것들이다. 집단주의의 전형적인 문제가 갑을관계의 문제라고 볼 수 있다. 갑과 을은 집단(회사) 내부에서든 집단(회사) 간에서든 수직적이고 위계화된 집단주의 문화의 산물이다. 갑과 을이라는 집단적 명칭은 '개인 대 개인'의 만남을 사라지게 만든다. 거기에는 단지 집단적으로 규정된 이름만이 남아서 '인간(개인)을 인간(개인)으로' 보지 못하게 한다.

마찬가지로 경주리조트 참사나 세월호 사건 등에 이르기까지 심각한 원인으로 제기되었던 관피아 문제, 염전노예 사건의 핵심으로 지목되었던 향판(지역법관) 문제, 빙상연

맹의 파벌 문제, 각종 정경유착 문제나 미투운동을 촉발했던 수직적 성폭력 문제 등 우리를 분노로 몰고 갔던 이슈들은 대부분 한국의 왜곡된 집단주의 문화에서 도출된 것들이다.

●

현재 정치권이건 재계건 학계건 중대한 관심사 중 하나는 대한민국의 '분노'를 어떻게 해소할까 하는 것이다. 이에 대해 가장 정확하고 쉬운 대안은 '불합리한 사회구조'를 바꾸는 것이다. 수직적이고 위계적인 회사 구조를 수평적으로 제도화하고, 관피아 문제를 사전에 방지하기 위한 법안을 통과시키고, 지역법관 제도를 폐지하고, 양극화 해소를 위한 세제 개편을 실시하는 방안 등이 매일 언론을 통해 들려온다.

이 같은 사회구조나 제도의 개편이라는 방법은 언제나 간편하고 매력적으로 보인다. 실제로도 효과적인 법 개정은 우리 사회의 많은 것들을 바꾸어놓는다. 하지만 우리가 분노의 문제에 접근할 때 문화에서부터 뿌리 깊게 내린 '집단주의'라는 차원을 등한시한다면 어떠한 법이나 제도도 제대로 실효성을 발휘하진 못할 것이다. 법에는 늘 틈과 구멍이 있기 마련이기 때문이다. 실제로 우리 사회는 '편법사회'라고 불러도 이상하지 않다. 세계 최고 수준의 탈세율과 부패지수가 이를 증명한다.

법질서 자체보다 오히려 더 핵심적인 문제는 우리 삶과 생활, 사회 전반을 장악하고 있는 문화에 있다. 이미 대부분의 사람들은 한국 사회에 살아가면서 스스로 '왜곡된 집단주의자'가 되어 있다. 아파트 브랜드나 평수, 자가나 임대 여부로 계급을 나누는 주거 문화, 누가 더 좋은 학교를 나왔는지로 위계를 세우는 학벌주의, 지연과 학연과 혈연에 집착하는 온정주의, 친척과 이웃과 동창 간 늘 암암리에 벌어지는 비교와 시기, 돈을 받고 각종 서비스를 제공하는 이들을 천대하는 갑질, 아랫사람은 윗사람에게 복종해야 한다는 상명하복 구조 등 실로 헤아릴 수 없는 문제들 속에 하나같이 비합리적이고 병적인 집단주의가 자리 잡고 있다. 이 속에서는 오직 획일화된 '집단적 기준'들만이 작용하며, 개인이 개인으로 존중받고 다양성을 인정받는 문화는 찾아볼 수 없다.

　　진정한 의미에서 개인주의란 타인을 배척하고 혼자 살아가겠다는 이기주의와 아무 관련이 없다. 개인주의의 핵심에는 인간을 과거처럼 집단적 규정 속에서 바라보지 않고 그 사람 그 자체로 보겠다는 태도가 있다. 개인주의가 자리 잡기 이전의 동서양은 모두 집단주의 문화 속에 있었다. 왕족, 귀족, 평민, 노비 등은 각각의 집단 속에서 위계화되었고, 그 속에서 인간은 각기 다른 개인이 아닌 '신분'이나 '가문' 등으로 규정되었다. 그러나 현대사회가 도래하면서 개인들은 집단

적 규정으로부터 벗어나서 자유롭고 개성을 지닌 '자기 자신'
일 수 있게 되었다.

현대적 의미에서 집단주의는 그러한 개인들을 전
제했을 때만 가능하다. 새로운 집단주의는 단일한 목표와 체
계 아래 복종하며 스스로의 인격과 개성을 말살하는 게 아니
라, 어디까지나 개개인의 다양성을 존중하면서 개인의 추구와
집단의 추구가 조화를 이룰 때만 성립하는 것이다. 우리 사회
를 그러한 공동체로 수립하기 위해 가장 시급한 것은 개인이
바로 서는 일이다.

왜곡된 집단주의 속에서 개인이 압사당하는 현실
로 인해 우리 사회에는 분노와 증오가 만연하고 있다. 들끓는
분노를 정당한 실천으로 이끌어내기 위해서라도 우리는 '진정
한 개인'이 되어야 한다. 사회의 변화는 자신의 문제를 자각하
는 것으로부터 시작해 공동체를 고민하는 개인들에 의해서만
진정으로 이룩될 수 있다.

마지막으로 에릭 호퍼Eric Hoffer의 말을 되새기며
'분노사회'를 되돌아볼 필요가 있다. 에릭 호퍼는《맹신자들The
True Believer》에서 다음과 같이 썼다. "자신과 화해한 자만이 세
계에 대한 공정한 태도를 유지할 수 있다." 정당한 분노와 사
회의 변화는 오직 자기 자신을 되돌아보며 자신과 화해한 개
인들에 의해서만 실천될 수 있다.

숭고한
두 여성을
본다

숭고한 두 여성을 본다. 한 여성은 말한다. 자신의 오빠를 살해한 사람에 대해, 그에게 '낙인을 찍지 말아달라'고 간곡히 부탁한다. 수많은 사람들이 "심신미약 같은 걸로 또 봐 주지 말고 단두대에 매달아라!" 외칠 때, 피해자 유가족인 그녀는 사회적 낙인 없이 그와 같은 가해자들이 치료받을 수 있게 해달라고 요청한다. 오빠의 죽음이 꿈이었으면 좋겠다고 말하면서, 가족의 자랑이었다고 하면서, 세상에서 가장 다정한 사람이었다고 하면서도 그를 살해한 자와 같은 정신질환자들의 치료와 지원을 이야기한다. 나는 이 앞에서 한동안 무슨 말을 해야 좋을지 몰라 입을 다물었다.

2018년 마지막 날, 자신이 진료하던 조현병 환자에게 죽임을 당한 정신건강의학과 임세원 교수는 생전에 그토록 환자들을 사랑하고 그들의 치료를 진심으로 바란 사람이었다고 한다. 온 세상이 누군가를 심신미약 따위로 용서해서는 결코 안 된다고, 그것은 악마들의 변명거리에 불과할 뿐이라고 소리칠 때, 그들을 치료하기 위해 삶을 바친 사람이었다. 그의 가족들은 그가 치유하고자 하던 사람들의 고통을 알고 있었다. 그래서 그의 죽음 앞에서도 자신들의 감정을 토로하기보다는 그의 생전의 소망에 대해 이야기한다. 그를 대신하여 그가 살았더라면 했을 이야기를 한다. 마음이 아픈 이들, 힘겨운 싸움을 하는 이들을 예비살인자라고, 악마라고, 괴물이라고 규정짓지 말아달라고 요청한다.

누군가의 안타까운 죽음은 수많은 방식으로 활용된다. 그중 하나는 '악마에 대한 상상력'에 불을 지피고 증오심을 즐길 기회로 삼는 것이다. 증오는 쾌락을 준다. 적에 대한, 악마에 대한 증오는 우리에게 놀라운 집중력을 주며, 현실의 복잡한 고민들을 없애고 단 하나에 몰입할 기회를 제공한다. 그런 식으로 중세의 여성들이 마녀라 낙인찍혀 불태워졌고, 유태인들이 악마로 지목되어 학살당했다. 또한 그런 식으로 '빨갱이'나 '김치녀'라는 규정들이 탄생했고, 그에 대응하는 온갖 증오들이 우리 사회에 넘쳐나게 되었다. 우리 사회는 모든 사람들이 언제든 증오할 대상을 기다리며 증오할 기회를 찾는 증오사회다. 증오하는 자는 개별 인간에 대한 이해를 스스로 말살시켜버리고 손쉽게 일반화해 매도하는 상상을 즐긴다.

그녀는 그러한 증오 앞에서 말하는 것이다. 살인자를 증오하지 말라고, 오히려 이 사건을 통해 누군가를 보호하고 지키며 치료할 방법을 더 고민해달라고. 나는 이보다 더 숭고하며, 정확하고, 슬픈 애도에 관해 알지 못한다. 나에게 누군가가 그러한 입장에서 그런 식으로 애도할 수 있을지 묻는다면, 그러지 못할 것 같다. 나의 절망, 나의 분노, 나의 괴로움이 먼저일 것이다. 세상을 떠난 이의 진정한 마음, 그가 이루고자 했던 소망, 그가 이어가고자 했던 발걸음보다는 나의 감정이 우선이었을 것이다. 그러나 그녀는 정확하게 보고, 정확하게 말한다. 증오로 함몰되지 말고 더 큰 것을 지켜달라고, 더 중요한 것을 고민해달라고 말한다.

또 다른 여성이 있다. 2018년 12월 10일 충남 태안발전소에서 작업 중 안타깝게 사망한 김용균 씨의 어머니. 사고 며칠 후 국회에서 '위험의 외주화'를 방지할 산업안전보건법 개정안, 즉 '김용균법'이 통과될 때 그녀는 "아들아, 너로 인해 다른 사람을 살릴 수 있게 됐다" 하고 소리쳤다. 슬픔이 채 마르기도 전에 그녀는 국회로 뛰어갔다. 그녀는 또 다른 '용균이'가 나와서는 안 된다고 소리쳤다. 그녀는 책임자들을 모조리 잡아내라고 외치기 전에, 또 다른 아들들이 죽어서는 안 된다고 절규했다. 그녀는 아들의 죽음이 시작된 곳을 정확하게 바라보았다. 구조적인 살인, 인권 유린, 인간 취급을 받지 못한 인간, 그녀는 세상에 여전히 수많은 그 '인간 아닌 아들들'이 있음을 알았다. 그녀는 "우리 모두가 죄인이라고, 우리가 가만히 있었기 때문에, 우리가 바로잡지 않았기 때문에 그들이 모두 죽었다"고 말했다.

그녀는 분노하는 것이다. 분노는 증오와 결이 다르다. 분노는 증오와 차원이 다른 것이다. 증오가 병적으로 적을 찾아다니며 그 적이라는 대상에 집착하며 쾌락에 중독되는 것이라면, 분노는 정확하게 문제의 본질을 겨냥하는 것이다. 분노는 그 겨냥을 통하여 온당한 것, 옳은 것, 정당한 것이 이 부조리한 현실에 내려앉아야 한다는 요구다. 그녀는 세상 모든 아들들이 자신의 아들과 다르지 않다는 걸 알았다. 자신의 아들을 죽인 바로 그것이 다른 아들들을 죽인다는 걸 알았다. 그래서 슬픔과 증오, 절망에만 빠져 있을 수 없다고 생각했다. 그렇게 그녀는 누구도 해낼 수 없는 방식의 애도를 시작했다. 세상의 모든 사람을 살리겠다는 분노, 그것은 나는 알 수 없는 영역이다. 나는 한 번도 그곳에 도달해본 적이 없기 때문이다. 하지만 그녀가 옳다는 건 안다. 그녀보다 옳은 존재는 없다는 걸 안다.

수백 명의 증오도, 수천 명의 악질적인 상상력도, 수만 명의 비열한 웃음소리도 한 사람의 진정한 애도를 이기지 못한다. 진실은 존재의 가장 깊은 곳에 도달하여 애도하는 한 사람에게 있다. 진실을 알고자 한다면, 귀가 있다면, 마음이 살아 있다면 나머지 사람들이 할 일이란 온 마음을 기울여 그들의 말에 귀 기울이는 것이라 생각한다. 진실 앞에서 침묵하고, 진실에 복종하고, 진실의 곁에 선 사람을 바라봐야 한다. 길은 그들이 알고 있다. 그들의 애도가 곧 길이다. 우리는 그 길을 가야 한다.

'나의 권리'는
절대 진리인가

파스칼 브뤼크네르Pascal Bruckner는《순진함의 유혹La Tentation de L'innocence》에서 현대인이 얼마나 '방어적'이 되어가는지, 그리하여 이른바 '자기 권리의 보장'이라는 측면에 어떻게 나르시시즘적으로 몰두해가는지를 보여준다. 프랑스 사회에 대한 이러한 비판은 점점 우리 사회를 설명하는 데도 적절한 묘사가 되어가고 있다. 한때 비대한 국가의 독재적이고 억압적인 폭력을 경험한 까닭에 우리 사회는 '개인의 권리'에 대한 절대적인 보장을 추구해왔다. 그러기를 수십 년, 권리는 더 세밀하고 치열하게 온갖 영역에서 부딪치고, 타자에 대한 '허용의 심성'은 소멸 직전에 이르렀다.

그 대표적인 예가 2017년 '강서구 특수학교' 신설을 둘러싸고 벌어졌던 논란이다. 이 사건은 자신의 이익 혹은 권리를 위해서라면 타자의 권리, 특히 약자의 권리 따위는 길

바닥에 내던져 짓밟아버려도 아무도 문제가 없다는 우리 사회의 시대정신을 고스란히 보여주었다. 특수아동 부모들은 무릎을 꿇고 울며 제발 우리 아이가 학교에 다닐 수 있게 해달라고 애원했다. 그 앞에서 지역 주민들은 해당 부지에 한방병원을 건설하라며 소리를 질렀다. 그들은 '자신의 마땅한 권리'를 위해서라면 자기 안에서 타자에 대한 공감, 허용, 이해의 가능성 등은 기꺼이 포기해도 좋았다.

　　'나는 나의 권리를 주장한다.' 이 명제와 논리는 매우 단순하고 매우 강력하다. 몇 개 안 되는 헌법의 조항들은 우리 삶의 거의 모든 순간에 끌어다 쓸 수 있고, 실제로 법적인 보호를 받을 수 있는 경우도 꽤나 많다. 문제는 그러한 법의 형식주의적인 보호와 권리 보장이 항상 '개인의 이익'이라는 자유주의의 가장 원초적인 전제, '나는 결코 내 이익을 포기할 수 없다'는 합리주의적 인간상을 '절대 진리'의 전제로 두고 있다는 점이다. 법적인 권리 충돌의 해결에서, 인간은 양보나 타협, 허용 따위는 할 수 없는 존재로 간주된다.

　　모든 사람이 오로지 자기의 권리만을 앞세우는 상황에서, 그럼 결과적으로 '타자의 권리'는 누가 보장해주는가? 권리는 언제나 충돌하고, 그러한 충돌 상황에서 '나와 타자'의 권리가 항상 동등하다면 우리는 언제 타자의 권리를 고려할 수 있는가? 결국 이와 같은 구도는, 각자의 권리는 각자가 구원받으라, 그리고 '정부가 보장하라'는 원자주의적이고 개별주의적인 사회로 도달할 수밖에 없다.

특수학교 문제만 보더라도 이미 언론에서는 특수학교를 짓기 전과 후의 땅값에 차이가 없음을 증명해주었다. 오히려 부동산 버블과 함께 자연스럽게 땅값이 오른 경우가 더 많았다. 그럼에도 특수학교 건립에 쌍수 들고 반대한 것은 그것이 실제 이익이라서가 아니라, 단지 '자기 이익'이라는 상징적 차원에 목숨 걸지 않으면 안 된다는 맹신이 작동하기 때문이다.

특수학교가 건립되거나 건립되지 않는다고 해서 강서구 주민들의 인생에 치명적인 문제가 생기거나 반대로 그들의 삶이 획기적으로 좋아질 가능성은 없다. 어느 쪽이든 차이는 미미할 것이다. 그럼에도 그들이 타자에 대한 공감능력과 상상력을 포함한 인간성 자체를 포기하는 것은 그러한 자기 이익 수호 자체가 하나의 신앙이 되었기 때문이다. 이러한 믿음에서 사라진 것은 타자에 대한 심성이다. 타자에 대한 심성을 포기한 대신, 나의 이익이라는 관념만을 선택하는 것이다.

법은 삶의 전제인 동시에 최후 수단이다. 그 사이를 메우는 것은 인간과 인간을 맺어주고 이어주며 서로의 미묘한 경계를 보듬어줄 심성이다. 때로는 나의 권리를 후퇴시키며 타자의 권리를 인정해주어야 하고, 때로는 나와 우리의 권리를 보다 앞세워 잘못된 권리와 싸울 필요도 있다. 그러나 각자가 각자의 권리의 성벽을 치고, 그 성벽에 누가 닿기라도 하면 신경증적으로 몰아내고 방어하는 데만 몰두한다면 '심성의 관계' 혹은 '심성의 사회'는 불가능해질 수밖에 없다. 우리 사회의 방향이 그러한 심성이 불가능한 사회로 향하고 있는 건 아닌지 우려스럽다. 타자에 대한 공감, 타자에 대한 허용, 자신의 권리에서 한발 물러나기, 이런 것들은 아무리 강조해도 과하지 않다. 우리 사회의 여러 문제들을 해결하기 위해서는 '심성'을 끊임없이 강조할 필요가 있다.

부동산이 우리를
미치게
만들고 있다

어느 날 아침, 아파트를 구매하지 않았다는 이유로 부부싸움과 가정불화가 극심해지고 있다는 뉴스를 보고(실제로도 주변에 그런 경우가 적지 않다), 카페에 들러 카페 주인이 아침부터 싸놓은 이천 원짜리 주먹밥을 보는데 갑자기 서글픔을 참을 수 없었다. 누군가는 몇천 원을 더 벌기 위해 아침부터 밥을 하고, 스팸을 굽고, 랩에 예쁘게 감싸 가지런하게 놓아둔다. 그렇게 자신의 성실함과 그로 인해 얻은 보상으로 하루 몇만 원쯤을 더 벌고 뿌듯함을 느낀다. 그러나 누군가는 단지 부동산이 폭등하는 지역에 몇 년간 살았다는 이유만으로 수억에서 수십억을 쓸어 담는다. 매일 아침 일찍 일어나 스팸주먹밥 수만 개를 팔아도 평생 얻을 수 없는 돈을 하늘에서 떨어진 것처럼 주워들이는 것이다.

아마 카페 주인은 10년 뒤에도 주먹밥 비슷한 것을

만들고 있을 테지만, 강남에 아파트를 사두었던 누군가는 그냥 그곳에 살았다는 사실 하나만으로 어마어마한 자유를 얻을 것이다. 끝도 없이 떠날 수 있는 여행, 쌓아 올릴 수 있는 명품, 필요도 없는 여러 채의 주택, 자유로운 주거 이전, 그리고 계속 더 불어나는 부를 말이다.

부동산은 이 땅에 사는 사람들을 미치게 만들고 있다. 이미 가격이 폭등한 지역에 안착해 여유로운 하루를 만끽하는 사람들, 그리고 그러한 세상을 완전히 포기한 채 외면하는 사람들을 제외한, 그 중간에 낀 대부분의 사람들을 말이다. 삶에서 아직 쉴 수 없는 이유가 많고, 책임져야만 하는 것, 추구해야만 하는 것, 수행해야만 하는 의무들이 산더미처럼 남아 있는, 살아가고 있는, 나아가야 하는 거의 모든 사람들을 미쳐버리게 만드는 것이다.

부동산이 악질적인 이유는 실제로 일관되게 성실히 살아가는 사람들의 삶을 파괴한다는 데 있다. 느긋한 태도로, 현명하고 여유로운 마음가짐으로 일상의 행복을 누리던 어느 가족의 삶을 박살내버린다. 아무 이유 없이, 그럴 만한 어떠한 합리성 없이 돈을 쓸어 담는 어떤 사람들이 존재한다는 이유로 말이다. 평생을 성실히 살아도 얻을 수 없는 돈을 그저 주워 담는 존재들이 우후죽순처럼 솟아난다는 이야기가 일상의 평화에 침투해 조급함, 강박, 초조, 불안을 만들어낸다.

실제로 뛰어난 재능을 가진 스포츠스타나 열심히 공부해서 출세한 사람, 독창적인 아이디어로 성공을 거둔 사업가는 다른 사람의 삶을 쉽게 파괴하지 않는다. 대부분의 사람은 그들을 바라보며 자기와는 다른 삶을 사는 사람이라고 생각하고, 때로는 존경하거나 동경하기까지 한다. 그러나 그러한 차별성 없이 단지 '어디에서 살았다'는 이유로, 그저 어느 땅에 눌러앉아 숨 쉬었다는 이유로 나라의 부를 쓸어 담는 존재와의 격차는, 우리가 삶에 대해 믿고 있는 핵심적인 근거들을 박탈한다.

과연 성실히 살아간다는 게 무슨 의미가 있는가? 노력의 가치, 공정함이란 무엇을 의미하는가? 우리는 삶에서 무엇을 믿고, 무엇을 추구하며, 어떻게 방향을 잡아야 하는가? 삶이란 도대체 무엇인가? 이러한 질문 앞에 아무런 대답을 할 수 없게 된다. 그 앞에서는 종교나 인문학조차 무력해 보인다.

강남의 교회에서는 자신에게 부와 풍요를 내려주신 하나님께 겸허한 마음으로 감사하는 기도가 올려진다. 그곳은 하나님이 승리하신 나라이자, 약속하신 젖과 꿀이 흐르는 땅이다. 그러나 지방의 교회에서는 청빈한 예수를 닮자는 위안의 기도가 울려 퍼지며, 가진 것에 만족하는 하나님의 종이 되자는("부자는 천국에 가기 어렵다") 예배가 행해진다. 우리는 그 명백한 분열 앞에서 종교 속에서조차 일치를 이룰 수 없게 된다. 우리에게 있는 선택지란 두 가지뿐이다, 분열 속에서 '미치는 데 합류'하거나 '포기'하거나. 그러나 어느 쪽도 온전한 답이라고 할 수는 없다.

인문학 역시 무력하긴 마찬가지다. 장자와 같이 물 흐르듯 부동산 투기에 합류하세요! 아니면, 장자와 같이 저 중생들의 현실에 냉소하고 자기만의 삶을 누리세요! 거의 모든 철학자들이 우리 삶의 조건에 대해 분열적으로, 모순적으로 대답할 수 있다. 지혜를 이야기하는 순간 그것은 누군가에는 위안을 주지만, 다른 한편에서는 완전한 기만이 된다. 이 상황을 어떻게 할 것인가? 어떻게 이겨낼 것인가?

거의 유일한, 유효한 대답은 하나밖에 없어 보인다. '분열을, 딜레마를 끌어안고 버팁시다, 견딥시다. 그것이 우리 인간의 운명입니다. 어떠한 경우에도 저 현실이 삶을 파괴하게 두지 말고 삶을 지켜냅시다.' 하지만 그렇게 삶을 지켜내려는 사람들은 점점 더 사방에서 날아드는 돌팔매질을 견뎌야 하는 처지가 되어간다. 미쳐버리거나 초인이 되거나. 이 세상에서 온전한 정신으로 살아남는 사람은 정말이지 대단한 사람일 것이다. 그렇게 온전히 살아내기가 끔찍할 정도로 힘든 세상이 되어간다.

타인을
낙인찍는
쾌락에 관하여

갈수록 우리 사회의 모든 영역이 아군과 적군으로 분열되는 것 같다. 누군가 어떤 말이나 주장을 하면, 당장 '편 가르기' 좋아하는 이들이 몰려가서 그가 누구 편인지 규정부터 하고자 한다. 설령 그에게는 굳이 특정 진영에 설 의지가 없더라도 각 진영에 있는 이들이 그를 '우리 편' 혹은 '적'으로 알아서 규정한다. 이럴 때 실수로 몇몇 부분에서 모호한 태도를 취할 경우, 양 진영 모두로부터 적으로 낙인찍히는 일도 쉽게 볼 수 있다.

세상을 바라보는 가장 손쉽고도 자극적이며 강렬한 방법이 이분법적으로 보는 것이다. 세상 모든 사람을 반으로 나누는 일에는 모종의 쾌감이 동반된다. 누군가를 '규정'하거나 '낙인찍는' 순간 우리에게는 어떤 인식의 쾌락이 일어나는데, 이것은 스스로가 어떤 '통찰력'을 가졌다는 착각에서 비롯된다. 통찰력이란 일종의 힘이다. 타인을 규정할 수 있는 힘, 누군가를 꿰뚫어보았다는 자부심, 나아가 아군과 적군을 나누어 마음대로 공격할 수 있다는 즐거움이 이 일에 동반된다. 이런 쾌락이 이제 우리 사회 전체를 돌아다니고 있다.

그러나 사실 타인을 낙인찍는 능력은 통찰력과 무관하다. 그것은 두뇌를 가장 단순화시켜서, 원초적인 수준에서, 손쉽게 악의적인 힘을 즐기는 일에 지나지 않는다. 오히려 고도의 지적 활동은 아군과 적군 사이에 존재할 수 있는 제3지대의 가능성을 발굴하거나, 더 큰 맥락에서 화해를 모색하고, 더 지속적인 관점에서 미래를 고민하는 일이다. 아군과 적군을 나누는 일은 사자나 물고기, 아메바도 할 수 있다. 그러나 그보다 더 큰 것을 고민하며 전체 맥락을 고려하고 다층적인 입장을 이해하는 것은 고도로 지능이 발전한 동물만 가능하다.

편을 가르는 일의 효율성을 전적으로 부정하는 건 아니다. 어떤 현실적이고 즉각적인 문제에서 때로는 편을 갈라 싸우는 게 확실히 좋은 효과를 거두는 경우가 있다. 그리고 그런 방식이 정의에 가까운 일들을 해내는 경우도 있다. 이를테면 강서구 특수학교 설립을 두고 많은 이들이 '장애아동 부모 편'을 들었고, 그로 인해 그 문제는 올바른 방향으로 진행되어 특수학교는 개교를 앞두고 있다. 하지만 이와 같은 싸움은 인간성의 최소한이자 근본을 위한 투쟁 같은 것이지, 진영싸움 혹은 이권투쟁이라 볼 것은 아니다. 오히려 인간을 위한 싸움에서 이분법은 있을 수 없고 오직 '인간 편'만이 존재한다.

하지만 그러한 경우를 제외한 거의 전 영역에서 일상적으로, 항시적으로 모든 관점에 관하여 아군과 적군이 갈라지기 시작하는 사회라면 문제가 달라진다. 편을 가르는 쾌락이 모든 사람들에게 전염되기 시작하고, 통찰력을 지녔다는 착각 아래 낙인이 수시로 이루어지고, 마녀사냥과 집단 린치가 일상화되는 사회라면, 이제 다른 문제가 된다.

요즘 내가 가장 주의를 기울이는 것은 쉽사리 어떤 편이 되지 않는 것이다. 그런데 누군가 볼 때는 나 역시 편파적으로 어떤 진영에 속해서 부당하게 다른 진영을 낙인찍고 공격하는 사람으로 보일지도 모른다. 그렇게 보이는 것까지는 어쩔 수 없다 하더라도, 나는 스스로를 배신하지 않기 위해 노력하고 있다. 가능하면 올곧은 시선으로 내가 생각하는 진실의 곁에 머물고자 노력을 기울이고 있다. 하지만 이런 노력이 언젠가 대단한 인정을 받을 가능성이란 거의 없고, 오히려 언젠가 온갖 낙인이 찍힐 가능성만이 높다는 건 안다. 이미 내가 어떤 말을 할 때마다, 아니 숨 쉴 때마다, 살아 있음을 내보일 때마다 낙인은 찍히고 있다. 이 사회는 그런 사회다.

나 스스로 낙인찍히는 일을 너무 두려워하지는 않

으려 한다. 그보다는 누군가를 낙인찍는 일이 더 두렵다. 나는 끊임없이 판단을 유보할 것이다. 누군가가 적군 혹은 악마라는 확신은 가능하면 미룰 것이다. 그리고 내 안의 여유가 허락하는 한 많은 이들을 이해하고자 할 것이다. 그들이 놓인 맥락과 입장을 헤아려보고자 할 것이다. 어차피 내가 할 수 있는 일이 누군가를 이해하거나 상처 주는 일 정도라면 이해하는 쪽을 더 택하고 싶다. 그냥 그것이 내가 바라는 것이다. 이 전쟁 같은 세상 속에서 스스로를 지키는 방법이라고 생각할 뿐이다.

정치적 올바름과
'가치'에의
혐오

정치적 올바름political correctness, 이른바 PC에 대해 내가 가장 인상 깊게 기억하는 비판은 슬라보예 지젝Slavoj zizek의 논리다. 그는 일종의 '체제 내 좌파'라고 할 수 있는 PC에 대해 사실 그들이 달성하려는 가치가 틀린 건 아니지만, 그들의 존재야말로 이 전 지구적 자본주의 체제를 더 공고히 한다고 비판한다. 만약 그들처럼 올바른 가치를 주장하고, 그런 가치가 조금씩 세상에 퍼지게끔 하고, 그래서 세상을 아주 조금씩이라도 나아지게 만드는 이들이 없다면 분명 이 체제는 더 빨리 전복될 것이다. 그런데 그들의 존재 때문에 이 사회 체제가 더 정당성을 얻고 유지된다는 것이다. 그러니 차라리 '혁명의 순간'들을 찾아다닐 일이지 시시하게 정치적 올바름의 가치인 환경보호니, 인종차별 철폐니, 빈민구호 캠페인 같은 일에 시간낭비하지 말라는 것이다. 물론 이러한 비판은 지젝이 체제의 전복을 바라는 혁명주의자임을 전제하고 보아야 한다.

　　　　나아가 그는 정치적 올바름이 사실상 세계를 낮게 만들기는커녕 더 넓은 차원에서는 악화시키고 있다고까지 주장한다. 가령 선진국에서 추진되는 자국 내 빈민을 위한 정책이나 동물보호 정책 같은 것들이 제3세계에 미치는 영향을 언급하면서, 오히려 전 세계적 차원에서는 더 큰 희생양들을 만들어낸다는 식이다. 그는 계속 '전 세계적 차원', 즉 '전체적 차원'을 거론하면서 선진국 좌파, 즉 PC들이 사실은 세상을 낮게 만드는 게 아니라 일종의 정신승리를 하고 있다는 맥락의 이야기까지 한다. 공정무역 커피를 마시면서, 아동인권 티셔츠를 입고 다니면서, 에코백을 들고 다니면서 자기위안을 얻는 데 불과하다는 것이다.

　　　　그런데 이런 식의 비판을 가만히 들여다보면 적어도 그들 사이에 합의하고 있는 '가치'라는 게 있다. 차이라면 과연 그 가치를 어떻게 하면 실질적으로 이 사회에 적용할 수 있을 것인가 하는 방법적 차이가 있을 뿐이다. 그것은 마치 천국을 이 땅에 실현시키는 가장 정확한 방법이 무엇인가에 대한 논쟁과 같다. 그 전제인 '천국'에 관해서는 그다지 이론이 없다. 그 천국은 당연히 부의 차이로, 성별로, 인종으로, 사랑의 방식으로, 장애로, 나이로, 그 밖의 모든 요소로 차별받지 않고 모든 사람이, 나아가 모든 생명이 보다 온당하게 각자의 행복을 얻을 수 있는 세상이다.

정치적 올바름에 대한 비판이 있을 수 있다. 그것이 너무 이상적이라거나 현실에 맞지 않다거나 실질적인 방법에 문제가 있고, 나아가 자기모순적이라는 식의 비판은 할 수 있다. 그런데 정치적 올바름이 지시하는 가치 자체를 조롱하고 비하하는 것은 다른 문제가 된다. 누군가 추구하는 것이 다소 이상적이고 당장의 현실과 불협화음을 일으킨다면 그에 관해 함께 고민하고, 절충안을 찾아보고, 다른 대안을 생각해보는 건 좋은 일이다. 그런데 그 이상이 이상적이라는 이유로 조롱하고 비난하는 건 그 가치 자체에 대한 혐오가 된다. 그는 가치를 거부하는 것이다. 가치가 혐오스럽고, 가치에 스트레스를 받으며, 가치에 피로감과 환멸을 느끼는 것이다.

인권, 평등, 약자에 대한 감수성, 실질적인 공정성, 모두가 보다 인간다운 삶을 누리는 세상, 모두가 존중받으며 사는 사회. 사실 정치적 올바름이 추구하는 가치란 이 범주에서 크게 벗어나지 않는다. 그런데 그러한 가치 자체를 도덕 교과서에나 나올 것이라며 경멸하고, 가치 자체가 말해지는 것에 히스테리컬하게 반응하며, 눈앞에서 가치를 집어치우라고 조롱하는 것은 온전한 비판이나 풍자의 범위를 벗어난다.

그런 태도에는 가치의 우월성에 대한 거부가 담겨 있다. 내가 느끼는 방식, 내가 살아온 방식, 내가 말해온 것보다 우월한 가치란 없다. 우월한 건 오직 나에게 편안한 것, 내가 느껴온 것, 내가 살아온 방식뿐이다. 그에 관해 어떤 가치가 개입하여 옳다 그르다 하는 것 자체를 거부한다. 그것이 어찌 보면 이 시대의 상대주의 같은 것인데, 사실상 그런 태도가 각종 혐오와 차별을 용인하며 세상을 오직 힘의 관계로 환원하고 권력관계만 남겨놓게 된다. 온당한 가치는 숨 쉴 곳이 없어지고 오로지 세력, 권력, 힘의 차이만 남게 되는 것이다.

　　　우리 사회의 흐름 역시, 실상 그런 가치를 경멸하는 세상, 더 이상 가치를 믿지 않고 가치를 원하지도 않는 방향으로 가고 있는 건 아닐까? 그리고 일련의 사람들이 그러한 혐오적이고 증오적인 흐름을 부추기고 이용하며, 나아가 돈벌이 수단으로까지 쓰고 있는 건 아닐까? 가치를 내세우며, 가치를 고민하고, 가치를 이야기하자는 제안은 돈벌이가 되지 않는다. 그런 건 대중 앞에 내동댕이쳐지기 좋은 선전 전단에 불과하고, 오직 양쪽에서 혐오와 증오를 부추기는 사람들만이 세력과 자본을 쓸어 담는다. 이는 일찍이 강준만 교수가 말한 《증오상업주의》의 현실판이자 미래형이며 현현이다. 약삭빠른 이들은 이미 무엇을 어떻게 부추겨야 하는지 알고, 실행하고 있다.

　　　싸워야 할 것은 가치를 경멸하는 이들이라 생각한다. 상대주의라는 미명하에 자신의 차별과 혐오까지 옳다고 내세우며 손쉽게 증오를 확산하는 이들과 싸워야 한다. 가치가 말해지는 과정에서 때로는 부작용이 일어나더라도 가치는 계속 말해져야 한다. 가치가 더 이상 말해지지 않고 가치를 말하는 이들이 짓밟히는 때가 올 때, 아마 이 사회의 희망이랄 것도 종국에는 폐기될 것이다. 그런데 아직 판도라의 상자는 남아 있다. 그곳에는 가치라는 희망이 있다.

이해할 수 있다는 것과
용납할 수 없다는 것

누군가를 이해할 수 있다는 것과 용납할 수 없다는 것은 양립 가능하다. 오히려 전혀 이해할 수 없다고 해서 용납하지 못하는 것은 독단이나 폭력인 경우가 많다. 사람들이 심심치 않게 '이해할 수 없다'며 '용납하지 못하는' 것은 사실 자신이 그만큼 이해받은 경험이 없다거나 무지하다고 고백하는 것과 다르지 않다.

많은 경우 사람들은 자기 이해의 범주 바깥에 있는 것을 용납하지 못한다. 그렇게 보면 친일파나 나치, 독재자나 범죄자에 대해 '용납하지 못한다'고 말하는 것과, 동성애자나 채식주의자, 딩크족에 대해 '용납하지 못한다'고 말하는 것은 크게 다르지 않다. 그러나 막연히 용납하지 못한다고 말하기에 앞서 대상을 이해하려고 노력해보면 다른 결론이 내려진다. 범죄자는 '이해할 수 없고' 동성애자는 '이해할 만하다'. 다양한 맥락 속에서 범죄자는 용납해서는 안 되고, 동성애자는 용납해야만 하는 것이 된다. 이런 사고과정 없이 막연히 대상에 대한 '이해' 자체를 터부시하는 것은 일종의 병리현상이다.

'도저히 이해할 수 없다'는 표현은 그 자체로 좋은 것이라 보긴 어렵다. 차라리 인간 인식의 한계를 들어 모든 것을 완벽히 이해할 수 없다는 이야기라면 백번도 더 동의할 수 있다. 하지만 인문학이라 할 만한 것, 철학이니 심리학이니 하는 학문은 '이해하기 힘든' 대상에 대해 집요하게 이해하려는 노력을 통해 발전되어왔다. 한나 아렌트Hannah Arendt가 나치 전범 아이히만Adolf Eichmann을 이해하려 한 연구나 프로이트Sigmund Freud의 정신분석이 대표적인 경우겠다.

그래서 이따금씩 '적'들을 이해하려는 이들에 대해, 그들을 이해한다는 것이 말이 되냐며 역정을 내는 경우를 보면 입이 다물어진다. 물론 이해에는 두려워할 만한 여지가 있다. 무엇이든 이해하게 되면 분노는 줄어든다. 그 대상에 대해 정상참작을 할 여지를 주게 된다. 하지만 그것은 이해와 용납을 구분하지 못한 데 따른 결과이지, 이해 자체가 죄악이기 때문이 아니다.

물론 나도 그랬던 적이 있다. 언젠가 초청받은 세미나 자리에서 어떤 심리학 박사가 부패로 얼룩진 대통령도 이해해야 한다고 열변을 토하는 것을 보고 도저히 화를 참을 수 없어서 강의실을 뛰쳐나온 적이 있다. 그 뒤로 그 일에 대해 끊임없이 되뇌며 고민했다. 결론은 내가 조금 더 현명했더라면 그러지는 않았을 거라는 것이다. 차라리 차분하게 그 사람 말을 하나하나 반박하면서, 그를 하나의 인간으로서 이해할 여지가 없는 것은 아니나, 그는 '용납되어서는 안 되는 일을 했다'라고 이야기하는 게 나았다. 그 일은 내게 '이해'라는 것을 끊임없이 다시 생각하게 만들었다.

무언가에 대한 이해 자체를 거부하는 형식의 담론은 결코 이 사회에 도움이 되지 않는다. 차라리 '이런 점에서는 이해가 가능하되 이런 점에서 용납해서는 안 된다'라는 식의 언술 행위가 자리 잡을 필요가 있다. 서로가 온통 '이해할 수 없다'는 말을 남발하는 것이 현명한 결론을 이끌어내거나 사회가 나아지는 데 도움이 되지 않는다는 사실은 분명하기 때문이다.

당장 급박한 투쟁을 하고 있는 사람들 입장에서야 상대를 악의 축으로 몰아넣고 그에 대한 어떠한 이해의 여지도 남겨두지 않는 일이 필요할 수 있다. 어쨌든 선악의 대결 구도만큼 자극적이고 강한 힘을 발휘하는 게 없는 것도 사실이다. 하지만 적어도 그런 상황이 아니라면, 그런 입장이 아니라면, 맥락 없는 괴물 따위는 없다는 인식이 필요하다. 나는 아마도 우리 사회에 더 필요한 말은, 당장의 선악을 구분하는 말보다는 전체의 맥락이나 거시적인 구조에 대한 생각을 끈질기게 포기하지 않는 말일 거라고 생각한다.

편견은 끝을 모르고
영혼을 파고든다,
〈그린 북〉

세상에는 시대와 장소를 초월하는 진실이 하나 있다. 그것은 모든 시대의 모든 사람이 저마다 편견과 싸워야 한다는 사실이다. 편견은 인간을 너무 쉽게 유혹하고, 사로잡히게 하며, 그로써 타인에 대한 폭력을 손쉽게 만들어준다. 그저 곁에 있는 사람들과 깔깔대며 편견을 나누는 것만으로도, 그것은 암세포가 번식하듯 한 시대를 온통 뒤덮어버린다. 이윽고 그것은 숨 쉬는 공기처럼 익숙해지고, 타자에 대한 폭력도 일상화된다. 그렇게 공유되는 편견을 이겨내는 데는 몇 세대가 필요할지 알 수 없다. 앞마당에 묻은 플라스틱처럼, 먼 바다에 내다버린 원자력 폐기물처럼 편견은 끝을 모르고 누군가의 영혼을 파고든다.

영화 〈그린 북〉은 여전히 흑인에 대한 차별이 강하게 남아 있던 1960년대 미국을 배경으로 한다. 영화는 시작부터 편견이 남아 있는 백인 사회의 일상을 보여준다. 클럽에서 일하는 토니 발레롱가는 집수리를 위해 찾아온 흑인들에 뼛속 깊은 거부감을 내보인다. 그의 가족은 수리공들이 흑인이라는 이유만으로 한데 모여 그들을 감시한다. 그의 아내는 그들에게 음료를 대접하지만, 그는 아내가 보지 않는 틈을 타 흑인들이 입을 댄 컵을 쓰레기통에 버린다. 그들에게 흑인이란 더럽고 접촉해서는 안 되며 나아가 자신들에게 해를 입힐 수 있는 병원균 같은 존재다.

편견이 무서운 것은 그와 같은 맹목성 때문이다. 어찌 보면 편견은 인간이 가장 원하는 어떤 상태를 만들어준다. 복잡하게 고민할 것 없고, 자신을 억누르거나 타인을 이해하는 수고 없이, 가장 단순하게 즉각적으로 느끼고 행동할 수 있는 최고의 편리함을 제공한다. 언제나 진실은 구체적이고 저마다 다르고 복합적이며 다층적이지만, 편견은 추상적이고 단순하고 타자를 매우 손쉽게 동질화한다. 나아가 그렇게 분류해낸 타자들에게 가장 원초적인 차원의 감정을 부여한다. 그 감정은 인간 내부에서 그 무엇보다 효과적으로 반응하도록 설계된 혐오감이다. 독성이 있는 식물이나 썩은 음식, 세균이나 바이러스를 보유한 생물을 보고 즉각적으로 꺼리고 배제할 수 있도록 만들어진 생물학적 '혐오감'을 정신적 관념인 '편견'과 완전히 결탁시켜 다른 인간에 적용하는 것이다.

그래서 편견에 물든 사람은 다른 모든 이성적 판단을 잃어버린 채, 그 분류된 타자를 박멸하려고 한다. 그렇기에 배제는 언제나 이성을 뛰어넘어 있다. 그것은 차라리 우리의 본능을 전면화시켜 우리 스스로 야생으로 돌아가게끔 유도한다. 정글에서 독이 있는 개구리나 지네를 발견했을 때와 같은 순간으로 인간을 퇴행시킨다. 그래서 편견은 문명 안의 야생이며, 야생 중에서도 가장 악질적인 측면의 부활인 셈이다. 편견에 집착하는 것은 악마가 되고자 하는 것, 악마가 되어가는 일을 즐기는 것이다. 그런데 그 악마성은 너무나 강렬하고 손쉬워서, 인간이란 매 시대 그 악마를 소환하려는 열망에 휩싸이는 것만 같다.

　　　〈그린 북〉에서 흑인에 대해 그와 다르지 않은 편견을 지닌 토니 발레롱가는 생계가 어려워지자 지인의 소개로 흑인 피아니스트 돈 셜리의 운전기사로 일하게 된다. 그가 맡은 일은 인종차별이 특히 심한 남부에서 8주간의 투어를 무사히 마칠 수 있도록 돕는 것이었다. 인종차별을 품에 안은 남자가 인종차별로부터 흑인을 지키기 위해(돈을 벌기 위해) 떠나는 셈이다. 그렇게 서로 닮은 점이라고는 없는, 극히 섬세한 성격의 성공한 흑인 예술가와 투박하고 거친 백인 남자의 동행이 시작된다.

　　　서로에 대한 다소간의 적대감과 불편함을 가지고

시작한 동행이지만, 여정을 이어나가며 두 사람 사이의 거리도 좁혀진다. 토니에게 흑인이란 늘 만져서도 가까이해서도 안 되는 존재였지만, 그는 처음으로 가까이에서 흑인을 한 사람으로 '보는' 경험을 한다. 아내에게 쓰는 편지에는 셜리의 기분이나, 그가 어떤 사람이고 어떤 재능이 있는지에 대한 묘사들이 조금씩 들어간다. 그 이전에는 살펴볼 필요도 없이 그저 배제하면 되었던 존재가 한 명의 구체적인 인간으로 다가오는 것이다. 그렇게 더 이상 흑인이 아닌 인간 자체를 알아가면서, 남부의 여정도 인간의 연대가 어떻게 편견이라는 악마와 싸우는지를 보여주는 로드무비가 된다.

여러 우여곡절 가운데 한번은 토니가 경찰관을 폭행하는 일이 벌어진다. 토니는 노골적으로 차별 섞인 모욕을 가하는 경찰관의 뺨을 때리고 둘은 구치소에 갇히게 된다. 이 일은 결국 셜리가 백악관에 전화를 해서 해결된다. 구치소에서 나와 달리는 차 안에서 셜리는 화를 내며 "폭력으로는 절대 이길 수 없다"고 말한다. 저 괴물 같은 차별, 폭력과 맞서 싸워 이길 수 있는 건 오직 '품위dignity'밖에 없다면서 말이다. 야생으로 퇴행한 인간, 악마가 되기를 즐기는 이들, 기꺼이 편견의 쾌락과 단순함을 선택한 괴물들과 싸우는 법은 자신도 악마나 괴물이 되는 것이 아니다. 오히려 끝까지 인간임을, 그리고 오직 인간만이 가능한 품위를 지키며 견디는 것만이 유일한 방법이다.

　　애초에 돈 셜리가 굳이 남부 투어를 떠나고자 한 이유 역시 그러한 편견과 싸우기 위해서였다. 북부 투어만 하면서 살아도 그는 훨씬 안전하고 쉽게 돈을 벌 수 있었다. 하지만 그는 자신이 싸워야 할 세계로 향했다. 여전히 흑인들이 극심한 차별을 받고 있는 곳으로, 오직 인간의 품위로 무장한 채 발을 내디딘 것이다. 그래서 그의 여정은 그저 순회 연주회가 아니라 인간을 회복하고, 인간을 마주하며, 인간이 인간으로 받아들여질 수 있는 세상을 위한 투쟁에 가깝다.

　　돈 셜리는 달림으로써, 연주함으로써, 여행함으로써 인간을 위한 싸움을 한다. 그리고 진정한 싸움이란 바로 그처럼 싸움 아닌 싸움, 인간이 인간으로 존재함을 드러내는 일 자체인 셈이다. 단지 세상에 품위가 존재한다는 것, 인간에게는 어떤 '격'이 있다는 것, 인간에게는 야생과 본능을 넘어서 유지할 수 있는 어떤 '태도'가 있음을 보여주는 것이 그의 방법이자 곧 인간의 승리인 것이다. 그렇게 인간은 편견의 존재에서 품위의 존재로 나아간다. 품위를 지키고자 하는 한 사람, 품위를 드러내는 한 인간에 의지해서 말이다. 온갖 진흙탕과 혐오와 차별의 지옥도 결국 품위를 가진 한 사람의 빛으로 밝아질지도 모른다는 희망을, 이 영화는 갖게 한다.

폭력은
돌고 돌아
어느 가정의 아이에게

논란이 되었던 한 여성이 아이 앞에서 소리 지르며 욕설하는 영상을 보았다. 아이는 자신을 둘러싼 폭력을 막기 위해 두 손으로 귀를 틀어막고 있었다. 세상의 유일한 보호막이 되어주어야 할 가정에서조차 폭력에 노출된 아이는 도망갈 곳이 없어, 고작 작은 두 손으로 자기를 지키려 하고 있었다. 가정이 피난처나 안식처가 아니라 공포와 폭력의 장소라는 것이 얼마나 끔찍한 일인지는 아는 사람만 알 것이다. 그것은 아이를 절벽에 내몰아놓고 뛰어내릴지 말지를 결정하라고 강요하는 일과 비슷하다.

그와 같은 장면을 한 작가의 글에서 보았다. 《대리사회》의 김민섭 작가는 페이스북에서 자신이 당사자인 교통사고 현장을 묘사하면서 상대편 차에서 내린 남성이 어떻게 고함을 지르며 욕설을 퍼부었는지를 상세히 이야기했다. 그런데 나는 그 이야기에서 그 차의 뒷좌석에 앉아 있었다는 딸이 유독 신경 쓰였다. 그 남자는 작가에게 끊임없이 모욕적인 언사를 늘어놓다가 중간중간 딸에게도 똑같이 윽박질렀다고 한다. 그런데 보호받아야 마땅한 아이에게도, 생면부지의 남에게도 마음대로 무례를 저지르며 스스로 인간임을 포기하는 그런 모습이 낯설지가 않았다.

　　이 사회 온갖 곳에서 매일같이 일어나는 무례, 인간을 인간으로 취급하지 않으며 스스로도 상대방도 인간일 수 없게 만들어버리는 그런 일상의 최종적인 피해자는 아이들이다. 한 줌의 권력만 갖고 있어도 그것을 가장 폭력적인 방식으로 휘두르며 쾌감을 느끼는 이들, 불의의 사고 앞에서 일단 상대방을 공격하며 이익을 얻고자 하는 이들, 인간을 짐승이나 기계 혹은 도구 비슷하게 대하며 스스로 인간임을 포기하는 이들의 폭력은 결국 가정 안에서 훨씬 손쉽게 재생산된다. 그리고 폭력의 찌꺼기들은 가정 내에서 가장 권력도, 힘도, 방어 수단도 없는 아이들에게 최종적으로 수렴된다.

　　어쩌면 그 점이 이 사회의 가장 무책임한 점일 것이다. 내가 받은 폭력은 다른 누군가에게 행사하며 무마하면 된다. 공격받은 만큼 공격하며 나는 덜 억울해지고, 스트레스를 해소하고, 어찌 됐건 적당히 스스로를 유지해내며 살아간다. 그런데 그런 폭력의 주고받음 속에서 완전히 해소되지 않은 잔여물, 누군가에게 더 많이 가해진 폭력의 찌꺼기들은 결국 쓰레기장처럼 아이들에게 가서 처리된다. 폭력을 당한 아이들은 스스로의 귀를 틀어막거나, 자해하거나, 자기를 증오하며 자랄 수밖에 없다. 그들은 폭력을 내면화하게 되고, 그 폭력은 자라면서 결국 또 누군가에게 표출될지도 모른다.

　　나는 그 동영상을 보면서도, 또 작가의 이야기를 읽으면서도 과연 내가 그들을 비난하며 스스로에게 완전히 면죄부를 줄 수 있나 고민이 되었다. 내가 어딘가에서 행한 폭력이 있다면, 그 폭력은 돌고 돌아 어느 가정의 아이에게 돌아갈 것이라는 생각이 들었다. 가령 고객이라는 지위에서 어떤 제품의 하자에 짜증이 난다는 이유로 응대하는 직원에게 정도 이상으로 화를 낸 적은 없었나? 내 지위보다 딱 한두 줌 낮은 지위를 가진 누군가에게 나도 모르는 폭력을 저지른 적은 없었나? 누군가를 인간적으로 대하지 않고 무례를 저질러 그에게 폭력의 잔여물이 쌓이게 한 적은 없었나? 있었다면 그 폭력은 지금쯤 어느 아이의 귀를 틀어막은 두 손등을 때리고 있을 것이다.

　　결국 아이들이 불행한 사회에 미래는 없다고 생각한다. 또한 아이를 생각하는 것만큼 이 사회를 나은 방향으로 이끄는 방식도 없다고 믿는다. 고급 차를 모는 재벌의 아이든, 항상 사회에서 을의 위치에 처한 누군가의 아이든, 적어도 아이들은 죄가 없다. 우리의 폭력들이 언제나 종국에는 그 아이들을 향한다는 걸 기억해야 한다. 폭력적인 사회의 대가는 아이들이 치른다. 그리고 그 아이들이 이 사회를 더 폭력적으로 만들어나갈 것이다. 이 악순환을 어딘가에서는 끊어야 한다. 그것을 끊을 수 있는 건 아이들이 아니라 폭력의 현장에 있는 지금의 어른들뿐이다.

옳음과 친절함 중
하나를 택해야 한다면,
〈원더〉

"옳음과 친절함 중 하나를 택해야 한다면, 친절함
을 택하라."

올바르기란 쉽다. 하지만 친절하기는 어렵다. 올바
름은 언제나 정해진 기준에 따라 자신의 행동과 삶을 맞추면
달성된다. 그런데 인류의 역사는 올바름의 기준을 부단히도
고쳐온 과정이자 올바름이라는 폭력 아래 무수한 타자들을 굴
복시켜온 시간이기도 하다. '올바른 것을 행한다'는 명분 아
래, 그에 대한 손쉬운 복종 아래, 눈앞의 타인에 공감하고 그
를 사랑할 수 있는 기회가 수없이 사라졌다. 그 올바름의 역사
는 여전히 진행 중이다. 부드러운 마음, 타인을 있는 그대로
만나는 순간 편견과 차별 없이 일어나는 공명은 늘 올바름 앞
에 힘을 잃는다.

친절은 상대에게 자신을 내어주는 순간에 대한 묘

사다. 달리 말해 환대는 타인을 향한 내 안의 '올바름의 기준'이 무너진 폐허에서 피어오른다. 진정으로 친절하기 위해서 우리는 항상 무너져 있어야 하고, 열려 있어야 한다. 내 안에 쌓아 올린 편견의 성벽을 따라 타인을 만나는 게 아니라 매순간 살아 있는 채로, 매번 새로운 영혼으로, 갓 알에서 태어난 어린 새의 마음으로 타인을 대해야 한다. 친절 안에서 가치의 기준은 매번 새롭게 탄생한다. 내가 환대한 자, 내가 사랑하는 자, 나와 시선과 육성을 있는 그대로 마주한 자가 새로운 기준이 된다. 그래서 친절은 역동성의 다른 이름이고 새로움의 징표이며 어려운 일이다.

　　　영화 〈원더〉의 주인공 어기는 유전적인 문제로 남다른 외모를 가진 아이다. 태어난 이후로 무려 스물일곱 번의 성형수술을 거쳤지만 여전히 일반인들과는 다른 외모를 가질 수밖에 없다. 열 살이 넘도록 항상 우주인 헬멧을 쓰고 다니며 홈스쿨링만 해야 했기에 친구 한 명 없는 어기가 처음 학교에 가며 이야기는 시작된다. 처음 어기는 또래에게 은근한 따돌림이나 노골적인 놀림을 당한다. 그러나 그에게 진정으로 다가오는 친구들을 알게 되고 그들과 관계를 맺으며 서서히 치유되어간다.

　　　마지막에 어기는 학생 대표로 표창을 받게 되는데, 그가 "다른 이들에게 싸울 용기를 불어넣었기" 때문이다. 그 용기란 차별을, 올바름의 폭력을 이겨낼 용기다. 처음에는 모든 아이들이 그를 낯설어했다. 아이 역시 어른 못지않게 사회의 '일반적인' 편견 혹은 기준에 익숙했기 때문이다. 올바른 인간은, 일반적인 인간은, 정상적인 인간은 '저렇게 생겨서는 안 된다'라는 기준 안에서 타인을 바라본 것이다. 그러나 언제나 아이들은 어른들보다 부드러운 마음을 가진 법이다. 아이들은 아직 그러한 기준으로 완전히 딱딱해진 존재는 아니다. 아이들은 다른 아이에게 마음을 열 줄 안다. 올바름의 폭력을 가하기 전에 마음으로 친절할 줄 안다. 가식이나 계산이 아닌 환대 속으로 기꺼이 뛰어들 줄 아는 것이다.

그렇게 아이들이 서로 어우러지는 이야기는 동화처럼 아름답다. 우리가 살고 있는 현실이나 사회 같은 것은 이 영화에 감히 침범하지 못할 듯싶다. 그 이유는 우리가 살고 있는 삶이 그러한 환대를 오래전에 잃어버렸기 때문일지도 모른다. 우리는 늘 자기 방어에만 급급한 채 살도록 강요받고 있어서 용기를 내어 타인을 환대하는 방법을 잊은 채 살아간다. 결국 모든 행동, 모든 선의, 모든 말이 나를 지키고, 나를 보존하고, 나의 이익을 위해 복무하게끔 살도록 프로그래밍되어버린 것이다. 하지만 영화 〈원더〉 속의 아이들은 항상 친절을 염두에 둔다. 그들은 친절이 올바름보다, 이익보다, 자기방어보다 낫다는 것을 알고 있다.

어기는 말한다. "힘겨운 싸움을 하는 모든 이들에게 친절하라." 어쩌면 우리 모두는 힘겨운 싸움을 하고 있다. 무엇이 우리를 그토록 힘겹게 하는지는 명백하지 않다. 불우한 가정환경 때문일 수도 있고, 부조리한 사회로 인해서일 수도 있고, 자신의 성격이나 기질이 문제일 수도 있다. 하지만 그 힘겨움 때문에 자신의 안으로만 매몰되어간다면 우리는 영원히 저 '환대의 세계'를 알지 못할 것이다. 세상이 요구하는 올바름의 기준에만 들고, 그럼으로써 자신을 보존하고 방어하는 데만 몰두해서는 바로 내 앞에 있는 사람의 마음에조차 영영 닿지 못할지도 모른다. 오히려 우리가 자기 밖으로 나갈 수 있는 용기를 한 줌 손에 쥘 때, 그렇게 한 걸음을 내딛을 때, 친절한 용기를 한 모금 들이킬 때, 세상은 온통 환대의 공간으로 내게 도래할지도 모른다. 그 세계는 분명 우리가 살아온, 우리가 올바르다 믿은, 우리가 알던 세계와 다를 것이다. 그 세계 속의 나도, 그 세계 속의 타인도 내가 알던 것들보다 훨씬 나은 그 무엇일 것이다.

영화는 어기가 학교에 훌륭히 적응한 뒤, 어기의 어머니 이사벨이 10여 년 넘게 미뤄두었던 논문을 완성하는 것으로 끝이 난다. 그녀는 어기를 세상으로 내보내기 위해 10년이 넘는 삶을 바쳤다. 어기가 맞이할 환대를 꿈꾸며 그 지난 한 세월을 견뎌냈다. 그녀는 포기하지 않은 채 세상이 열리며 맞아줄 날을 기다렸다. 아이를 손에서 놓고 학교로 보낼 때의 그 마음은 아이를 조각배에 태워 망망대해로 보내는 마음과 다르지 않았을 것이다. 그렇게 어기는 우리가 사는 세상으로 왔다. 그 세상에서 한 줌의 친절을 만난다는 것은 기적wonder이다. 할 수만 있다면, 나 또한 그런 한 줌의 기적이 되고 싶다.

인문학
열풍이
남긴 것

인문학 열풍이 시작된 건 대략 10년 전, 마이클 샌델Michael J. Sandel의 《정의란 무엇인가 *Justice : What's the Right Thing to Do*》가 화두가 되면서부터였을 것이다. 그 이후 '인문학'이라는 수수께끼 같은 단어가 요술상자라도 되는 양 사회에 퍼지기 시작했고, 여기저기서 인문학이라는 '그 무엇'의 힘에 닿아보려는 움직임이 생겨났다. 관련 책들, 강연들이 쏟아졌고 크고 작은 성행을 이룬 경우도 적지 않았다. 더불어 '인문학 셀럽'이라 부를 만한 이들도 상당수 탄생하며 상당한 시장을 형성했다.

그런 열풍에 힘입어 이른바 인문학 바닥에 뛰어든 이들은 크게 두 종류였던 것 같다. 하나는 '교양인문학'을 전파하는 지식소매상을 자처하며 지식 전달에 주력한 이들이었다. 주로 나열식 지식을 매끄러운 문체로 전달하는 데 능숙했던 이들은 명실상부 이 열풍의 가장 큰 혜택을 입었다. 인문학 관련된 대부분의 베스트셀러는 다양한 지식을 나열해 전달하는 책들이었는데, 아마도 사람들의 인문학에 대한 호기심을 충족시키고 적당히 필요한 수준의 지식을 제공하는 데 기여한 듯하다. 논술, 면접 등 입시와 취업준비와도 충분히 착종되면서 말이다.

다른 하나는 교양인문학적 지식 전달보다는 인간과 사회, 시대를 보는 나름의 관점을 제시하며 '자기 이야기'를 대중적인 이해도에 맞춰 풀어낸 경우들인데, 이쪽 방면으로도 적지 않은 생산이 있었다. 굳이 따지자면 나 역시 이쪽에 속한 편이었는데, 흔히 말하는 '인문학 열풍' 혹은 '인문학 시장'과는 다소 다른 영역이었고, 전자의 흥행에 비하면 사실 대단히 혜택을 입었다고 할 만한 것도 없었다. 다만 우리 시대에 대한 몇 가지 담론이 남았고, 그것들은 우리 사회와 문화를 보는 고유한 시선의 가능성을 심어주었다.

인문학에 대한 환호, 그에 더한 비판은 대체로 전자에 쏠려 있다. 나름대로 진지함을 자처하는 이들은 지식소매상, 얕은 지식, 자본에 결탁하고 상품이 되어버린 인문학에 대한 비판을 꾸준히 가하는데, 그 질문은 궁극적으로 '결국 그 인문학 열풍이 해낸 것이 무엇이냐'로 수렴된다. 인문학이 한 번 세상을 휩쓸고 지나갔지만 나아진 것은 아무것도 없지 않느냐는 것이다.

그러나 나는 조금 생각이 다르다. 무엇보다도 10년 전에 비한다면 사람들이 향유하는 시간의 다양성과 질은 확실히 변화했다. 양질의 책을 읽는 독서모임과 공간 등이 지역적으로 굉장히 다양하게 구축되었고, 일상에 대한 비판은 상당히 흔한 것이 되었다. 서양의 1960년대를 휩쓸었던 소비사회에 대한 비판은 습관이 된 소비와 일상에 대한 거부에 기반을 두고 있었는데, 우리 사회에도 역시 그러한 경향이 갈수록 커지고 있다.

대표적인 것이 젊은 층으로 퍼져나가는 소소함, 보통의 것, 일상, 오늘에 대한 긍정 같은 것인데, 이것을 단순히 '극심한 경쟁'과 '팍팍한 현실', '불안정한 미래'로 인한 도피적 성향이라고만은 볼 수 없다. 여기에는 확실히 가치관의 변화라는 보다 큰 범주의 시대적 경향이 있고, 그러한 경향을 이끌어내는 데 이른바 인문학적 성찰이라는 것의 전염이 있었다고 생각한다. 지난 10년 동안 인문학이 꾸준히, 제대로, 지속적으로 해온 하나의 역할이 있었다면, 그것은 지겨울 정도의 '일상 비판' 혹은 '라이프스타일 비판'이었다.

과거에 사람들에게 꿈과 성공에 대해 물으면 평균적인 대답은《아프니까 청춘이다》류의 것이었다. 참고 인내하면 성공한다, 현재가 힘들더라도 미래에는 더 큰 희망이 기다리고 있다. 그러나 그런 종류의 꿈과 성공론의 허구를 이제 사람들은 간파한다. 라이프스타일 자체에 대한 인식, 자기만족에 대한 섬세한 척도, 집단적이고 획일적인 삶의 기준 및 성향에 대한 비판의식은 꽤나 보편적이 되었다. 의식수준이라는 것을 말할 수 있다면, 나는 전반적인 면에서 확실히 달라졌음을 감지할 수 있다고 생각한다.

단언컨대 10년 전만 해도 소수성과 환대에 대해 말하면 들어주는 사람이 거의 없었다. 삶의 주류적인 형태가 아닌 다른 라이프스타일에 대해 말하면 그저 도피일 뿐이라고 취급하던 폭력적인 세상이었다. 그러나 인문학 셀럽이나 넓고 얕은 지식이든 혹은 보다 진지한 철학자들이나 지식인들의 영향이든, 인문학이 뭍으로 나온 세상은 확실히 나아졌다. 좋은 이야기들은 끊임없이 생산되며 반복될 것이고, 아마 세상은 더 나아질 것이다.

대학원생들에게
지도교수의 권력이란
절대적이다

　　대학원생들에게 지도교수의 권력이란 절대적이다. 대학원생들은 주변의 거의 모든 사람들이 취업 전선에 뛰어들어 돈을 벌고, 저축을 하고, 자동차나 오피스텔을 할부나 대출로 구매하는 동안 오직 '논문' 하나만을 바라보며 스스로를 유폐시키는 로빈슨 크루소와 같다. 기꺼이 수년의 시간을 바치기로 마음먹은 그들의 최종 목적지는 마치 섬에서 탈출할 그날처럼 '논문 통과'라는 먼 땅을 가리키고 있다. 그리고 그 논문 통과의 전권은 오로지 지도교수에게 쥐어져 있다는 점에서, 대학원생에게는 지도교수에 대한 절대적인 복종이 요구된다.

　　나아가 논문 통과뿐만 아니라, 학계 내에서 장기적으로 살아남고 젊은 날의 헌신을 조금이나마 보상받기 위해서도 지도교수와의 관계는 매우 중요하다. 대부분의 지도교수는 학회 등을 통해 학계 내에서 중요한 인맥을 구축하고 있다. 심지어는 대학에 강사나 교수로 임용될 때, 학자 본인보다 그의 지도교수와 먼저 연락해보는 일이 관례처럼 자리 잡아 있기도 하다. 그러니 지도교수의 눈 밖에 난다면 대학원생은 그가 감수했던 그 모든 젊은 나날들을 포기해야 하는 지경에 이르게 된다.

아마 모든 나라가 그렇진 않을 텐데 우리나라의 유독 강한 집단주의 문화는 확실히 학계에서의 삶이라는 걸 그런 식으로 만들어놓았다. 말하자면 그곳에는 철저한 위계가 있고 상명하복, 복종과 위력이 있다. 굳이 지도교수가 나서서 폭력과 권력을 휘두르지 않아도 대학원생은 지도교수의 옷깃에 먼지 하나 내려앉지 않게끔 신경을 곤두세우는 게 당연한 일상처럼 되었다. 실제로 대학원생의 미래는 각자가 얼마나 대단한 실력을 가졌는가 못지않게, 그러한 권력 구조 혹은 인정 시스템에 얼마나 잘 적응했느냐가 더 중요하다고 해도 과언이 아니다.

그래서 혹여나 지도교수가 술자리에 불렀는데 제멋대로 거절하거나, 혹은 어느 학회에 출석하라고 했는데 나가지 않거나, 조교 업무 외의 일을 부탁했는데 무시하는 것은 대학원생에게 거의 불가능하다. 심지어 지도교수가 술자리에서 성희롱 발언을 일삼고, 실질적인 노동력과 시간이 필요한 사적인 부탁을 수시로 하고, 폭언과 폭행을 휘두르더라도 어지간해서는 묵묵히, 군말 없이 견뎌내야 한다. 많은 대학원생들은 그러한 종류의 부당함이 몸에 배어 있고, 부당하다고 느끼지 못하는 경우도 있다. 그러나 그것이 어디까지나 자신의 선택과 결정, 판단에 의한 것이고 자유의지에 의한 행위라고, 자기결정권을 지닌 독립적 성인으로서 하는 일이라고 단정 지을 수는 없다.

다시 말해 그것은 팔다리만 없을 뿐, 실질적으로 존재하는 구조의 폭력, 위계의 폭행, 집단주의적이고 수직적이며 위력적인 어떤 '전체'에 의한 강요이자 현존하는 억압이다. 그것은 눈에 보이지 않고 추상적이며 그래서 법원에서 증거로 제출하기는 곤란하지만, 그럼에도 그 누구도 부정할 수 없는, 명백히 존재하는 폭력이고 위력이다. 그에 대고 그래도 부름에 거절할 수 있지 않았느냐, 가만히 있지 말고 반박할 수 있지 않았느냐, 너는 자유로운 인간, 자유의지를 지닌 성인이 아니냐 이야기하면서, 나아가 그를 조롱하고 비하하며 '모두 네가 선택한 일이니 감수하라'고 반복적으로 으름장을 놓는 것은 전혀 공감능력도, 상상력도 없는 행위라고밖에 볼 수 없다. 하지만 사람이 사람이 되는 것은 공감능력과 상상력 때문일 것이다.

여기에서 한발 더 나아갈 수도 있다. 흥미로운 점

은 '그럼에도 불구하고' 우리는 자신이 복종해야 하는 바로 그 대상에 대한 양가적인 감정을 가질 수도 있다는 것이다. 정치인에게 폭행을 당하면서도 그를 따르는 비서든, 재벌집 회장에게 인간 이하의 취급을 받으면서도 수행하는 운전기사든, 유명 연출가나 감독에게 성폭행을 당하면서도 출연하는 배우든, 지도교수의 노예처럼 사는 대학원생이든, 그 밖에 폭력에 노출된 모든 약자들도 자신의 윗사람에게 어느 측면의 존경심을 품을 수 있다. 그의 유능함, 철두철미함, 사회적 영향력, 완벽주의, 성공을 향한 집념 같은 것들을 흠모하고 동경할 수도 있다. 특히 그들이 종종 우월한 권력자로서 보여주는 관심, 믿음의 표현, 인정의 말 한마디, 별것 아닌 칭찬이 권력 구조 내의 하층에 있는 사람 입장에서는 무척 절실하게 마음을 울리기도 한다.

하지만 설령 억압당하는 이의 마음이 흔들리는 순간이 있다 하더라도 위력의 존재, 폭력의 명백함, 폭행 사실이 사라지는 것은 아니다. 괴물 같은 구조는 여전히 실재하며, 그 속에서 이루어지는 끝없는 위압도 사라지지 않는다. 그저 가장 사랑하는 사람에게도 미움을 느껴 애증의 관계를 형성하는 게 인간일 뿐이다. 마찬가지로 가장 자신을 억압하는 존재를 동경할 수도 있는 게 인간이다.

나는 그러한 인간에 대한 이해, 추상적이지만 명백

한 현실의 인정, 우리 삶에 절대적인 영향력을 미치는 어떤 위력에 대한 구조적 통찰이야말로 우리가 가장 절실하게 알아야만 하는 어떤 것이라 말하고 싶다. 그것은 모호하지 않고, 감성적이지도 않으며, 따뜻한 마음과 관련되어 있지도 않다. 오히려 가장 냉철한 현실인식, 가장 명확한 현실감각, 피상적이지 않고 정확한 깊이로 현실을 보는 시선과 관련되어 있다. 그렇기에 우리 사회가 반드시 직시해야만 하는 문제를 꼽으라고 할 때 이보다 시급한 문제는 좀처럼 생각하기 어렵다. 이 현실을 있는 그대로, 정확하게 바라보아야만 한다.

정의에의 열망은
부정의의
증거다

우리 사회에 정의로운 주체에 대한 열망이 상당함을 느낀다. 사람들은 스스로도 정의로운 주체로서 행동하길 원하고, 또한 정의로운 사람을 갈망하고 사랑한다. 단순히 정의로움을 콘텐츠나 담론 안에서 소비하는 정도를 아득히 넘어서서, 현실 자체에 정의가 실현되길 바라며 실제로 광장으로 뛰쳐나간다. 이런 열망으로 움직이는 사회란 정말이지 흔치 않다.

사실 '정의' 자체는 어딘지 이전 세대의 것이라는 느낌이 있다. 흔히 말하는 포스트모던 사회, 근대 이후 사회에서는 정의 같은 대의나 관념은 더 이상 사회를 움직이지 못한다는 식의 담론들이 꽤나 팽배했기 때문이다. 그런 담론들은 이제 생활정치의 시대로 이전했고 개인화된 사람들은 각자의 삶을 좇기 바쁘지, 대의 아래 하나로 뭉치고, 광장에 나서고,

근대인들이 믿었던 혁명 같은 이상에 투신하는 일은 '끝났다'
고 말했던 것이다.

놀라운 것은 정의에 대한 열망을 상당히 냉소하게
된 시대가 아닌가 했던 시점부터 오히려 더 광장에 대한 열망
이 폭발했다는 것이다. 그렇게 전 대통령이 자리에서 물러났
고, 다시 또 세상은 들끓고 있다. 이런 정의로운 주체가 어떻
게 탄생하는 것인지 혹은 재탄생하게 된 것인지는 우리 사회
의 무척 중요한 부분이라는 생각이 든다.

물론 이런 열망의 이면에는 자기 진영에 대한 옹호
나 지지가 깊이 깔린 측면도 없지 않을 것이다. 그러나 중요한
것은 그러한 자기 진영에 대한 수호의지의 밑바탕에 있는 것
또한 '정의에 대한 열망'이라는 점이다. 그런 의지는 놀라울
정도로 '자기 이익' 혹은 '자기 집단의 이익'보다는 '내가 지지
하는 집단이 정의롭다'는 의식을 바탕에 깔고 있다. 나아가 그
런 나 또한 정의로운 존재이며 정의롭고자 하는 열망 속에서
이 모든 일이 일어나는 것처럼 보인다는 점이다.

어쩌면 이토록 전 사회적으로 정의에 대한 갈망이
팽배한 이유는 그만큼 우리 사회가 얼마나 철저하게 부정의한
지를 보여주는 증거일지도 모르겠다. 사회 곳곳에서 사람들이
겪어온 거의 모든 경험들이란 처절할 정도로 정의와는 정반대
였을지도 모른다. 공정한 게임, 정의로운 결과, 합리적인 해결

이나 룰 같은 것은 도무지 찾아보기 어려웠고, 모든 게 불합리한 갑질, 불공정한 경쟁 따위로 좌우되는 경험이 인생 내내 누적되고 있는 건 아닐까? 상사에게 성추행을 당해도 항변할 방법이 없고, 법과 제도는 나를 전혀 지켜주지 못한다고 느끼며, 입시나 취업, 나아가 부의 축적 같은 사회의 모든 측면이 각자의 힘이나 인맥에 따라 좌우된다. 공정한 심판 혹은 관리자 자체를 거의 경험해본 적 없는 삶 속에서 결국에는 정의에 대한 열망이 폭발하고, 어떤 식으로든 그 실현을 절박할 만큼 바라게 되었을지도 모른다.

그래서 정의로움에 대한 갈망으로 모인 정의로운 시민들이 한편으로는 대단해 보이면서도, 다른 한편으로는 어쩐지 쓸쓸하게 느껴지기도 한다. 그들은 진심으로 더 나은 세상을 바라고 있는 것이다. 어쩌면 상식적인 공정함과 합리적인 정의로움을 경험해본 적이 없어서 그토록 강한 열망을 지니는 것이다. 아마도 정의로움에 대한 목마름은 이 삶이 끝날 때까지 이어질지도 모르겠다.

가족의 울타리,
사회의 집

명절 즈음 "노인들이 기차에 서서 가는 까닭"이라는 기사를 읽고, 아차 싶은 마음이 가슴 한구석을 찔렀다. 서울에 살 적에 명절만 되면 나는 기차표를 구하기 위해 예매 사이트에서 '새로고침'을 누르기 바빴다. 그런 식으로 하다보면 언젠가 표 한 장쯤은 생기기 마련이어서 한 번도 고향에 서서 간다든지, 가지 못한 적은 없었다. 나는 명절 기차표 구하는 일에 일종의 자부심마저 갖고 있었다.

명절이 되기 한 달 전쯤 인터넷에서는 일제히 '명절 예매 기간'이 시작된다. 이 기간을 놓치면 사실상 위와 같은 방법이 아니고서는 기차표를 구하는 일이 거의 불가능하다. 이 기간에조차 원하는 시간대에 예매를 하려면 새벽같이 일어나 부지런히 예매 경쟁에 뛰어들어야 한다. 대학생이었던 나도 예매를 놓칠 때가 많았으니 스마트폰은커녕 인터넷에도 익숙지 않은 세대에게 기차표 구하기란 불가능과 다름없을 것이다.

명절에 자식들이 노부모를 찾아가는 형태가 주를 이루지만 당연히 노인들의 열차 수요 또한 존재한다. 자녀와 가까운 관계를 유지하는 노인들은 자녀가 표를 대신 구해주는 일도 있을 것이다. 그러나 사실상 노인들은 그 기간 '기차를 탈 수 있는 권리'로부터 완전히 배제되어 있는 것과 다르지 않다. 그 해결책은 오로지 '가족'에 맡겨져 있다. 우리나라의 고질적인 문제 해결 방편인 가족주의는 여기에도 등장한다. 가족이 알아서 하라, 가족이 해결하라, 가족의 도움으로 버텨라. 이 지상명제가 그대로 반영된다.

가족이란 무엇인가? 우리나라에서 가족은 사회가 보장하지 못하는, 사회가 버려놓은, 사회가 방치하고 방기한 영역들을 치워내는 쓰레기차 같은 영역이다. 교육은 부모의 재력에 의해 좌우되고, 육아는 부모의 여유에 의해 결정된다. 노인들의 생존과 생계 또한 가족들에게 맡겨져 있다. 사실상 가족이 버티고 있지 않으면 제대로 된 사회의 보호, 법적 방어 수단, 삶에 필요한 최소한의 기반조차 얻을 수 없다.

가족이 보호해주고 책임질 수 없는 경우에 그는 무방비로 사회에 노출된다. 그런데 가족의 울타리 없는 우리 사회란 야생과 하등 다를 게 없다. 나는 서른이 넘었지만 여전히 부모님으로부터 육아 같은 측면의 도움을 많이 받는다. 동네에 하나 있는 육아지원센터는 한참 떨어져 있어서 아이를 쉽게 맡길 수도 없는데다 미리 예약을 해야 하는데 예약은 일찌감치 다 차버린다. 내가 알기로 이 대도시 전체에서 그런 육아지원센터는 열 곳이 채 되지 않는다.

그러나 그나마 가족주의와 집단주의가 위용을 발휘하던 시대도 지나 가족이란 그 힘을 점점 상실해가고 있다. 가족이 주는 순기능은 사라지고, 가족 내에서 온통 트라우마를 입고 쫓겨난 아이들이 학교에 가서 또 다른 야생을 만들고, 가족의 해체는 흔해졌다. 그런데도 사회는 가족을 대체할 만한 방책을 거의 수립하지 못하고 있다. 가족은 붕괴되어가는데 사회는 여전히 온갖 책임을 가족에게만 떠넘긴다. 각자도생이라는 게 우리 사회에 가장 적절한 말일 것이다. 개인주의와 사회적 책임의식은 흉내만 내고 있을 뿐이다.

당장 약자들을 위한 전방위적이고 적극적인 보호들이 필요하다. 그다음에는 가족이 모든 걸 떠맡던 기존의 구조를 완화하고 사회가 나서서 더 많은 것들을 책임져줄 필요가 있다. 그러지 않는다면 흔히 말하는 흙수저나 금수저에 따라 모든 게 결정되는 생애주기와 라이프스타일의 문제도 결코 해결될 수 없을 것이다. 사회가 먼저 안전한 곳이 되어야 한다. 사회가 하나의 집이 되어주어야 한다.

그렇게 절실한
서로의 쓸모,
〈나, 다니엘 블레이크〉

우리 모두는 누군가에게 필요한 존재다. 사회 안에는 더 쓸모 있게 여겨지는 존재들이 있다. 더 머리가 좋고, 더 건강하고, 더 체제에 잘 복종해 사회가 선호하는 종류의 사람들이 있다. 그러나 그들만이 쓸모 있는 존재는 아니다. 모든 사람에게는 저마다 쓸모의 자리가 있다. 더 이상 일할 수 없는 노인도 혼자 남겨진 아이에게 동화책을 읽어주며 보살피는 일을 할 수 있다. 아이에게, 또 노인에게 서로는 세계가 될 것이다. 그런데 왜인지 이 사회에서는 그렇게 절실한 서로의 쓸모가 만나기 쉽지 않다. 각자는 파편화되고 분리되어 저마다 타인을 갈망하며 살아간다. 연결이 간절한데도 좀처럼 만남은 이루어지지 않는다. 그렇게 우리 사회의 수백만 명이 고독 속에 살아가며 매년 수천 명이 고독사에 이른다.

영화 〈나, 다니엘 블레이크〉의 주인공 다니엘은 점

점 사회에서 쓸모없어지는 노인이다. 그는 평생 성실히 일하며 목수로서 경력과 실력을 쌓아왔다. 하지만 누구나 그렇듯 몸에 고장이 나기 시작했다. 주치의는 그가 심장병이 있으니 한동안 쉬면서 몸을 회복해야 한다고 말한다. 그는 그 말을 듣고 국가에 질병수당을 신청하지만 심사에서 탈락한다. 이에 재심사와 항고를 진행하려는데 관료주의적 절차를 밟아나가는 일이 쉽지 않다. 전화 연결이 잘 되지 않을뿐더러 온라인 사전 신청 등이 평생 목수 일만 해온 노인에게는 불가능에 가깝다. 또한 재심사와 항고 때까지 구직수당이라도 받으려 하지만 조건이 까다롭다. 의무적으로 구직활동을 하고 증명해야 한다. 다니엘은 나름대로 국가가 요구하는 대로 절차를 밟아나가려 하지만 번번이 국가가 원하는 방식 그대로를 해내지는 못한다. 국가는 평생 일해온 한 시민을 그의 입장에서 배려하고 보살피려 하기보다는 형식적이고 까다로운 절차를 통해 돈을 타내려는 구걸자로 만들어버린다.

그러는 사이 다니엘은 생활고에 시달린다. 주치의가 일을 하지 말라고 했으니 무턱대고 할 수도 없는 노릇이다. 구직수당을 받기 위한 구직활동의 일환으로 그는 나름대로 동네를 돌아다니면서 공사판 등에 이력서를 나눠준다. 하지만 국가는 다니엘의 구직활동이 '증명'되지 않는다는 이유로 지급을 중단한다. 결국 그는 집 안의 오래된 가구들을 팔아치운다. 그 와중에 그는 국가에 지원을 신청하러 갔다가 그처럼 쫓겨나는 한 여성, 케이티를 알게 된다. 그녀는 집값이 싼 동네로 이사와 홀로 아이 둘을 키우고 있다. 다니엘은 그녀의 집수리를 조금 도와준다. 또한 그녀의 가족이 극심한 가난에 시달리는 것을 알고 약간의 돈을 놓고 오기도 한다.

점점 다니엘은 케이티 가족의 쓸모가 되어간다. 케이티가 돈을 벌기 위해 나가 있는 동안 아이 둘과 시간을 보낸다. 직접 나무를 깎아 만든 모빌을 선물해주고, 자폐적이 되어가는 아이의 말벗이 되어준다. 케이티의 가족 역시 다니엘에게 쓸모가 되어준다. 부인이 세상을 떠나고 홀로 살던 다니엘에게 이웃사촌, 작은 가족이 생긴 셈이기 때문이다.

인간은 누구나 자신이 가치 있는 존재이기를 바란다. 다른 누군가에게서 가치와 필요를 얻고, 그를 통해 자신의 존재를 확인한다. 서로 의존하며 기대는 힘으로 강해지고 삶의 충만함을 느낀다. 대체로 우리에게는 거대한 것이 필요하지 않다. 사회에서 대단한 역할을 하며 칭송받을 필요까지는 없다. 그저 서로의 세계가 되어줄 한 사람이면 우리의 삶은 유지된다.

고 마광수 교수가 스스로 목숨을 끊기 전 남긴 인터뷰가 있다. 인터뷰에서 그는 '여자 친구 한 명이' 참 아쉽다고 말했다. 부모도, 자식도, 부인도 아니다. 그런 형식적인 가족관계보다는, 그런 것이야 아무래도 좋으니 정말로 '여자 친구 같은 사람' 한 명만 있으면 그는 되었던 것이다. 저 사회 속의 수많은 타인, 대중, 문단이나 학계의 사람들이야 어떻든 내 옆에서 나의 가치를 알아주고, 내 눈빛을 집요하게 바라보며, 나와 함께 숨 쉬고, 나로 인해 살아 있노라고 말하는 그 누군가가 한 명만 있으면 되었다. 내 이야기에 진심으로 귀를 기울여주고, 내 존재를 그 자체로 인정해주고, 함께 밥을 먹고 아름다운 것을 볼 사람 한 명이면 되었다.

　　　　다니엘 블레이크는 허무하게 죽는다. 고생 끝에 잡힌 항고 날, 재판장에서 재판을 앞두고 화장실에서 숨을 거둔다. 그의 말년에 가장 악독한 것은 그를 헛고생시켰던 그 지리멸렬한 절차들이었다. 차라리 그가 그 시간에 자기가 좋아하는 모빌을 깎아 만들고, 케이티의 가족과 함께 웃고, 옛 친구들을 만나 술이나 한잔하며 충분한 여유를 누렸다면 그의 죽음이 그렇게 허무해 보이지는 않았을 것이다. 국가는 그의 삶에 관심이 없었다. 단지 더 이상 유용하지 않은 한 존재가 추가적인 비용 없이 죽었다는 사실을 더 다행스럽고 효율적이라 여길지도 모른다.

　　　　이 한 편의 짤막한 이야기는 우리에게 대단한 것에 대해 말하고자 하지 않는다. 그저 우리 삶의 기본에 대해 말할 뿐이다. 평생에 걸쳐 성실히 일했으니 그러다 늙고 병들면 국가의 보호가 필요하다. 이는 평생 사회를 유지하는 데 지불해 온 노동력과 세금을 돌려받는 일일 뿐이다. 그에 더해 우리 삶에는 그저 서로를 보듬어줄 한 사람의 이웃, 친구가 필요할 뿐이다. 지극히 단순한 이 삶을 달성하는 일이 왜 그리도 힘든 걸까? 무엇이 이 삶을 그리도 어렵고 복잡하게 만드는 걸까? 이 사회는 왜 그토록 '단순한 기본'으로부터 우리를 멀리 떨어뜨려놓는 걸까? 다니엘이 케이티에게 내밀었던 작은 손길은 사실 그리 대단치 않았다. 병든 이에게 잠시 생활비를 제공하는 것도 간단한 일이다. 그런데 그 작고 간단한 손길의 부재로 무수한 사람들이 오늘도 좌절하며 삶을 포기하고 있다. 이 사회가 만들어놓은 삶은, 또한 성실했던 한 시민을 허무한 죽음으로 이끈 이 사회는 확실히 어딘가 잘못되었다.

애도의
법정에서

참사 앞에서 모두가 울었다. 대한민국은 멈추었고, 곳곳에 슬픔과 애도, 분노만이 가득했다. 처음에 승객 모두가 구조되었다는 오보는 사람들이 그 소식을 가볍게 지나치게 만들었다. 그러나 진실이 드러난 순간, 가볍게 덮여 있던 착각의 베일이 벗겨진 순간, 사람들은 각자의 앞에 떨어진 '공통의 현실'에서 충격을 느꼈다. 저것은 누구의 현실인가? 침몰된 배에 함께 끌려 들어간 저 수많은 죽음들은 누구의 것인가? 왜 그들에게, 왜 우리에게, 왜 지금 여기에 이런 일이 일어난 것인가? 흩어져 있던 각자의 현실들은 멈추었고, 어느새 모두의 것이 되어버린 하나의 진실 앞에 일상은 숨죽였다.

처음에 우리는 그 사건을 믿지 못했다. 어떻게 우리가 사는 이 사회에, 이 시대에 그와 같은 야만적인 참사가 벌어질 수 있단 말인가? 언제나 그랬듯, 우리는 이 믿을 수 없는 사건이 '저절로' 해결되리라 믿었다. 전문적인 구조 요원들과 체계적인 관리 시스템이 저 야만의 바다로 사라진 이들을 다시 우리 문명으로 되돌려주리라 믿었다. 우리는 이 사회에, 우리가 살고 있는 이 현실에 난 구멍을, 모든 인간적인 가능성과 희망과 의지를 집어삼켜버린 그 '검은 구멍'을 인정할 수 없었다.

그러나 시간이 흐르면서, 수많은 눈물과 비통과 절규가 흩어져가면서, 우리는 이 진실 앞에 무릎을 꿇을 수밖에 없었다. 억울함, 그 한 단어가 많은 이들의 가슴에 파고들었다. 우리의 삶과 우리가 살아가는 세계를 유지시켜온 어떤 믿음들이 무너졌다. 그래도 우리가 인간다움을 유지하고 있다고 믿었던 이 사회 속에서의 삶, 비록 전부는 아닐지라도 문명의 법 아래 악인들은 심판받고 선한 자들은 보상받게 마련이라고 희미하게나마 믿었던 이 세계에 대한 최소한의 희망조차 사라졌다. 가장 무고한 자들에게 내려진 가장 혹독한 고통으로 인해.

우리가 잃은 것은 확실히 '믿음'이었다. 우리의 삶이, 또 우리의 사회가 어디까지나 가장 기본적인 믿음을 통해서만 유지될 수 있다는 것을 기억할 때, 이 참사는 그 최후의 기반을 무너뜨렸다. 모든 이들이 분노했다. 최초의 분노는 책임의식을 내다버린 선장과 선원들을 향했다. 그러나 시간이 흐를수록 그 분노는 이 사회를 지탱하는 모든 존재들을 향하게 되었다. 평소에 정확히 알지는 못했지만 어느 정도는 믿고 있던 정부라는 존재, 관료와 행정이라는 존재에 대한 믿음이 무너졌다. 무엇도 이 야만을 복원할 수 없다는 사실 앞에 우리는 억울했고, 분노했고, 참을 수 없이 슬펐다.

　　　　대한민국을 슬픔에 빠뜨린 것은 단순히 희생자와 그 유가족에 대한 연민만은 아니었다. 우리는 어째서인지 그 절박한 상황에서도 끝까지 한 사람이라도 더 구하기 위해 애썼던 몇몇 의인들의 눈물 앞에서 때론 더 큰 슬픔을 느꼈다. 그들에게 너무도 고마웠고, 아무것도 할 수 없는 무력함에 더 슬퍼졌다. 우리는 점점 이 사태에 대한 어떤 죄의식을, 미안함을 느꼈다. 사람들은 말하기 시작했다. 어른이라서 미안하다, 아무것도 할 수 없어서 미안하다, 너희의 죽음에 내가 미안하다.

　　　　무엇이 우리로 하여금 그런 생각을 하게 만드는 것일까. 냉정하게 보면, 우리는 이 사건의 제3자에 불과하다. 우리가 직접 사고를 일으킨 것도, 희생자를 만들어낸 것도 아니다. 그럼에도 우리는 어느 날 일상에 떨어진 이 참극이 우리의 일임을 안다. 그 와중에 보였던 수많은 문제들이 우리의 문제임을 안다. 우리에게도 결코 면책특권이 없음을 안다. 우리 사회의 온갖 불합리와 사회 아닌 사회의 부조리가 축약된 그 사건 속에서, 우리는 우리가 살아왔던 사회를, 우리가 만들어왔던 사회를 목도하게 되었다. 설령 우리가 참사 희생자들을 죽인 살인자는 아니라 하더라도, 적어도 그로부터 벗어날 수 없는 위치에 있음을, 이 일이 우리의 일부임을 안다.

　　　사람들은 정부를 비판하고, 참사 후 일련의 과정에서 나타난 모든 불합리와 착오들을 향해 울분을 터뜨리면서도, 자책하며 희생자들에게 씻을 수 없는 미안함을 느꼈다. 타인에 대한 어떠한 책임의식도 없이 도망친 책임자들, 그들이 만들어낸 무엇과도 바꿀 수 없는 참사. 그것은 타인의 불행에 마찬가지로 무감각하게 살아왔던, 그저 자신의 앞날만을 걱정하고 자신의 안위만을 생각하며 전전긍긍 살아왔던 우리의 일상에 던져진 거울과 같았다. 우리는 책임을 회피하려는 모든 이들의 모습에서 마찬가지로 자신의 모습을 보았고, 그들을 향해 분노하면서 자신을 향해 자책했다. 이 사태에 대해, 이 죽음에 대해 모든 책임을 돌릴 수 있는 '누군가'를 색출할 수 있기를 바라면서도, 우리는 스스로 그 죄인의 자리로 걸어 들어갔다. 수많은 사람들이 미안하다고 눈물 흘렸다.

　　　우리가 잊지 말아야 할 게 있다면 희생자들에 대한 미안함이다. 우리는 잠시나마 타자에 대한 책임이라는 것, 사랑이라는 것, 미안함이라는 것을 경험할 수 있었다. 우리는 무너져가던 대한민국에서 잠시나마 '사회'의 가능성을 서로의 눈물을 통해 맞이할 수 있었다. 사회를 지켜내는 힘, 바꾸는 힘, 새롭게 건설하는 힘은 그 미안함을 잊지 않는 개인들, 끝

까지 책임을 감수하고자 하는 우리를 통해서만 유지될 수 있
다는 것을 기억해야 한다.

　　　　　우리는 기꺼이 '미안한 어른들'이 되고자 했다. 언
제 우리가 이 사회의 구성원으로서, 나 자신이나 내 가족의 이
익이 아닌 타자들을 이토록 사랑한 적이 있었던가? 우리는 결
코 그 슬픔을 잊어선 안 된다. 애도는 이어져야 하며 사회는
지켜져야 한다. 우리는 우리 자신의 삶과, 이 사회와, 이 사회
의 위정자들을 끊임없이 애도의 법정에 세워야 한다. 용서하
지 않고, 잊지 않고, 포기하지 않아야 한다.